Helmut Thielicke
So sah ich Afrika

Helmut Thielicke

So sah ich Afrika

Tagebuch einer Schiffsreise

Quell Verlag Stuttgart

Vom Autor durchgesehene Neuausgabe.
Die erste Ausgabe erschien 1971 unter gleichem Titel
im Gütersloher Verlagshaus Gerd Mohn.

ISBN 3-7918-2197-0

1. Auflage dieser Ausgabe 1986
Umschlaggestaltung: Wolfgang Schweigert, Quell Verlag Stuttgart
Satz und Druck: Quell Verlag Stuttgart

Inhalt

Vorwort

Für ein Wintersemester, in dem ich von meinen Hamburger Vorlesungen entbunden war, lud Frau Liselotte von Rantzau, die »Chefin« der Deutschen Afrika-Linien, meine Frau und mich zu einer Schiffsreise rund um Afrika ein. In Kabine 3 des Frachtschiffes »Tanganyika« fuhren wir von Antwerpen über Kapstadt und die südafrikanischen Häfen bis nach Ostafrika: nach Daressalam in Tansania und schließlich bis Mombasa in Kenia.
Mit den weiten Überlandfahrten und Flügen ins Innere übertrifft die Kilometerzahl, die wir in reichlich einem Vierteljahr bewältigten, die Strecke des Erdumfangs beträchtlich. Gleichwohl kommt es mir ein bißchen anspruchsvoll vor, wenn der Titel anzudeuten scheint, ich hätte »Afrika« gesehen. Trotz zweier früherer Afrika-Reisen sah ich eigentlich nur die Ränder – aber *was* für Ränder! In ihren weitgedehnten, wenn auch immer noch begrenzten Räumen ballen sich alle Krisen und Wetter zusammen, die heute den Schwarzen Kontinent schütteln: Rassenkämpfe zwischen Schwarz und Weiß, Auseinandersetzungen mit der kolonialen Vergangenheit und schließlich und vor allem: revolutionäre Aufbrüche und Kämpfe der großen politischen und ideologischen Systeme um Afrika. Das Tagebuch sucht einzufangen, was immer mir von alledem begegnete.
Ich danke unserer Gastgeberin, deren fürsorgliches Geleit wir überall spürten. Die Männer des Schiffs, denen wir näher kamen und die zum Reichtum dieser Reise beitrugen, tauchen immer wieder im Tagebuch auf, so daß ich sie hier nicht zu nennen brauche. Unser Erster Steward H. Rade bleibt dabei freilich so im Hinter-

grund, daß ich es als ungerecht empfände, wenn ich seinen Löwenanteil am Behagen unserer Fahrt verschweigen würde. Er war ein Meister in der Fähigkeit, seine Wirkungsstätte mit persönlich getönter Atmosphäre zu erfüllen. Aber ich vergesse auch nicht unseren »kleinen« Küchenjungen Ernst. Er hat mich ausdrücklich gebeten, ihn in meinem Buche zu erwähnen, als er mich beim Schreiben sah. Das tu' ich auch gerne: Seit wir ihm an festlichen Abenden, wo der Anfall von Tellern und Geschirr besonders groß war, hin und wieder beim Abwasch halfen, wurde er unser Freund. Ich kann nur hoffen, daß der Leser diesem Tagebuch das Urteil spricht, mit dem mich Ernst nach meinem Abwasch beglückte: Er sah das Geschirr kurz an, sagte »Okay« und ordnete es ohne Beanstandung ein.

Das reiche Leser- und Presseecho auf diese Tagebuchblätter zeigt mir, daß viele Leser an den Fragen des Verfassers Anteil nehmen und nachdenklich durch sie geworden sind.
Meine Erwartung, daß ich mich bei einem so heißen Thema auch *zwischen* alle verfügbaren Stühle setzen würde, und daß die ideologisch Fixierten von »rechts« und »links« – ein gräßliches Pauschalschema, gewiß; aber in der Kürze mag es einmal durchgehen! – sauer reagieren würden, hat ebenfalls nicht getrogen. Die *eine* Seite klagt mich an, ich sei rassisch voreingenommen und verteidige die Unterprivilegierung der Eingeborenen. Ich frage mich vergeblich, wie man zu so abartigen Vermutungen gekommen sein könnte, denn kein einziger hilft mir durch die Zitierung auch nur einer einzigen Stelle. *Andere* wieder – diesmal aus Südafrika – beschuldigen mich der umgekehrten Parteilichkeit: ich rüttele an bewährten Ordnungen, mache mich taktloser Kritik schuldig und sei ungerecht gegenüber den »Trägern des Landesgeschicks«.
Es gibt offenbar hüben und drüben Leute mit immobilen Standpunktprothesen, die sich durch alles und jedes in ihren Voreingenommenheiten bestätigt fühlen und deshalb unansprechbar sind. Sie haben den Ton meiner fragenden Bemühung, meiner selbstkritischen Bereitschaft und meiner Aversion gegen ideologische Scheuklappen jeder Art offenbar nicht herausgehört. Im übrigen

hätte ich ganz gewiß die Möglichkeit gehabt, mir Audienzen bei sogenannten prominenten Politikern in »Schwarz-Afrika« zu verschaffen. Doch habe ich darauf verzichtet, weil mir die literarische Verwendung dessen als billige Effekthascherei vorgekommen wäre: Begegnungen dieser Art, die beim Stil einer solchen Reise nur kurz hätten sein können, würden wenig ausgerichtet haben. Darum habe ich ganz bewußt einen anderen Weg gewählt: Ich suchte mir Gesprächspartner aus – Ärzte und Missionare beider Konfessionen vor allem –, deren intime Landeskenntnis über allem Zweifel stand. Ich paßte sehr genau auf, ob auch bei ihnen Voreingenommenheit im Spiele sein könnte. In dem Maße, wie ich Bereitschaft zur Selbstkritik und Mangel an doktrinärer Selbstsicherheit bei ihnen wahrnahm, vertraute ich ihnen. Ich denke, die Breite des Meinungs-Spektrums, auf die ich bei meinen Partnern stieß, könnte ein Indiz dafür sein, daß ich nicht darauf aus war, ohne Rücksicht auf Verluste einen bestimmten Standpunkt bestätigt zu bekommen. Im übrigen bin ich viel zu unsicher und viel zu fragend, um meinerseits einen solch unverrückbaren »Standpunkt« zu haben.

Abgesehen von den extremen Infragestellern, die nur sich selbst dabei ungeschoren lassen, habe ich bei der Masse der Leser und Rezensenten aber dankbar vermerkt, daß sie meine Fragehaltung akzeptiert und für ihre eigenen Reflexionen fruchtbar gemacht haben. Nur an einer Stelle des Buches möchte ich tätige Reue üben, indem ich etwas weglasse, worin ich mich geirrt habe. Genauere Brief-Informationen von Ortskundigen, die ich inzwischen empfing, zeigen mir, daß meine kritischen Bemerkungen über den Gottesdienst in East London ungerecht waren. Ich habe die Hintergründe der Situation falsch eintaxiert und bedaure, diesen Menschen Unrecht getan zu haben.

Kurs Südatlantik

Im Hafen von Antwerpen
28. Oktober 1976
kurz vor der Abfahrt

Wir sind schon den dritten Tag hier. Das Deck ist mit Autozubehörteilen hoch beladen, selbst die Fenster des Speisesalons sind verstellt. Noch nie habe ich einen so hoch beladenen Frachter gesehen. Doch nun ist alles fertig. Die riesigen, mit grünem Segeltuch überspannten Aufbauten werden festgezurrt. Den ganzen Tag über habe ich fasziniert die planvollen und reibungslos ineinandergreifenden Ladevorgänge beobachtet. Was sich dem Auge hier bietet, ist ein mikrokosmisches Abbild des unablässigen menschlichen Werkens und Produzierens, Verwandelns und Überführens. Wie viele Stadien des Arbeitsprozesses waren bereits durchschritten, bis der Stahl produziert war, aus dem dann die Maschinenteile hergestellt wurden, die verborgen in diesen überdimensionalen Kisten ruhen. Dann wieder mußten die Kisten hergestellt, vollgepackt und nach einem komplizierten Plan verschickt werden, während Fernschreiber über Meere und Kontinente hinweg ticken und die Ordnung des Zusammenspiels ermöglichen. Weitere Arbeitsteams treten in Aktion, um generalstäblerisch die Bestauung des Schiffes auszutüfteln, damit kein Vakuum bleibt und die Lasten – etwa vierhundert Güterwagen insgesamt – im Gleichgewicht verharren und sich selbst im Ansturm von See und Wetter nicht verschieben.

Was wir in Antwerpen zu sehen bekommen, ist eine Virtuosität des Stauens, wie sie nur bei Profis zu finden ist. Es ist schön und nicht einmal ohne ästhetischen Reiz, etwas schlicht Gekonntes zu beobachten. Der Kranführer hoch über uns und die Stauer tief unten in den Luken oder auf den Kisten balancierend gleichen einem auf

Zusammenspiel eingeschworenen Orchester. Sie werden von den Fingerzeichen ihres Obmanns dirigiert und lassen die Schwere der Lasten einem Millimeterspiel fügbar werden. Und dann die geniale Einfalt der Gabelstauer, die ihre stählernen Finger unter tief- oder hochgeladene Kisten und unter Bretter mit riesigen Fässern schieben, um sie mühelos wegzuschaffen, anzureichen und dem Zugriff des Ladekrans hinzuhalten. Dieses turmhohe Monstrum wieder wird mit zwei winzigen Hebeln regiert, die seinem Nervenzentrum die nötigen Impulse geben, um seine vielseitigen und höchst nuancierten Bewegungen in Gang zu setzen: ein Riese mit sensibel tastenden Fingern und fast eleganter Anschmiegsamkeit. Hier sind die Maschinen wirklich das erweiterte menschliche Ich. Man kann sich nicht mehr vorstellen, daß jemand sagen oder auch nur denken würde: Mein Gabelstapler, mein Kran hat dies und das gemacht; nein, »ich« war und bin es. Die Maschine, das bin ich selbst, das ist mein erweitertes Ich, das sind meine vervielfältigten Organe.

Ich sitze, während es fortgesetzt regnet, oben auf der Veranda des Bootsdecks. Es ist gerade noch warm genug. Ringsum entzünden sich die Lichter. Bald ist auch das letzte Festzurren beendet. Die Familien der Besatzung sind schon weg. Unserm sehr gemütvollen Steward fiel der Abschied von Frau und Söhnchen sichtlich schwer. Und das wiederholt sich nun Jahr um Jahr. Es ist kein leichtes Los, dessen Hauptlast den Frauen und Müttern zufällt. Wie oft habe ich auf früheren Fahrten von einem Seemann gehört, der eine schlechte Nachricht empfing: »Bei so was müßte man eben zu Hause sein!«

Mit einer gewissen Spannung beriechen sich die Passagiere gegenseitig. Schließlich ist man für eine lange Reise zusammengespannt, und das enge Miteinander auf dem Frachter macht das Glück der Reise sehr stark abhängig vom Zusammenklang der verschiedenen Typen. Die ersten Mahlzeiten im behaglichen Speisezimmer, der gemeinsame Mokka im Rauchsalon und das Klönen an der Bar vermitteln Anzeichen genug, um uns dessen gewiß zu machen, daß wir es gut getroffen haben: Alle sind weit gereist, einige sind ausgesprochene Originale. So ist eine leere Konversation oder der Mief der Langeweile kaum zu befürchten. Auch scheint niemand von tierischem Ernst belastet zu sein. So wird es auch Spaß und Albernheit geben. Ein älteres belgisches Ehepaar imponiert uns von Anfang an. Sie fahren jedes Jahr während der Wintermonate mit einem hochbeladenen Caravan in die sonnigen Breiten Afrikas, immer wieder in neue Länder, abseits aller touristischen Heerstraßen und durch sorgfältige Studien wohl vorbereitet. Beide strahlen Vertrauen und Güte aus. So hat man sie selbst bei geheimen Stammesfesten und esoterischen Zeremonien zugelassen und willkommen geheißen. Ihre abenteuerlichen Berichte darüber scheinen unerschöpflich zu sein. Wir werden ihnen noch manchen Abend zuhören. Ihr kleiner drolliger Spaniel begleitet sie auf allen Reisen. Er ist auch jetzt dabei und hat uns bereits im Sturm erobert. Außer seinen Dressur-Artigkeiten fällt an ihm auf, daß er Herrchen und Frauchen stets zusammen haben will. Ist nur einer von ihnen da, ruht er nicht, bis er den andern herbeigeholt hat. Sie sind für sein Hundeherz eine einzige Persönlichkeit: eine wahrhaft hehre Eheauffassung!

31.10. Reformationstag

Wir fahren in strahlender Sonne, die das nordische Nebelheim abgelöst hat, an der Küste Frankreichs entlang. Die so spürbare Verheißung kommender Sonnentage beschwingt die Stimmung. Die erfahrenen Afrikaner sprechen von dem Freund-Feind-Verhältnis zur Sonne, das uns auf dieser Reise erwartet und von dem eine frühere Afrika-Fahrt mich schon einiges erfahren ließ. Noch ist die Sonne unser Freund, der wir entgegendürsten, ein Symbol des Lichtes und zeugerischen Lebens. Rational machen wir es uns zwar klar, können es aber gleichwohl nicht fassen, daß wir bald vor ihr fliehen werden und daß uns ein novemberlicher Nieselregen in Hamburg, für eine halbe Stunde in äquatoriale Zonen übernommen, eine unbeschreibliche Erquickung bringen würde.
Der Mensch ist ja sicher das anpassungsfähigste Wesen und hat nicht zuletzt dadurch das Rennen im Chor der Geschöpfe gemacht.

Gerade deshalb aber ist es auch schön, an seine kreatürlichen Ursprünge erinnert zu werden und zu erfahren, wie die Bindung an seine Umwelt ihn gleichwohl prägt, und daß die heimatlichen Temperaturen und Witterungsgefüge, daß der gewohnte Rhythmus der Jahreszeiten ihn nicht ganz aus sich entlassen, daß zu jedem Menschen eben doch sein sehr spezielles Klima gehört. Es ist der »Menschlichkeit« des Schiffs zuzurechnen, daß es – im Unterschied zu den rasanten Stratosphären-Klippern – die Übergänge milde gestaltet und einen wie im Traum durch den Wechsel der Zonen gleiten läßt.
Heute sollte ich in Stuttgart, morgen in München zum Reformationstag reden. Beides mußte wegen der verfrühten Abfahrt des Schiffes abgesagt werden. So gehen wenigstens meine Gedanken zu den Menschen, die sich heute versammeln.
Die Besinnung dieses Tages veranlaßt mich, wie auf jeder größeren, den Raum der Meditation aufschließenden Reise mit der Lektüre des Buches Hiob zu beginnen. In der Unendlichkeit seines inneren Gefüges, dieser Geschichte mit Gott, erschließen sich jedesmal neue Dimensionen. Ob ich es je ausloten werde? Während man sich in dieser Weite, wo bis zum Horizont nur Wasser ist, von allem belastenden Kleinkram löst, hält einen Hiob an der Menschenwelt und ihrer Fragwürdigkeit fest, schenkt einem aber durch die Tiefe seiner Aspekte ebenfalls Distanz. Zum Abstand der Erholung fügt er die Entnommenheit in den Frieden. Aber noch etwas anderes läßt mich gerade auf Seefahrten immer wieder zu Hiob greifen: die Größe und Transparenz der Natur, die diese Dichtung in grandiosen Bildern beschwört. Die meditative Schule, in die sie einen führt, leitet dazu an, sich zum wilden Spiel der Elemente oder zur prunkenden Farbenorgie eines Sonnenuntergangs nie bloß ästhetisch zu verhalten.

Auf See
Sonntag, 1. November

Die weißen Schaumkronen glitzern im Sonnenlicht. Das uralte Schauspiel des Wellengangs zieht mich immer neu in seinen Bann. Es ist der Zauber der Urgewalt, die wegen ihrer Grenzenlosigkeit nicht ohne dämonische Züge ist.

Unser Verhältnis zu den Elementen hat sich ja eigentümlich gewandelt. Früher bekämpfte man sie. Sie galten, wie etwa die stoicheia des Kolosserbriefes, als Feindmächte, und in den Mythen tragen sie oft die Namen aufständischer Titanen. Sie sind das, was als Chaosmacht überwunden werden muß. Jetzt dagegen flüchtet man sich in die Bereiche des Elementaren: zu gigantischen Wasserfällen, zum donnernden Aufschlagen gischtiger Brecher an den Stränden, zu Stürmen, in denen man sich nicht mehr halten kann, in leere und lebensfeindliche Wüsten, auf unzugängliche, dem vertrauten Klima entragende Gebirgshöhen, zu rasenden Wald- und Steppenbränden, die aller technischen Raffinesse des Widerstandes spotten. Das sind die Äußerungen urtümlicher Wildheit, die unsere Phantasie mit der Gloriole der Romantik umwebt und deren Widerschein auf den Bildschirmen wir hingerissen verfolgen. Habe ich mich nicht auf diese Reise gefreut, weil ich wieder einmal den ozeanischen Elementen und später hie und da wohl auch dem wilden, archaischen Afrika nahe sein würde? Woher rührt dieser Wandel, der die ungebändigten Elemente aus den Feinden von einst zu Freundmächten gewandelt hat, von denen wir uns Erholung und neue, kreative Impulse erhoffen?

Diese Frage treibt mich auch als Theologen um, weil sie auf einen Wandel deutet, der sich in unserm Verhältnis zu den Fundamenten des Lebens zugetragen hat. Wahrscheinlich ist als negatives Moment ein gewisser Zivilisationsüberdruß wirksam: Wir fliehen aus den »sekundären Systemen«, aus all dem Manipulierten, Gemachten, aus all dem Indirekten und durch Menschenhand Isolierten hin zu den Urbeständen, aus denen wir kommen und die durch den Fingerabdruck der menschlichen Hand noch nicht entstellt sind. Liegt in dem Trend zum Elementaren nicht eine Verdrossenheit über den Menschen, ein Instinkt dafür, daß der Mensch als kosmischer Ingenieur die wilde Gegebenheit der Natur nicht nur urbar gemacht, sondern auch verdorben, daß er sie nicht nur über sich emporgehoben, sondern auch depotenziert, entmächtigt und ausgelaugt habe? Beginnt man nicht plötzlich vor den Möglichkeiten der Luft- und Wasserverpestung zu zittern, die sich als schauerliches Nebenprodukt aus den technischen Übersteigerungen der Natur ergeben und unseren Lebensraum dezimieren? Gewiß gehört es zum Schöpfungsauftrag des Menschen, sich die Erde untertan zu machen. Und das bedeutet doch zunächst nichts anderes als die Weigerung, die Natur einfach hinzunehmen, und den Entschluß, in sie einzugreifen, sie zu wandeln und zu humanisieren. Sollte dieser Auftrag in der technischen Zivilisation nun gleichsam übererfüllt worden sein und in einen Fluch umschlagen? Oder ist dieser Auftrag vielleicht nur falsch und mit prometheischer Aufsässigkeit erfüllt und darum gerade *nicht* erfüllt worden? Offenbar trägt der Mensch seine Zwielichtigkeit mit in alle Bereiche, die er erobert, und er wird sie – wie in Dürrenmatts Hörspiel »Unternehmen Wega« – bei seinen kosmischen Odysseen auch einmal mit auf die Gestirne nehmen. Er hat den Sündenfall im Rücken, und nun wird Kain immer dabei sein. Die dorischen Säulen werden nun nicht zustande kommen können ohne die Fron antiker Sklaven, und die Wunder dessen, was wir als »moderne Kultur« bezeichnen, sind ohne die Fron heimischer und fremder Proletariate nicht denkbar. Der Mensch hat die Würde, ein Gesandter in höchstem Auftrag zu sein, und zugleich veruntreut er seine Sendung. Das Wissen darum könnte vor jenen utopischen Träumereien schützen, die von kommenden Paradiesen zu faseln wagen und den Menschen in seinem Jetztzustand für unüberbietbar halten. Der Mensch ist jedenfalls nicht nur Krone der Schöpfung, sondern auch ihr Fremdkörper. Das macht seine Zweideutigkeit aus, und das ist es wohl auch, was den Psalmisten am Ende einer strahlenden Schöpfungshymne – Wind und Feuerflammen, Berge und Meere, Saat und Ernte werden darin gerühmt – in das merkwürdige Wort ausbrechen läßt: »Die Sünder sollen ein Ende nehmen auf Erden« (Psalm 104). Der Mensch als Störenfried und Fremdkörper – das ist ein

Aspekt der Anthropologie, ohne den wir den ärgsten Illusionen verfallen müssen und der zugleich in Verzweiflung stürzen müßte, falls er das einzige sein sollte, was wir über den Menschen zu sagen hätten.

Auf See
2. November

Nachmittags backbord die riesige Gebirgskette von Gran Canaria, die sich auf dem Radarschirm eindrucksvoll abzeichnet. Erinnerung an sonnige Tage in Las Palmas.
Abends in lauer Sommernacht trinkend und heiter plaudernd in der Laube. Der heimatliche Nieselnovember liegt uns noch zu nahe, als daß es uns nicht unfaßlich erschiene, in dieser Lindigkeit über das vom Mond beglänzte Meer zu treiben.

Auf See
4. November

Heute abend sollen wir auf der Höhe von Dakar sein. Wir treiben im warmen Passat, die Sonne brennt, ein Fest des Lichtes. Walfische tummeln sich ringsum und sprühen Fontänen, die dann in Schleiern funkelnder Tropfen ins Meer zurücksinken. Afrika ist noch immer sehr fern, wir gehen im erfüllten Augenblick auf. Was hinter uns liegt, ist weit entrückt, nur die nächsten Menschen sind in unsern Gedanken. Die kommenden Ziele sind noch fern – um so ferner, als ich keine Aufgaben habe, die mich zwängen, dem Augenblick mit planenden Überlegungen vorauszueilen. Ich halte das Kommende in meiner Phantasie sogar ein wenig nieder und will mich überraschen lassen. Es ist ja schön zu wissen, daß man uns überall erwartet und uns behilflich sein wird, an den richtigen Stellen einzudringen. Darum soll der schöne Augenblich noch verweilen.
Gestern abend beim Kapitän zum Wein. Chief D., der Leitende Ingenieur, war mit seiner jungen Frau auch da. Es kam zu eindrin-

genden Diskussionen über die Ost-West-Frage und die gesellschaftliche Krise, wie sie sich in der Unruhe der Studenten äußert. Das Gespräch legt gute Prognosen für unsere weitere Zusammenfahrt nahe. Kapitän U. ist universal gebildet, überaus liebenswert und fürsorglich. Sein guter schwäbischer Charakterkopf ließ mich schon gleich auf seine Herkunft schließen. Als sich dann herausstellt, daß er von Ravensburg, aus der Bodensee-Gegend, stammt, wo ich zwei Jahre meiner Verbannungszeit im Dritten Reich zubrachte, waren die sympathetischen Fäden, die uns verbinden, sogleich noch enger geknüpft. Der Chief ist ein nachdenklicher Mann, der neben seiner technischen Ausbildung noch als Autodidakt erstaunliche zoologische und völkerkundliche Kenntnisse durch Augenschein und Lektüre gewonnen hat; ein Mann, der die viele freie Zeit an Bord sinnvoll nutzt – nicht zuletzt durch Gestaltung seiner Filme – und voller Pläne für afrikanische Expeditionen steckt. Auch die beiden Frauen haben sich sofort angefreundet. Die Räume des Chiefs, in denen wir sicher noch oft sein werden, bieten eine besonders trauliche häusliche Atmosphäre. Man merkt das Walten der Hausfrau auf diesem Männerschiff und zugleich das Bedürfnis, der ebenfalls mitfahrenden kleinen Tochter, der elfjährigen »Sprotte«, die Atmosphäre des Elternhauses zu erhalten. Nach vielen und langen Trennungen bedeutet die Gemeinsamkeit einer so ausgedehnten Familienreise für diese Menschen sehr viel.
Später noch lange unter dem übervollen, von fernen Lichtern strotzenden Sternenhimmel. Weiße Kronen der Wellen schimmern in einer Andeutung von Meeresleuchten auf. So blickt man aus dem umfriedeten Bezirk des Schiffes, aus dieser Oase des Humanum, auf die Elemente, unter deren Herrschaft wir ohne diese Insel der Bewahrung verloren wären. »Der bestirnte Himmel über uns und das moralische Gesetz in uns«, so treiben wir hier inmitten des Unermeßlichen und doch mehr als ein Staubkornpartikel in alledem, mehr als Elemente und Gestirne, die nach dem Gesetz der Notwendigkeit ihre Bahnen ziehen – Wesen, denen eine Bestimmung anvertraut ist, die sie ergreifen sollen und an der sie auch scheitern können, mit einer Freiheit begabt, die in ihren Händen verderben kann und sie dann in Knechtschaften verstößt, die

schlimmer und anders sind als der gesetzliche Zwang, dem Sonne, Mond und Sterne unterworfen sind.
Und doch will sich die Vorstellung einer verschlingenden Wasserwüstenei, einer Übermacht der Elemente nicht recht einstellen inmitten dieses abendlichen Friedens auf dem Wasser. Das liegt wohl daran, daß unsere Phantasie durch das Ereignis der Weltraumfahrt eine unerhörte Weitung erfahren hat. Die grenzenlose Leere des Weltraums, die Verlorenheit im All, umdroht von unirdischen Kältegraden, umschlungen von der tödlichen Brandung der Strahlengürtel, inmitten eines Vakuums, das unsere unbewehrte Physis ins Nichts zersprengen müßte: *das* ist die eigentlich chaotische Macht, *das* ist das wahrhaft tödliche Element. Dieser Ozean aber, auf dem wir jetzt dahinschwimmen, ist Teil jener Erde, auf die der Schöpfer gleichsam gezielt hat, um uns inmitten der Wüste des Grenzenlosen eine Insel des Lebens und der Bewahrung anzuweisen. Gewiß droht auch hier das Chaos, und selbst das antike Weltbild des Schöpfungsberichtes spricht von dem »Wasser unter der Feste und dem Wasser über der Feste«, von Meeren, die uns ferngehalten werden und deren tödlicher Einbruch und Zusammenfluß durch Gnade verhindert wird. Als Zeichen einer fernen Macht brechen immer wieder elementare Katastrophen über uns herein: Taifune und kochende Seen, tellurische Erschütterungen und Überflutungen, Hungersnöte und Seuchen. Doch sind das alles, verglichen mit der kosmischen Drohung, nur Spurenelemente des Chaos, die den Raum unserer Behütung nur noch deutlicher markieren. Denn unsere Welt – das ist die Pointe der Schöpfung – ist humanisierbar, sie gibt Frieden aus sich heraus. Es gibt, wie Paulus sagt, Mächte, die den chaotischen Zerbruch aufhalten.
Drüben die Lichter ferner Fischerboote. Die Männer, die da werken, treiben ein hartes Geschäft, und das Idyllische ihrer Lichtzeichen trügt. Und doch sind diese Lichter brüderliche Zeichen. Das eigentliche Chaos steckt woanders: Ich denke daran, wie jetzt irgendwo gestorben und massakriert wird, wie Schikane, Verzweiflung und Haß aufbrechen. Ich stelle mir vor, wie – weit abseits von diesem gesunden Ozon, der uns umweht – die Luft verpestet und die Gewässer verseucht werden. Wie merkwürdig ist die Bezie-

hung, die der Mensch mit den Elementen eingegangen ist: Nachdem er die Öden urbar gemacht, die Ozeane bezwungen und die Seuchen eingedämmt hat – ich denke an das Chorlied aus der Antigone des Sophokles –, hat er das aggressive Verderben, das ihn vom Elementaren her anfiel, abgelöst durch eine neue Gestalt des Verderbens, das er seinerseits wider die Elemente mobilisierte. Wenn ihn früher nur der Tod bedrohte, so bedroht ihn in Gestalt der Bevölkerungsexplosion jetzt das Übermaß des Lebens, das seine Kunst jenem Tode entriß. Und die Strategen der Medizin überlegen sich, wie sie Dämme wider jene Flut errichten können, die sie selber ausgelöst haben. Wenn wir in Kultur und Zivilisation die Erde untertan machen, dann haben wir der Erde, ihrer Luft, ihren Gewässern und Organismen zugleich unsere Gifte beigemischt und drohen an dem zu ersticken, was vorher in den Raum der Freiheit zu führen schien. »Die Wüste wächst – weh dem, der Wüsten in sich birgt.« Der Mensch tritt nicht nur als Erlöser in die Wüste, sondern auch als ihr Repräsentant und Sendling. »Das große Babylon ist nur ein Scherz, will es im Ernst so groß und maßlos sein wie unser babylonisch Herz« (Francis Thompson).

Auf See
5. November

Gestern abend die Lichter von Dakar. Weitgestreute Schifferflotten, darunter ein großes Schiff als Fischverarbeitungsfabrik. Sehr heiß. Die Klimaanlage im Innern des Schiffes ist eine Wohltat, die ich zum ersten Male auf meinen Seefahrten genieße. In der Laube des Bootsdecks ist es kaum auszuhalten. Die Luft steht heiß und schwül. Vor wenigen Tagen haben wir uns für die Laube noch einen Infrarotstrahler gewünscht, um schon »ein bißchen draußen sitzen zu können«. Jetzt sehnen wir ein Kühlgebläse herbei. Der heimische November, von dem die Bordzeitung berichtet, ist uns jetzt ebenso unfaßlich wie vorher die Aussicht, aus Regen und feuchter Kühle in den afrikanischen Sommer oder in das heiße Jenseits aller Jahreszeiten zu fahren.

Als Lektüre habe ich mir aus der Bordbibliothek einige Bände mit Seegeschichten geholt, um mich auf die Reise einzustimmen. Doch habe ich ziemlich mittelmäßige Ware erwischt. Bei der Schilderung von Schiffsuntergängen – in einem Band ist eine ganze Anzahl davon zusammengestellt – kann auch ein mediokrer Schreiber Spannung erzeugen, ähnlich wie bei Sexualakten, deren Darstellung nicht gekonnt sein muß, damit der Leser engagiert wird. Wie gerne hätte ich jetzt einige Bände Joseph Conrad bei mir oder eines der schönsten und unbekanntesten Segelbücher, in das ich jedes Jahr neu hineinschaue: Ernst Römer: Der Wind weht von Anbeginn.

Trotz der Mäßigkeit des literarischen Niveaus ertappe ich mich dabei, daß in meinen geistigen Aufnahmeorganen ständig die theologischen Kategorien angesprochen werden. Ich bleibe immer bereit für die Beobachtung der Grenzsituationen: Wie verhält sich der Mensch angesichts des Todes, z. B. einer Havarie auf See, die man nicht überstehen wird? Wie vollziehen sich in der kleinen engen Welt eines Fischerbootes – maßstäblich verkleinert, aber emotional intensiviert – Anziehung und Abstoßung, Liebe und Haß? Der Mensch nimmt sich selbst immer mit, auch wenn er mit Flügeln der Morgenröte zum äußersten Meer flöge. Und wie er im Wechsel der Räume seiner Identität verhaftet bleibt, so wird es auch im Wechsel der Zeiten sein. Die Menschheit schreitet zwar, um mit Goethe zu sprechen, immer fort, aber *der* Mensch bleibt immer derselbe.

Daneben lese ich noch eine Monographie über den Magus des Nordens, Johann Georg Hamann. Wieder einmal stelle ich fest, daß ich gerade als Theologe meist mehr von *nicht*theologischen Büchern habe. Theologische Autoren sind leider nicht selten Leute, denen es gelingt, über die aufregendsten Dinge langweilig und in fader Prosa zu schreiben. Manchmal frage ich mich, ob Leute, die von dieser verbalen Anämie angekränkelt sind, überhaupt die andringende Wirklichkeit dessen erfahren haben, worüber sie reden. Es bleibt beschämend für meine Branche, daß ausgerechnet Dorothee Sayers in ihrer kargen Studie »Das größte Drama aller Zeiten« die Spannung des christlichen Heilsgeschehens auf wenigen Seiten zu verdichten weiß und dem Leser gerade dadurch den Atem nimmt, daß sie nichts Wesentliches schuldig bleibt und selbst in die sublimen Innenbezirke des Dogmas eindringt. Die sogenannten progressiven Theologen, die Spannung erzeugen möchten, um eine Brücke zu ihren Zeitgenossen zu finden, und denen kein modisch-soziologisches Geschwätz zu banal ist, um mit seiner Hilfe das Plakat der Zeitgemäßheit vor sich her zu tragen, erzeugen doch nur Langeweile und Leerlauf. Von einem Theologen wünscht man nicht zu erfahren, was sowieso schon alle wissen und auch alle sagen. Wem es um die Ware des Allerneuesten und Fortschrittlichsten geht, der wird sie lieber ohne die ihm fremde und auch überflüssige christliche Verpackung erstehen wollen.

Äquatortaufe

Auf See
9. November

Die Äquatortaufe war ein Ereignis, das schon tagelang seine Schatten vorauswarf. Die alten Hasen der Besatzung, die diese Zeremonie schon hinter sich hatten, zogen sich in verschiedenen Ausschüssen immer wieder zu Beratungen zurück. Es gab dabei sogar eine Damenabteilung, die aus der Funkerin und den beiden Stewardessen bestand. Am Abend vorher kam Triton, der »Admiral des Neptun«, bärtig, algenbehängt und sichtlich ozeanischen Tiefen entstiegen, mit Gefolge in die einzelnen Messen, um von großen, in mittelalterlichem Stil verfaßten Tafeln die traditionelle Proklamation Neptuns zu verlesen, daß die Bewohner der nördlichen Halbkugel zu taufen seien, wenn er das Schiff weiter mit seiner Gunst begleiten solle. Dieses Nordreich sei von schmutzigen Kontinenten besetzt, während im Süden die Sauberkeit staubfreier Meere vorherrsche. Darum bedürften die Staubgeborenen des

Nordens erst einer Reinigung, ehe sie auf dem Äquator für würdig befunden werden könnten, die noch unbefleckten Zonen des Meergottes zu betreten.

Unter den Täuflingen macht sich eine deutliche Nervosität bemerkbar, die sich hinter burschikosen Späßen zu verbergen sucht. Auch einige weibliche Wesen sind unter den Taufanwärtern, darunter die Frau des Chiefs und ihre Tochter, die kleine »Sprotte«. Man hat versprochen, mit ihnen und einigen älteren Passagieren gnädig zu verfahren, obwohl man sich an die uralten Regeln halten und es sicher nicht so zimperlich und verbürgerlicht zugehen wird wie auf Musikdampfern.

Die Vorbereitungen selbst gleichen dem Aufbau mittelalterlicher Schreckenskammern. Ein etwa zwanzig Meter langer Segeltuchschlauch wird montiert. Durch ihn müssen die »Täuflinge« kriechen – was schon schwer genug ist, weil man ihnen immer wieder von außen das Weiterkommen erschwert –, um dann bei einem Marterinstrument anzukommen, in dem Kopf und Arme fest eingeschraubt werden. So können sich die Delinquenten nicht mehr wehren. Dahinter die Kanzel für den Täufer und neben ihm der Thron von Poseidon und Thetis. Am Ende wartet noch das aus Brettern und Plastikhäuten errichtete »Taufbecken«.

Dann großer Einzug der Götter und Menschen: Poseidon und Thetis in olympischer Pracht, der Täufer, als Pope stilisiert und würdig einherschreitend, und schließlich im Operations-Habitus der behandelnde Arzt, seine Helfer und mehrere Sheriffs.

Die jungen Matrosen haben zusätzlich zu der tropischen Hitze vorher noch ein Schwitzbad absolvieren müssen, als sie sich, in einem engen Raum zusammengepfercht, bei aufgedrehter Heizung für eine Stunde »sammeln« sollten. Sind sie nun glücklich durch die Dunkelheit des langen Schlauchs, immer wieder durch unerkennbare Feinde irritiert und aufgehalten, am andern Ende herausgekommen, versuchen sie sich des Martertisches zu erwehren. Bei einigen athletisch gebauten Burschen, die offensichtlich entschlossen sind, das Heidentum der nördlichen Halbkugel zu verteidigen, kommt es zu turbulenten Raufereien mit den Sheriffs, zu denen die Zuschauer phonetisch mindestens so lautstark Stellung nehmen wie bei den Höhepunkten eines Fußballspiels. Wenn sie schließlich überwältigt und festgeschraubt sind, sausen Schläge mit einem Schwammhammer auf sie nieder, der viel gefährlicher aussieht, als er ist, und unter oft gewaltsamer Eingabe von schärfstgewürzten »Pralinés« werden sie gefragt, wieviel Kästen Bier sie für die Gemeinschaft stiften wollen. Man hat die Höhe dieser Taufspenden genau nach der Heuer des einzelnen vorher berechnet. Geiz und Unwilligkeit werden fürchterlich bestraft. Wer trotzdem noch fest bleibt, wird meist durch das Untertunken im Taufbecken spendefreudig. Es ist erstaunlich, daß die wildesten Raufbolde oft ziemlich schnell weich werden, während ein stiller Mensch aus der Maschine über die Anstandsrate eines einzigen Kastens nicht hinauszubringen war. Arzt, Sheriff und Taufgehilfen gaben schließlich erschöpft auf. Seitdem folgen ihm achtungsvolle Blicke, wenn er über Deck geht.

Am Schluß muß jeder noch den mit Schmierseife dick bestrichenen Fuß der Thetis küssen, so daß er sich endlich mit verklebten Augen und Nasenlöchern erhebt. Der begleitenden Szenen und eingestreuten Episoden waren noch viele. Doch sind sie im Nacherzählen ebenso reizlos wie die Detailschilderung eines Budenzaubers. Reizvoll für den Zuschauer war es, in den Behandlungsmethoden vielerlei Nuancen zu entdecken: Man kannte seine Leute und versah sie offensichtlich mit Spezialdiagnosen und -therapien. Einige von uns Älteren – das muß ich doch erwähnen – hatten vorübergehend mit einigen Skrupeln zu kämpfen. Wir waren nicht so naiv und unbefangen wie die Jungen und wurden von gewissen KZ-Reminiszenzen bedrängt, über die wir später sprachen. Obwohl wir laut mitlachten und uns amüsierten, war doch irgendein Unter- und Nebenton in unserm Innern nicht ganz zu betäuben. Noch ein bißchen mehr, noch ein bißchen ernster, noch ein bißchen böser und die Apokalypse beginnt... Was so aus dem Hintergrund hereindrängen wollte, wurde immer wieder durch die Groteske des Augenblicks und durch den Humor begleitender Kommentierungen überspielt. Aber das Rumoren im Hintergrund der Seele erhöhte doch die kritische Wachheit der Beobachtung: Sind Anwandlungen von Brutalität, ist die Auskostung von Aggression,

sind sadistische Antriebe spürbar? Ich beobachtete sehr genau Mienenspiel und Gesten bei Akteuren und Zuschauern. Aber ich sah nichts Abgründiges, nur eine ungeheuer derbe Heiterkeit, wie sie der Natur solcher Gesellen von jeher entspricht und die uns etwas überzüchteten Intellektuellen weit entrückt ist. Und obwohl sie arge Plagen durchmachen mußten und nach ihren Torturen auch einigermaßen erledigt waren, blieb offenbar keinerlei Rachegelüst, kein Ressentiment, keine Verletztheit zurück. Sie wußten, daß es »Spiel« ist, und waren nicht ohne Neugier, welchen Grad der Zerreißprobe sie bestehen würden.
So kommt es abends zu einem unbeschwerten Fest aller, vom Kapitän bis zum letzten Schiffsjungen: Eine offene Bar an Deck, Holzkohlenfeuer, auf denen der Koch herrliche Steaks brät. Wir Passagiere sitzen verstreut unter der Mannschaft. Die gerade richtige Wärme, die sanfte abendliche Brise und all das Gute, was wir zu uns nehmen, führen nach den Aufregungen des Tages zu einer Heiterkeit, an der die olympischen Götter ihre Freude gehabt hätten. Schließlich kommt es noch zum Tanz in dieser novemberlichen Sommernacht.

Auf See
10. November

Seit gestern plötzlich spürbar kühler. Die weggestauten Pullover werden wieder hervorgekramt. Es geht dem Südpol offenbar näher! Ein wie temperaturempfindliches und -abhängiges Wesen ist der Mensch! Im Unterschied zu meiner Ostasien-Schiffsreise fällt mir übrigens auf, daß diesmal keine rechte Verbindung mit der Mannschaft aufkommen will. Damals hockten wir fast allabendlich an Deck zusammen, erzählten und tranken, und ich genoß es sehr, mit Menschen ganz anderer Art zusammenzukommen, mit ihren Nöten vertraut gemacht zu werden und ihre Heiterkeit zu teilen. Ich bedaure es, daß die Distanz diesmal größer ist. Man grüßt sich, läßt eine Bemerkung über Hitze und Kühle oder über das Spiel der Wale fallen, und damit hat sich's. Ich fragte mich, ob der inzwischen vergrößerte Altersabstand an dieser Abnahme der Kommunikation schuld sei. Doch bin ich auf eine viel trivialere Erklärung gekommen: Damals trieb uns die Hitze abends aufs Deck, so daß sich sofort Erzählgruppen bildeten, und manchmal schlugen wir unser Nachtlager gemeinsam auf einer Luke auf, wo wir uns dann wiederum in den Schlaf klönten. Dieses Schiff aber ist klimatisiert. Sobald einen tropische Hitze und Feuchtigkeit piesakken, flieht man nun gerade von Deck und zieht sich in die gekühlten Räume im Innern zurück. So bleiben die einzelnen Gruppen mehr unter sich. Für den Menschen bringt die temperaturregelnde Technik ganz neue Gemeinschaftsprobleme mit sich. So drängt sich die Technik auch in das soziologische Gefüge des Schiffes.

Die Nachmittage gehören jetzt immer der Lektüre der großen Churchillschen Marlborough-Biographie. Diese umfänglichen Werke sind für eine Schiffsreise genau das Richtige, weil man »dran« bleiben kann. Und wieder genieße ich wie so oft schon Churchills farbigen, nuancenreichen Stil, seine dynamische, subjektive und höchst »interessierte« Kunst des Porträtierens, seine parteiische, engagierte Art, Geschichte zu schreiben und gleichzeitig seine Bemühung um Fairneß, die den Anwalt und den Richter in ihm in permanente und sehr reizvolle Konflikte verwickelt. Und wieder beobachte ich, welchen Reiz gerade Autoren auf mich ausüben, die Täter und Schreiber in einem sind und in der Spannung zwischen den Rollen des Akteurs und des Spektateurs einherleben. Außer Churchill denke ich vor allem an Oberst Lawrence, Saint Exupéry und Ernst Jünger. Einen von ihnen mußte ich immer bei mir haben, wenn ich für längere Zeit mit der Größe der Natur konfrontiert war. Überhaupt ist es interessant, welche Art von Literatur in solchen Situationen besteht oder fade zu schmecken beginnt und durchfällt. Vieles von dem, was man daheim aus Bildungsbeflissenheit an Modernem konsumiert, widersteht einem hier.

Südafrikanische Republik

Zwischen Kapstadt und Port Elizabeth
17. November

Nach einem traumhaft reichen Captains Dinner, bei dem unser junger ehrgeiziger Koch seine Kunst in allen Spielarten entfaltete und wir den Abschied einiger Mitpassagiere begingen, sind wir vorgestern früh in Kapstadt gelandet. Für mich war es das beglückte Wiedersehen mit einer Stadt, die ich mit Rio de Janeiro, San Franzisco und Hongkong zu den schönsten Städten der Welt zählen möchte. Die morgendliche Einfahrt in den Hafen, in ein frühlingsgrünes Land, die grandiose, vom gewaltigen Massiv des Tafelberges beherrschte Kulisse dieser Stadt wirkten auf uns so, als ginge es in feierlichem Einzug auf ein großes Fest. Als Wesen, die sechzehn Tage hindurch dem feuchten Element zugeordnet waren und auf schwankendem Schiffsboden lebten, sind wir besonders empfänglich für diese steinerne Repräsentation der festen Erde, die uns hier in hochgetürmten Formationen begegnet und doch der Einnistung des Menschen einen so imposanten Raum gewährt.
Kaum haben wir angelegt, werden die Zeremonien von Ankunft und Abschied zelebriert. Das Schiff ist überfremdet durch eine Invasion von Agenten, Beamten und Bewachern aller Art, während draußen schon Heere von schwarzen Hafenarbeitern warten, die sich gleich auf unsere Ladung stürzen werden. Obwohl es Sonntagmorgen ist, bleibt die Hafenarbeit ungemindert. Und da man auch die Nacht hindurch arbeitet und der Hafen – wie überall in Südafrika – gut organisiert und mit allem technischen Gerät ausgestattet ist, werden wir wohl nur zwei Tage hierbleiben.
Wie merkwürdig sind diese Hafen-Abschiede! Eben schien man noch im Intimbereich einer neugegründeten Familie zu sein, neue

Freundschaften waren entstanden. Es war sogar, als hätte man sich schon immer gekannt, denn abendliche Stunden des Erzählens und Auf-und-ab-Gehens an Deck hatten auch mit der Lebensgeschichte der anderen vertraut gemacht. Ein Mensch kommt einem ja erst nahe, wenn man ihn nicht nur punktuell vom Augenblick her erlebt, sondern wenn man seine Vergangenheit mit sieht und das erfassen kann, was ihn geprägt hat. Und nun stiebt das alles auseinander. Plötzlich sind gläserne Wände der Entfremdung zwischen uns. Die Sich-Verabschiedenden sind schon neuen Zielen und den Menschen zugewandt, die sie erwarten. Wir sind auf einmal Vergangenheit füreinander. Das belgische Ehepaar ist plötzlich mit Wohnwagen und Hund entschwunden. Wir waren uns so nahe, und nun haben wir uns sogar beim Abschied verfehlt.
Auch wir selbst sind umringt von unsern Freunden, die ich vor über einem Jahrzehnt bei meiner ersten Afrika-Reise kennenlernte. Der deutsche Pfarrer D. kommt an Bord, um mich einzuladen, auf einem improvisiert einberufenen Vortragsabend und am andern Morgen auf einer Pfarrerversammlung zu reden.
Nach kurzem Zwischenaufenthalt in dem vertrauten großbürgerlichen Haus der Familie A. und einem herzlichen Grußtausch mit den sofort wiedererkannten afrikanischen Dienstboten geht uns ein Wunsch in Erfüllung, den ich während der ganzen Reise im geheimen hegte: Noch einmal die »Traumstraße der Welt« zum Kap hinunter zu fahren und sie meiner Frau zu zeigen. Von allen Straßen, über die ich gefahren bin, ist diese die Königin. Andere führen »zu« Herrlichkeiten der Erde, diese aber läßt sie Spalier bilden und geleitet wie durch ein rauschendes Fest. Das konstante Element inmitten des Wechsels der Panoramen, der Buchten, Gebirge, Wälder und Schluchten sind die beiden Ozeane, an deren Küsten diese Straße aller Straßen entlangführt.
Kurz vor dem Kap der Guten Hoffnung fahren wir in ein Wildreservat, das aber wohl wesentlich zivilisierter ist, als es die vorgesehenen Tierparks im wilderen Afrika sind. Während wir in einem netten Restaurant genüßlich eine Seezunge verspeisen, beobachten wir durch die großen Fenster äsende Strauße. Wenn ich doch mal einen sähe, der den Kopf in den Sand steckt! Das Sprichwort

belastet sie offenbar mit einer Untugend, die nur beim Menschen vorkommt. Bei der Weiterfahrt stoßen wir in eine Großfamilie von Pavianen, die um und über die Autos turnen. Ihr animalischer Opportunismus, der diese blechbewehrten, bleichgesichtigen Wesen zur Befriedigung des Freßtriebes ausnutzt, ist offenbar stärker als ihre Menschenverachtung, die ich mir wenigstens einbilde. Der äffische Doppelgänger übt ja auf den Menschen eine unwiderstehliche Faszination aus. Es ist wohl der Zauber der Karikatur, in der man sich selbst entstellt sieht, aber gerade das wiedererkennen muß, was wir nur scheinbar überwunden haben. Die Mütter mit ihren Jungen, die teils unter dem Bauch hängen, teils elegant auf dem Rücken reiten, lassen gerade die Kinder in Entzückensschreie ausbrechen. Auch Halbstarkenkrawalle ergeben sich, wenn um das dargereichte Futter ein wildes Gerangel einsetzt und es zu wahren Affentänzen auf Dächern, Motorhauben und Kotflügeln kommt. Das alles wird von wildem Gekreisch begleitet, und manchmal scheinen alle gegen alle zu sein – bis der große Oberaffe kommt und mit fletschenden Drohgrimassen und einem Terror-Gekreisch, das selbst ein der Affensprache Unkundiger sofort in seinem kategorischen Befehlston erkennt, für Ruhe, Ordnung und gerechte Verteilung sorgt. Unter »gerecht« versteht er dabei vor allem, daß ihm selbst der beste Happen zuteil wird. Hier herrschen noch autoritäre Strukturen. Im äffischen Bereich scheint es damit auch gut zu klappen. Die Demokratie wäre für Paviane wohl eine Überforderung. Sie können ja nicht einmal zählen, und das ist in der Demokratie doch eine regimetragende Kunst! Selbst für den Homo sapiens ist die Demokratie ja oft genug zu schwer, vor allem dann, wenn er meint, die Beherrschung des kleinen Einmaleins und das Abzählen der Stimmen genügten für diese Herrschaftsform.

Wir ersteigen noch die äußerste (wenn auch geographisch nicht südlichste) Spitze Afrikas und schauen auf das Kap der Guten Hoffnung. Dabei stellen sich unwillkürlich historische Erinnerungen ein, vor allem an die kühnen Vortrecker, die dieses gefahrenreiche Gewässer durchfuhren und von hier aus den fremden Kontinent betraten.

Wieder überfällt mich das merkwürdige Gefühl, das mir vor gut einem Jahr schon kam, als wir an der äußersten Nordspitze Jütlands standen, bei Skagen in Dänemark, wo Kattegat und Skagerrak zusammenfließen. Selbst die gewaltigen Massive der Erdteile klingen schließlich in einem kleinen Endlichen aus, finden ihren Schluß in ein paar armen Steinen und den letzten Körnchen einer Sanddüne. Nach einer langen Rede fällt einmal das letzte Wort, in einer großen Symphonie erklingt der letzte Ton. Der Rest ist Schweigen. Alles verklingt und endet – auch Goethes Faust, auch Homers Odyssee, auch der Vogelgesang. Diese Welt ist nur ein Äon, der endet, wenn die Gestirne herabstürzen und die Posaunen des Jüngsten Gerichtes erhoben werden.

Erste Begegnung mit einem heiklen Problem

Am Abend, während noch die Haut brennt, Vortrag über die geistige Situation des heutigen Deutschland. Da eine ganze Anzahl Vertreter von führenden Berufen da sind, zum Teil sehr gründlich nachdenkende Leute, kommt es zu einer eindringenden Diskussion, die mir Freude macht. Dabei beginnt sich das Andere dieses Landes – wenn man so will: sein anderer geschichtlicher Ort – wie im Kontrast zur deutschen Situation abzuheben. Vor allem ist es die Rassenfrage, die hier die Gemüter erhitzt und zu gegensätzlichen Stellungnahmen führt. Andererseits bin ich überrascht davon, in welchem Maße es auch übergreifende, gleichsam allgemeinmenschliche Probleme gibt, die weder geographisch noch chronologisch zu begrenzen sind und *alle* betreffen. Dazu gehören etwa Unruhe und Aufbruch der Jugend, von denen gerade die Pädagogen zu berichten wissen. Offenbar sind nur die Anlässe verschieden, an denen sich diese Bewegungen entzünden. Sie werden jeweils durch die zentralen Probleme bestimmt, die in einem Lande anstehen. Hier ist es eben das Rassenproblem: Würde die Gleichstellung von Schwarz und Weiß im Sinne konsequenter Demokratisierung nicht zu einem so enormen quantitativen Übergewicht des afrikanischen Elements führen, daß die dem weißen Mann zuteil gewordene geschichtlich-politische Rolle sofort ausgespielt wäre? Hat dieser weiße Mann nicht durch seine kulturschaffenden Leistungen die Führungsrolle legitimiert, die er hier spielt? Hat nicht jede Bevölkerungsgruppe das Recht, ihre »rassische Identität« zu erhalten? Führt nicht jede Form von Integration zum Chaos — wie man das in den Ländern Afrikas zu sehen meint, in denen man sich darauf eingelassen hat? Ist deshalb Apartheid *nur* (was sie sicher *auch* ist!) eine rassistische Form der Menschenverachtung? Welcher Weg könnte an ihr vorbei- oder aus ihr herausführen? Ich habe das Gefühl, daß damit ein Problem aufs Tapet gebracht ist, das als cantus firmus vermutlich alle südafrikanischen Gespräche bestimmen wird – genauso, wie es bei der früheren Reise schon war. Es ist fast stereotyp, wie man auf dieses schlechthin beherrschende und die Geister scheidende Problem sofort und überall zu sprechen kommt: »Wie denken Sie über die Apartheid?« So war es schon morgens, als unsere Freunde sich danach erkundigten, ob wir in Hamburg auch farbige Studenten hätten, und als sie dann ihre Betroffenheit kaum verbergen konnten, wenn wir ihnen berichteten, daß sie auch in unserm Hause verkehren.

Aber ganz gleich, wie man sich in dieser Frage entscheidet, ob im konservativen Sinne radikaler Rassentrennung oder im Sinne der Jüngeren auf Integration hin: in einem stimmen die dissentierenden Gesprächspartner jedenfalls überein: im Zorn über die maßlose Selbstgerechtigkeit und Besserwisserei, die speziell von den Besuchern aus Deutschland und auch von Zeitungsreportern nach ihren Stippvisiten an den Tag gelegt werden. Wenn man an einem schlechthin unlösbaren Problem tagtäglich herumknackt, und wenn dieses Problem überdies schicksalhaften Rang für das Werk der Vorfahren und das Leben der Nachkommen hat, dann reagiert man mit äußerster Empfindlichkeit auf die terribles simplificateurs, die ohne geistige und existentielle Unkosten ihre primitiven und selbstsicheren Biertischrezepte als *die* Lösung vorschlagen. Einer sagt: »Ich möchte einmal wissen, wir ihr euch benehmen würdet, wenn ihr euch in Deutschland mit diesem Problem herumschlagen müßtet. Ihr habt es leicht, über die Rassenkonflikte in den Staaten oder auch in Südafrika die Nase zu rümpfen.«

Es ist nicht leicht für mich, hier Stellung zu nehmen, zumal ich zunächst einmal hingegeben hören möchte und so meist die Rolle des Fragenden, manchmal auch des Provozierenden spiele. Ich bin nach früheren Afrika-Erfahrungen nicht mehr naiv genug, einfach eine bestimmte Position zu vertreten, und erinnere mich noch sehr genau der Blamage, die mir wiederfuhr, als ich damals frischfröhlich für eine humanitär bestimmte Rassenintegration eintrat und der seinerzeitige Staatssekretär für Apartheidsprobleme mich mit wenigen Griffen auf die Matte legte. Er hatte die ganze Kompliziertheit des Problems durchdacht, und ich konnte vor seinen kritischen Gegenfragen nur verstummen. (Er war übrigens so taktvoll, jene Blamage mehr in meinem eigenen moralischen Bewußtsein als in Gestalt eines öffentlichen »k.o.« entstehen zu lassen.)

In einem Punkte allerdings vertrete ich hier und am andern Morgen bei der Pfarrerversammlung einen festen und unbeirrbaren Standpunkt: wenn ich es ablehne, die Rassentrennung »theologisch« zu begründen. Die Begründung ist mir bei der früheren Reise immer wieder in Diskussionen mit burischen Theologen entgegengetreten. Es entspreche der Schöpfungsordnung, so pflegten sie zu argumentieren, daß »jedes in seiner Art« geschaffen sei und deshalb von dem Andersartigen getrennt bleiben müsse. Zu diesem Differenzierungsprinzip gehöre auch die schöpfungsmäßig vorbestimmte Unterordnung der einen unter die andern. Ham, der Schwarze, sei nun einmal zur Knechtsrolle bestimmt. Bei solchen Argumentationen kam ich immer in Rage, weil hier die Bibel zur ideologischen Rechtfertigung von Herrschaftsverhältnissen mißbraucht wird. Wenn das schon an sich einer Blasphemie gleichkommt, so wird es noch verheerender, wenn gerade diese Leute missionieren. Denn dann haftet ihrem Bekehrungsunternehmen der üble Ruch an, sie wollten die Schwarzen durch Einimpfung von christlichen Ideologien in ihrem Inferioritätsgefühl nur bestärken und sie benutzten das Christentum, um ihre eigene Herrschaft zu stabilisieren. Es war mir stets ein Zeichen für die ideologische Perversion des Christentums, wie sie sich in solchen Stellungnahmen kundtut, wenn meine Gesprächspartner schlechthin unbelehrbar waren. Jeder Appell, sich durch das Studium biblischer Texte von dem Nonsens solcher Phantastereien zu überzeugen, blieb fruchtlos. Mit Ideologen kann man nicht disputieren, weil ihr Denken nicht um die Wahrheitsfrage kreist, sondern weil sie ein *Interesse* vertreten und dieses Interesse dann auf Teufel-komm-heraus verteidigen müssen.

Es ist für mich schön zu sehen, daß ich diesmal mit meiner Warnung vor diesen pseudochristlichen Ideologien offene Türen einrenne. Hier hat man seit einem Jahrzehnt offenbar hinzugelernt, und was damals noch ziemlich verbreitet war, ist jetzt offenbar auf unentwegte Sektierer beschränkt. Es erscheint mir als erfreulicher Fortschritt – auch im Sinne christlicher Ethik –, daß man die Apartheidsfrage enttheologisiert hat, daß man sie rein pragmatisch als gesellschaftspolitisches Problem versteht. Dadurch ist man wenigstens von Fanatismen und Absolutsetzungen befreit und offen für Mittelwege, für Kompromisse und ein gewisses Lavieren. Was bleibt hier denn anderes übrig?

Von der sehr bewegten Theologendiskussion am andern Morgen ist mir vor allem *eine* Gesprächsphase im Gedächtnis geblieben. Natürlich wurde ich – wie sicher noch oft auf dieser Reise! – nach dem Recht des Ökumenischen Rates gefragt, revolutionäre Freiheitsbewegungen im ostafrikanischen Tansania zu unterstützen. Als ich meine ablehnende Haltung gegenüber diesem Beschluß begründete und damit auch weitgehende Zustimmung fand, erhob sich eine junge Vikarin, die unter Mischlingen arbeitet, und stoppte den strömenden Fluß der theoretischen Argumente. Sie steht unter dem Eindruck des Unrechts, das den Afrikanern widerfährt: der Auseinanderreißung der Familien, der materiellen Benachteiligung, der politischen Unterprivilegierung. Beispiele dessen, was sie täglich aus ihrer Arbeit erfährt, sprudeln nur so aus ihr hervor. Die andern verziehen etwas das Gesicht, weil ihnen diese Klagelieder offenbar vertraut sind. Auf mich aber verfehlen sie nicht ihren Eindruck. Wenn ein Mensch mit Arbeit und Leben für etwas einsteht, gewinnt sein Wort an Glaubwürdigkeit und Gewicht. Darum stimmt es mich nachdenklich, wenn sie zwar die Grausamkeiten und auch die Verblendung jener Freiheitskämpfer nicht beschönigen will, aber doch unsere Sehweise und Fragerichtung zu verändern wünscht. Sollten wir nicht, statt immer nur von Schuld, Terror und Grausamkeiten der Freiheitskämpfer zu sprechen, lieber zuerst von der Schuld derer reden, die sie in diese Lage gebracht und damit zu ihren Verzweiflungsakten angestiftet haben?

In der Tat hat sie damit ein theologisches Problem von großem Gewicht angesprochen: Christliche Liebe hat nie nur den Sinn, Wunden zu verbinden und nachträglich als Samariter tätig zu sein, sondern sie hat ebenso die Aufgabe, Wunden zu *verhindern* und damit *prophylaktisch* zu wirken. Darum wird sie niemals nur anklagen, wenn sie mit Untaten konfrontiert wird, sondern sie wird bemüht sein, die Quelle der Untaten zu verstopfen. Das heißt aber – und das vertrete ich auch in unserer Diskussion –, daß die christliche Liebe eine politische Dimension hat: Sie muß auch auf gesellschaftliche und wirtschaftliche Gefüge bedacht sein, in denen man in Frieden leben kann und nicht zu Haß, Rachegelüst und Amoklaufen stimuliert wird. In diesem Sinne versuche ich das neutestamentliche Gleichnis vom barmherzigen Samariter weiterzuspinnen: Als der Samariter heimkam, hat er dafür gesorgt, daß die Wälder nach räuberischen Elementen durchgekämmt wurden, damit nicht aufs neue jemand unter die Mörder fällt. Aber noch mehr: Als man dann schließlich einige finstere Wegelagerer eingefangen hat, sieht er seine Samariterliebe auch *diesen* Burschen noch verpflichtet. Er erkundigt sich bei ihnen, warum sie denn kriminell geworden seien, und erfährt vielleicht, daß sie unter Milieuschäden und Jugendtraumata leiden (um es etwas zugespitzt modern auszudrücken). Dann wird er auch da einzugreifen und Abhilfe zu schaffen suchen.

Ich bin schon etwas vorausgeeilt. Am späten Abend, nach dem Vortrag, fuhr uns Pfarrer D. noch durch den nächtlichen »District Six«, jenen Slum-Bezirk, in dessen verkommenen Häusern und Hütten über 60 000 Farbige aller Hautschattierungen eingepfercht sind. Man kann sich das Leben bei Tag auch jetzt noch vorstellen. Das Gewimmel der Kinder, das Hasten und Drängen auf den Gassen, vor und in den Straßenläden, auf den Bussen. Noch jetzt hokken zahlreiche verloren wirkende und zerlumpte Gestalten an Wänden, Türen und in Nischen. In der Stille der Nacht wirkt das alles wie die verlassene Kulisse in einem sozialen Schauerfilm. Und doch sind auch aus diesem Distrikt zahlreiche Farbige hervorgegangen, die es als Schriftsteller, auf Konzertpodien, Opernbühnen und in vielen anderen Bereichen zu Leistung und Ruhm brachten. Der Tag schließt mit einer letzten Auffahrt zum Sattel des Löwenkopfes, von wo sich ein unermeßliches Lichtermeer wie ein blinkender Teppich unter uns breitet.

Fahrt nach Stellenbosch

Am folgenden Morgen, gestern, holte uns Herr v. B. als Vertreter der Kompanie zu einer Fahrt nach Stellenbosch ab. Man merkt ihm die Frische des jungen Marineoffiziers und die Kultur einer alten Familie an. Seine südafrikanischen Schul- und Universitätserlebnisse liegen erst so kurze Zeit zurück, daß man daraus auch etwas über die heutige Jugendmentalität und ihre Entwicklungsrichtung erfahren kann.
Als wir von Kapstadt aus über die Nationalstraße 9 fahrend durch riesige Weinbaugebiete kommen und schließlich die alte Hugenottenstadt Paarl ansteuern, macht v. B. die ersten Andeutungen. Als

Schüler in hiesigen Internaten und als späterer Student von Stellenbosch kennt er die kleine Stadt sehr gut. Getreu den strengen hugenottischen Traditionen gehe man hier dreimal sonntags zur Kirche. Für die vielen Internatler sei das obligatorisch. In den Zwischenzeiten sei jeder Sport und jede andere spielerische Betätigung in der Öffentlichkeit verboten. »Dann kann man also nur lesen und häkeln?« frage ich. »Häkeln und Stricken sicher«, meint er, »besonders wenn es für wohltätige Zwecke geschieht. Aber mit dem Lesen ist es schon schwieriger. In den Internaten sind nur Bibel und kirchliche Sonntagsblätter erlaubt.«

Als ich darauf einen kleinen Schreckenslaut nicht unterdrücken kann und mir überlege, welche Anti-Affekte auf diese Weise gezüchtet werden, sagte v. B.: »Schlimmer noch als die quantitative Überfütterung ist aber das, was in den Predigten geboten wird.« Das habe mit Evangelium kaum noch etwas zu tun und sei vielfach rigorosester und völlig humorloser Moralismus. So hat v. B. selbst gehört, wie von einer Kanzel die Trockenheit der letzten Jahre als göttliches Strafgericht über die Mode des Minirocks verkündet wurde. »Wenn ich den weiteren Weg meiner Mitschüler verfolge«, sagt er, »so stelle ich immer wieder fest: Sobald der Druck nach der Schul- und College-Entlassung nachläßt, schüttelt man das religiöse Oktroi ab und wandert ab in Nihilismus und Libertinage. Denn was man da als Christentum gelernt hat, hat nicht nur jeglichen Reiz verloren, sondern kann dem Leben tatsächlich keinen Halt geben.«

Am meisten sei ihm die allgemeine Heuchelei auf die Nerven gegangen. »Natürlich schauten wir uns unter der Bank den ›Stern‹ und den ›Playboy‹ an. Aber nach außen markierten wir die unschuldsvollen Knaben.« Er meint, daß sich unter den Stellenbosch-Studenten, die auch als ältere noch demselben Druck ausgesetzt seien, eine rasante Explosion vorbereite. »Davon werden nur die überrascht sein, die die Ausschläge des psychischen Seismographen nicht verfolgt haben.« v. B. möchte seinerseits nicht gerne den Eindruck eines schwärmerischen Progressismus erwecken. Er ist kritisch genug, um an gewissen Trends unserer Zeit nicht nur Aufstieg und Wandlung zum Besseren zu erkennen. Hier nicht einfach kritiklos mitzumachen und bloß blindwütig nach vorwärts zu stürmen, könne schon seinen Sinn haben. »Man kann eine Entwicklung wohl abbremsen«, gibt er andererseits zu bedenken, »aber man kann sie nicht gewaltsam zum Stillstand bringen. Vielleicht gelingt es in Südafrika tatsächlich, in Gesittungs- und Mentalitätsfragen einen Verzögerungseffekt von – sagen wir einmal – zwanzig Jahren zu erreichen. Aber schon, wenn man um dreißig Jahre zurückdreht, ist die Schraube überzogen, und das, was sie zusammenhalten soll, kann mit einem Knall zerreißen.« Hier ist jemand, der das untergründige Grollen vernommen hat, das in Südafrika wahrlich nicht nur in diesem Bereich zu vernehmen ist.

Die Fahrt durch den Campus von Stellenbosch erweckt in mir lebhafte Erinnerungen an die Zeit, als ich hier eine Gastvorlesung hielt. Damals war mir die Begrüßung unvergeßlich: Stehend sangen die vielen jungen Männer einen Psalm, daß mir die Ohren donnerten. Durch das, was v. B. uns soeben erzählt hat, ist nun auch dieses mir bisher teure Bild durch einige Fragen getrübt...

Man spürt die Herrschaft der Tradition bis ins Architektonische: Trotz der auch hier rapide wachsenden Studentenzahlen hat man keine Hochhäuser errichtet. Das steht wohl einzig da! Man behält konsequent seinen gewachsenen Stil bei. Die Pflege geschichtlicher Erinnerungen spielt hierzulande überhaupt eine große Rolle, und Stellenbosch und Paarl sind höchstens besonders bezeichnende Exempel. In der Farm von Groot Constantia, die wir am Sonntag von Kapstadt aus besuchten, oder in dem schönen kapholländischen Town House in Paarl ist man auf eine sehr unmittelbare Art ins Milieu der Pionierzeit versetzt: in ein Schlafzimmer mit vorhangumwallter Bettstatt und den rührenden Schaukelwiegen, die man vom Ehebett aus bedienen kann, in die behaglichen Wohnräume mit Schränken, Truhen und Möbeln von edler Einfachheit. Welche Großzügigkeit des Lebenszuschnitts spricht aus alledem! Aber wir besuchen auch die grausligen Keller, in denen die Sklaven hausten, die das freie Leben in der »bel étage« ermöglichten. Wiegt wirklich, wie es Treitschke einmal zu behaupten gewagt hat, eine Säule des Phidias alles Elend antiker Sklavenheere auf? Welche Kultur der Gastfreundschaft fand ich auf den Farmen von Süd-

west! Aber auch das alles hatte seinen Preis... Natürlich muß man es sich verbieten, ungeschichtlich zu denken und die Maßstäbe der eigenen Zeit und des eigenen Kulturraums an alles und jedes zu legen. Doch würde alles genauso unwahr, wenn man umgekehrt verführe und relativistisch und kritiklos jeder Zeit ihr eigenes Recht zumäße. Man muß den Konflikt der Gedanken und Gefühle, die einen in solchen Situationen überkommen, wohl in sich austragen. Eine simpel auflösende Formel gibt es da nicht.
Noch einmal begegnen wir der Geschichte, als wir in Rawdons Hotel Lanzerac in Stellenbosch den Lunch nehmen. Die Kompanie hat uns dazu noch den Kirchenpräsidenten des Bezirks mit seiner Frau eingeladen, die sich beide die Fülle der Leckerbissen ebenso wonnig munden lassen wie die Missionare im Hause der Konsulin Buddenbrook. Aber auch wir andern sind keine Kostverächter und stellen sogar fest, daß das Wort »essen« hier eine Trivialisierung bedeuten würde; angesichts dieser Speisekarte, des kalten Büffets und der Dessert-Tische sei nur das Wort »speisen« angemessen. Der Saal, in dem wir das alles zelebrieren, gleicht dem Refectory in einer alten englischen Universität. Die Erinnerungen an den historischen Hintergrund sind auch sonst sorgfältig gewahrt. Die Räume der alten, großzügig angelegten Farm, die hier in ein wahrhaft »besonderes« Hotel verwandelt wurde, sind tunlichst erhalten. Unter den behaglichen Aufenthaltsräumen imponiert mir besonders ein Bibliothekszimmer mit Kamin, altem Gerät und behaglichen Lampen.
Gaststätten dieser Art, die über das Charisma privater Intimität verfügen, fand ich in vergleichbarer Weise nur in Schottland. Die Ställe der Farm sind in Gastzimmer verwandelt und gruppieren sich rings um einen schönen lichten Hof. Bäume, Blumen und Rasenflächen lassen zusätzlich die Illusion aufkommen, man sei auf einer Landpartie und bei guten Freunden eingekehrt.
Als wir auf das Schiff zurückkehren, sind neue Fahrgäste an Bord gekommen: Frau F. aus Johannesburg, der man den Humor von weitem ansieht, Herr S., ein junger Hamburger, der im Dienst der Reederei viele Jahre in West- und Südafrika zugebracht hat und nun endgültig nach Europa zurückkehrt, und Frau Sch. aus Wind-

huk, die von Steward und Besatzung mit lautem Hallo begrüßt wird. Sie schippert seit vielen Jahren zu ihrem Vergnügen zwischen Kapstadt und Beira hin und her. So kennt sie jeder und auch sie kennt jeden. Nichts Menschliches und nichts Maritimes ist ihr fremd. Über Schiffs- und Küstenklatsch weiß sie genau Bescheid, und sie versteht als alte charmante Dame anmutig und witzig darüber zu plaudern. Sie ist gleichzeitig eine kluge und scharfe Beobachterin. So ergibt sich auch manches ernsthafte Gespräch mit ihr, dem ich nicht wenige Informationen über Land, Leute und Probleme verdanke.
Wir feiern das Wiedersehen mit den »Alten« bei einer guten Flasche Kap-Wein, die mir Pfarrer D. aufs Schiff brachte. Um uns herum stehen die schönen exotischen Blumengebinde, die die Freunde uns zum Abschied schenkten.

In Port Elizabeth

Port Elizabeth
19. November

Hexenschuß und Zahnschmerzen. Diese Wehwehchen kommen ja meist in den unpassendsten Augenblicken. Auch wenn man sie zu verachten sucht, so mindern sie doch die Aufnahmelust beträchtlich. Besonders die schmerzverzerrten Grimassen, die einen der Hexenschuß schneiden läßt, finden im Mienenspiel der andern ein Echo, das wohl genau die Mitte zwischen Mitleid und Belustigung hält.
Denke ich an die Tage in Port Elizabeth zurück, so habe ich kaum das Gefühl, afrikanischen Boden betreten zu haben. Diese drittgrößte Hafenstadt Südafrikas hat ebenso wie Kapstadt durchaus europäischen Zuschnitt, und an die Verkehrung der Jahreszeiten hat man sich so schnell gewöhnt, daß wir uns an vorsommerliche

Gestade des Mittelmeeres versetzt wähnen. Schöne Strände, schöne Parks, großzügig angelegte Villenviertel mit betont individualistischer Note – das alles ist reizvoll, aber es ist nicht Afrika, wie die Phantasie es sucht. Die vielen nuancenreichen, aber vornehmlich zum Dunklen neigenden Hautfarben bilden gegenüber diesem Eindruck nur ein schwaches Korrektiv. Die besondere Situation Südafrikas drängt sich allerdings insofern auf, als auch hier an allen Bänken, öffentlichen Bedürfnisanstalten und Museumskassen auf Schildern genau verzeichnet steht, wo der Ruhe-, Erleichterungs- und Zugangsplatz für Weiße und wo er für die Menschen anderer Hautfarben ist. Als wir den Komplex mit der Schlangenfarm, den Aquarien und den Delphingewässern besuchen, empfinde ich es als etwas lächerlich, daß auch hier die Kassenzugänge zwar dicht nebeneinander, gleichwohl aber nach Rassen getrennt sind, während man drinnen dann doch wieder nebeneinandersteht und sitzt.
Da Frau F. in Johannesburg ein Haus mit großem Zuschnitt führt und ihre Rolle als Gebieterin über viel schwarzes Personal offenbar sehr genießt – ich bin überzeugt, daß sie eine sehr nette Herrin, aber durchaus eine »Herrin« ist –, mußte ich ihr unbedingt mein Erlebnis mit den schwarz-weißen Schaltern erzählen, und ich tat es mit provokatorischem Spott. Sie sah mich überaus mitleidig an, weil ich die Situation nicht durchschaut hatte. »Haben Sie denn nicht die Preisdifferenz zwischen dem Eintritt beobachtet, den die Weißen und die Schwarzen bezahlen müssen?« fragte sie. »Nach außen sieht es so aus, als ob nur die Hochnäsigkeit der Weißen auf solche getrennten Zugänge versessen wäre. In Wirklichkeit handelt es sich um ein soziales Motiv. Die Bantus und die Farbigen kriegen fünfzig Prozent Ermäßigung.« – »Und warum das?« erkundigte ich mich etwas scheinheilig. »Sie verdienen ja viel weniger«, meint sie, »darum läßt man die Weißen ganz anders bluten.« Ich zweifelte zwar nicht an ihrer ehrlichen Überzeugung, daß hier ein soziales Motiv bestimmend sei, doch war sie perplex, als ich zurückfragte: »Und warum verdienen sie weniger?« Ich notiere dieses Intermezzo, weil es zeigt, wie selbst simple Alltagsbegebenheiten immer wieder auf die Grundfrage der Apartheid führen.

Die sozialen Aufwendungen in Südafrika für die farbige Bevölkerung sind in der Tat beträchtlich. Man stellt ihnen Schulen, Universitäten und Fürsorge-Institutionen jeder Art zur Verfügung. Es geht ihnen – ich muß das den einmütigen Berichten der Eingesessenen glauben – auch materiell besser als in irgendeinem andern afrikanischen Staat. Und doch vollzieht sich das alles auf der Ebene einer betonten politischen und ökonomischen Unterprivilegierung gegenüber dem weißen Bevölkerungsteil –, so wie die Symbolik des Schlangenpark-Schalters es veranschaulichte. Aber wie will man jene Ebene verändern, ohne das gesamte Lebensgefüge dieses Staates zum Einsturz zu bringen? Das ist die Preisfrage, auf die niemand eine Antwort weiß. Und weil sie mir ebenfalls nicht zu Gebote steht, ruht der leise Spott, mit dem ich Frau F. in ein Frage-Antwort-Spiel verwickelte, auf recht schwachen Füßen.

Rassentrennung – die leidige Apartheid

Auf See
zwischen Port Elizabeth und East London
20. November

An der Bar saßen gestern abend, bevor wir Port Elizabeth verließen, einige Besucher aus der Stadt, die offensichtlich die Atmosphäre eines deutschen Schiffes genießen wollten, zumal hier bestimmte Genüsse sehr viel billiger zu haben sind als an Land. Mit einem jungen Arzt und einem geistig vitalen, nachdenklichen und politisch engagierten Anwalt kam ich bald in ein lebhaftes Gespräch – natürlich wieder über die Apartheid. Ich löste es bewußt durch eine etwas aggressive Bemerkung über die getrennten schwarz-weißen Eingangspforten aus.
»Sie mögen darüber denken, wie Sie wollen«, wies mich der Arzt zurecht, »aber eines müssen Sie zugeben: In einem Lande mit sol-

chem Rassenpluralismus muß doch jede Bevölkerungsgruppe das Recht haben, ihre Identität zu wahren!« – Da war wieder das Stichwort, das mir schon von Kapstadt her vertraut war.
»Natürlich muß ich ihr dieses Recht zubilligen. Ich frage mich nur, ob es so geschehen sollte wie in Südafrika. Ich kann mir nicht helfen, aber ich komme nicht über den Eindruck hinweg, daß dieses kleinlich-bürokratische Auseinanderhalten der Rassen für die Schwarzen überaus diffamierend sein muß – von den andern Benachteiligungen einmal ganz abgesehen.«
»Mir hat noch niemand zeigen können«, schaltete sich jetzt der Anwalt ein, »welche andere effektive Lösung es da noch geben sollte. Schauen Sie doch in Afrika umher, und wenn Sie an die Ostküste kommen, werden Sie das noch mit eigenen Augen sehen, zumindest den Nachhall dessen: Wo die Rassenschranken gefallen sind und die Herrschaft des Weißen beendet ist, da kam es im Namen von Uhuru und Emanzipation zu Chaos und Blutbädern. Die Grausamkeiten von Mau-Mau und die Massenausrottungen im Kongo sind nicht mehr als ein paar Beispiele. Und es geht dabei ja wahrhaftig nicht bloß den *Weißen* an den Kragen. Überall, wo der Weiße vertrieben wird, geht es mit der Wirtschaft zurück. Sie werden sicher die Desorganisation noch auf dieser Reise beobachten können. Und bitte, was sehen Sie bei uns? Eine florierende Wirtschaft, Ordnung und keine Massaker. Das ist im heutigen Afrika viel und eine absolute Ausnahme. Überdies wird für die Nicht-Weißen sehr viel getan, ganz abgesehen davon, daß sie am wachsenden Wohlstand ihr gerüttelt Maß Anteil haben. Das wissen sie auch. Warum kämen denn sonst die Afrikaner aus den Nachbarländern zu Tausenden in unser Land, um hier zu verdienen? Meinen Sie, das wäre so, wenn wir jeden Tag unsern Nigger prügelten oder ihn den Krokodilen vorwürfen? Die Vorstellungen, die man draußen von uns hat, gehen ja wohl in diese Richtung. Wir sind nicht mal fein genug, um uns an internationalen Sportkämpfen beteiligen zu dürfen, geschweige an der Olympiade!«
Die letzten Worte klangen recht bitter. Ich dachte an den sympathischen jungen Vertreter unserer Kompanie, der ein führender Sportler seines Landes war und der – obwohl kein Wort darüber

fiel – sicher darunter litt, daß ihn die Rassenpolitik seines Landes von jedem Wettkampf mit ausländischen Kameraden ausschloß. Aber waren es wirklich nur die allgemeinen Prinzipien der Apartheid, deretwegen man von draußen her mit dem Boykott der südafrikanischen Sportler reagierte? Wurde der Boykott nicht in erster Linie dadurch ausgelöst, daß eben nur *Weiße* das sportliche Südafrika repräsentieren durften und daß man sich damit eben nicht abfinden konnte?

Doch möchte ich unser Gespräch nicht auf ein Nebengleis abdrängen lassen, sondern bei seinem eigentlichen Thema bleiben. Um meine Partner an der Bar zu unbefangenen Äußerungen zu bewegen und das hochexplosive Thema nicht in Emotionen zerfließen zu lassen, wollte ich zunächst das spürbare Vorurteil abbauen, als sei auch ich ein solcher Besserwisser, der sie aus der Sicherheit seiner Prinzipienetappe mit billiger Kritik und billigem Rat traktieren möchte. Ich sagte ihnen offen, daß ich bei meiner ersten südafrikanischen Reise zwar nicht meinen Drang zu kritischen Anfragen, wohl aber allen Pharisäismus gegenüber ihrem Land eingebüßt hätte. Ich sei nicht mehr so naiv wie der durchschnittliche Zeitungsleser draußen. Und um gleich einiges zu nennen, worin sie bei mir keine Vorurteile und Vorbehalte zu suchen brauchten, sagte ich ihnen: »Mir ist völlig klar, daß die Anwesenheit der Weißen in Südafrika nicht im Landraub gegenüber den legitimen Bewohnern, eben den Afrikanern, begründet ist. Ich weiß schließlich auch, daß abgesehen von einigen verstreuten Hottentotten und Buschmännern im Kapland eben niemand wohnte, als die Holländisch-Ostindische Kompanie sich dort festsetzte, und daß die Bantus erst später oder ungefähr um die gleiche Zeit hereinströmten. Was die Legitimität der Landnahme anbelangt, brauchen Sie also keine Polemik von meiner Seite zu befürchten. Auch mit dem Schimpfwort ›Kolonialismus‹ möchte ich Sie nicht belegen. Schließlich sind die Buren gerade der Vortrupp *gegen* den europäischen Kolonialismus gewesen. Deshalb finde ich es albern, wenn man diejenigen, die gegen koloniale Ansprüche Großbritanniens gefochten haben, nun ihrerseits als Kolonialherren denunziert.« Um eine falsche Frontbildung in unserm Gespräch zu verhindern, fügte ich noch einen letzten Gesichtspunkt hinzu: »Ich bin mir auch dessen bewußt, daß das Zusammenleben sehr verschiedener Rassen mit ebenso verschiedenem Entwicklungs-Status Probleme in sich birgt, über die jedes Urteil von außen – vor allem im Namen einer verblasenen und nivellierenden Humanitätsideologie – das Verdikt auf sich ziehen muß, äußerst subaltern zu sein. Gerade weil ich so unsicher bin und vor so vielen offenen Fragen stehe, bin ich äußerst begierig, von Ihnen zu hören, was Ihnen als *Ziel* Ihrer Rassenpolitik vorschwebt. Die bloße Verfestigung der Rassendifferenz kann doch unmöglich Selbstzweck sein.«

Meine Gesprächsgenossen sind, glaube ich, keine profilierten Parteileute. Sonst könnte ich ihre Antwort den entsprechenden programmatischen Erklärungen entnehmen. Ich hatte das Gefühl, daß sie einen gesunden Menschenverstand und einen offenen Blick haben. Darum hoffte ich Überzeugungen zu hören, die ihrem eigenen Nachdenken entsprungen waren.

»Ich finde es gut«, sagte der Arzt, »daß Sie nach dem Ziel unserer Rassenpolitik fragen. Denn das gibt uns Gelegenheit darauf hinzuweisen, daß der gegenwärtige Status der Apartheid in der Tat nur ein Interim ist, eine Übergangsphase innerhalb einer langfristig geplanten Entwicklung.«

»Soll das heißen«, fragte ich, »daß Sie eine Überwindung des Rassenpluralismus im Auge haben, eine Vermischung vielleicht, eine Integration – jedenfalls von einem bestimmten Termin ab?«

»Das gerade nicht! Ich sprach ja schon von der Erhaltung der rassischen Identität. Es geht uns vielmehr um eine zunehmende räumliche Trennung der rassenverschiedenen Bevölkerung, um die Errichtung eigener Territorien und um eine relative Autonomie der so sich konsolidierenden Teil-Nationalitäten.«

»Moment mal«, warf ich dazwischen, »was heißt denn hier ›relative Autonomie‹? Soll das besagen, daß die verschiedenen Rassen bzw. die verschiedenen Stammesgebiete, in denen sie als ihren Heimatländern (Homelands) wohnen sollen, gleichberechtigt und mit angemessenem Stimmenanteil im Zentralparlament der Republik vertreten sein werden?«

»Hilfe, nein!« wehrte er mit entsetzter Miene und erhobenen

Händen ab. »Wir denken natürlich nur an eine begrenzte Verwaltungsautonomie. Bedenken Sie doch einmal, was bei einem proportionalen Stimmenanteil der afrikanischen Bevölkerung aus uns werden müßte! Dann kämen wir doch gleich unter den Schlitten – um mich für afrikanische Verhältnisse etwas klimafremd auszudrücken.«

»Ich glaube, hier sitzt tatsächlich der Hase im Pfeffer«, gab ich ihm zu. »Die erdrückende farbige Majorität scheint mir das eigentliche Kernproblem zu sein. Die Weißen fühlen sich nicht nur als ›qualifizierte Minderheit‹ und damit als geschichtlich ausgewiesene Führungsschicht, sondern sie fühlen sich vor allem als *quantitative* Minderheit, der der demokratische Trend unserer Zeit den Wind ins Gesicht blasen läßt. Eine Demokratie, deren Funktion auf die Gleichberechtigung aller gegründet ist und deren Entscheidungen durch die anteilige Stimmenzahl bestimmt werden, wäre für die weiße Minderheit tödlich. Ergo: Gerade wenn diese Minderheit sich zu ihrer Führungsrolle ›qualifiziert‹ fühlt, muß sie das demokratische Quantitätsprinzip ablehnen. Sie *kann* also nie so etwas wie die politische Gleichberechtigung aller Rassen wollen. Deshalb frage ich mich, ob manche extremen und dem Besucher so ärgerlichen Formen der Apartheid nicht in dieser *Angst* begründet sind – in der Angst, daß man der Überzahl der Farbigen und ihrer explosionsartigen Vermehrung auf die Dauer erliegen könnte. Man braucht ja nur die wimmelnden Scharen von Negerkindern allüberall zu sehen, um diese Angst begreiflich zu finden. Auch hier könnte ja gelten, daß bei einer bestimmten Steigerung Quantität in Qualität umschlägt und auf dem Weg über Revolutionen neue Herrschaftsverhältnisse entstehen läßt. Dabei sehe ich noch ganz ab von möglichen kommunistischen Infiltrationen, also davon, daß dieser Emanzipationswille der Afrikaner noch von außen her ideologisch angeheizt werden könnte. Mein Instinkt müßte mich in fast unwahrscheinlicher Weise trügen, wenn ich diesen Ausdruck der Angst nicht immer wieder beobachtet hätte. Er war aus den Mienen zu lesen und versteckte sich oft in Nebensätzen. – Entschuldigen Sie bitte meinen Redefluß, aber diese Fragen gehen einem ja unter die Haut.«

Eine unserer Damen, die lebhaft zugehört hatte, meinte, daß es gerade wegen dieser »Angst« so schwer sei, über die Apartheid zu diskutieren. Kein Mensch, der hier lebe, sei dieser Frage gegenüber unbefangen. Wo aber die Angst regiere, da sei man eben immun gegen Argumente.
Der Anwalt wehrte ein wenig ab und meinte, es gäbe ja überhaupt keine Möglichkeit der Verständigung mehr, wenn man nicht hoffen dürfe, durch alle Emotionen und alles Engagement hindurch zu einem gewissen Maß von Objektivität durchzufinden. Schließlich gäbe es doch so etwas wie geistige Disziplin, und darin habe sein Beruf ihn schon ein bißchen unterwiesen. Dann wandte er sich mir zu: Er wolle keine übertriebene Selbstsicherheit heucheln und nicht so tun, als ob das, was ich über die Angst gesagt hätte, völlig gegenstandslos sei. »Wir wissen in der Tat nicht, was die Zukunft bringt. Und wenn wir mit dem Rechenschieber die Entwicklung der Quantitäten ausrechnen, sieht es ziemlich düster aus. Allen hier aufkommenden Beklommenheiten setze ich dann aber für meine Person eine Überzeugung entgegen, die aus der Geschichte unseres Landes belegt werden kann und die mich hoffen läßt. Ich meine die Überlegenheit der weißen Rasse. Sie wird evident bleiben wie bisher, und sie wird uns immer neue Wege finden lassen, um uns zu behaupten.«

Meine Skepsis in punkto Apartheid, guter Rat aber ist teuer

»Sind Sie dessen wirklich so sicher?« warf ich ein. »Hier muß ich Ihnen meine Skepsis bekennen. In den USA habe ich mit nicht wenigen intellektuellen Negern, vor allem im Universitätsbereich, über diese Frage gesprochen. Ganz abgesehen davon, daß meine Gesprächspartner keine Symptome von Unterlegenheit verrieten, machte mir vor allem ihr Argument Eindruck, daß die Inferiorität der schwarzen Bevölkerung nicht in einem biologisch-rassisch bestimmten Minus gründe, sondern in gesellschaftlicher Benachteiligung, mangelnder Erziehung, Ausbildung sowie in Unterprivilegierungen jeder Art. Vielleicht ist der Rassenpharisäismus der Weißen also eine gewaltige Selbsttäuschung, wenn nicht gar eine Zweck-Illusion, durch die man eine geschichtliche Schuld gegenüber dem schwarzen Mann hinwegretuschieren möchte. Ich lese gerade Anne Moodys Buch ›Erwachen am Mississippi‹ und muß sagen, daß es mich in diesen Vermutungen sehr bestärkt hat. Wenn ich mir nun überlege, was das für Südafrika bedeuten könnte, dann genügt eine kurze Bemerkung und Frage. Sie, Herr B., haben gute Schulen und auch Universitäten für die Nicht-Weißen errichtet und ziehen also eine entsprechende Intelligenzschicht heran. Halten Sie es für denkbar, diese Schicht dann noch im Status des Second-hand-man zu erhalten und das hierarchische Gefüge der Rassen zu bewahren? Wird nicht das Leistungs- und Konkurrenzprinzip für eine entsprechende Aushöhlung alles dessen sorgen? Sie können doch nicht eine gleichrangige Ausbildung vermitteln – darauf wollen Sie erfreulicherweise ja hinaus! –, um dann den so Ausgebildeten im Berufsleben *mindere* Rechte und *geringere* Honorierung zuzuerkennen! Wird es nicht bei offener Leistungskonkurrenz notwendig auch zu schwarzen Chefs und weißen Untergebenen kommen – einfach weil die Niveauverhältnisse im einzelnen Fall entsprechend sind? Dann aber müßte eine Zurücksetzung der Schwarzen in ihren Rechten und Löhnen zu nachgerade grotesken Verzerrungen führen – ganz zu schweigen einmal von dem psychischen Zündstoff, der sich auf diese Weise anhäuft. Die Rasanz der dann zu erwartenden Explosion kann man sich ja einigermaßen ausmalen.«

Meine Gesprächspartner gingen auf diese als Frage gemeinte Zukunftsvision nicht recht ein. Vielleicht hatte ich nur einen Gedanken ausgesprochen, der ihnen selber viel zu nahe lag, als daß sie ihn nicht schon hundertmal in sich selbst hin und her gewälzt hät-

ten, ohne einen Ausweg zu sehen. Der Arzt meinte nur ausweichend, die Dinge lägen sehr viel komplizierter. Gewiß könne es Sonderfälle besonderer Begabung bei den Bantus geben, obwohl er sowas bisher nur in bestimmten Berufssparten beobachtet habe.
»Auch in Ihrem eigenen Beruf?« fragte ich.
»Doch ja«, erwiderte er. »Es gibt eine Anzahl hervorragender Mediziner, besonders Chirurgen, aber kaum Architekten und Ingenieure. Doch bilden diese herausragenden Begabungen gar nicht das eigentliche Problem. Wenn man die Gesamtlage im Auge behält, muß man vor allem wissen, daß es »den« Schwarzen so gar nicht gibt. Die Dunkelhäutigen bestehen aus einer Unzahl von Stämmen, die sehr verschieden begabt sind und auf sehr unterschiedlichen Kulturstufen stehen. Von einigen würde ich wirklich sagen, daß sie nicht eigentlich geschichtsfähig sind. Keine noch so planvoll angelegte Erziehung wird es ermöglichen, sie über ein sehr begrenztes Niveau hinauszuheben.«
Ich mußte bei diesen Worten wohl etwas skeptisch dreingeschaut haben (nicht weil ich Gegengründe angeben könnte, sondern weil ich gegen alle biologischen Vorurteile im menschlichen Bereich durchaus allergisch bin, was freilich die Unbefangenheit nicht gerade erhöht!). Jedenfalls waren meine Partner nun mit vielen Beispielen bei der Hand, die mir die Grenzen des schwarzen Mannes in Auffassungsgabe, Initiative, verantwortlicher Selbständigkeit und vielen andern Tugenden der Humanität demonstrieren sollten. Auch Albert Schweitzer wurde in einigen seiner höchst kritischen Urteile über die Eingeborenen zitiert. »Und der hat doch wirklich alles versucht! Seine Lehre von der Heiligkeit *allen* Lebens, die sich sogar auf die Tiere erstreckte, hat ihn gewiß davor bewahrt, ein Herrschaftsmonopol des weißen Mannes mit einer entsprechenden Abwertung der Afrikaner zu begründen. Es sind schließlich bittere *Erfahrungen* gewesen, die ihn entgegen seiner Humanitätsidee zu der Feststellung führten: auf die Schwarzen kann man sich nicht verlassen; wenn sie nicht die Knute des weißen Masters spüren, legen sie sich auf die faule Haut und lassen alles verkommen.«
Beweiskräftig war das natürlich nicht, aber es machte mir doch ei-

nen gewissen Eindruck. Besonders das, was der Arzt sagte, geht mir nach. Denn er war fair genug, auch von erfreulicheren Seiten der Schwarzen zu berichten, und ich gewann aus dem, was er sagte, den Eindruck besonnener Abgewogenheit.

Jetzt meldete sich noch ein jüngerer Mann zu Wort, der bisher geschwiegen, aber hellwach zugehört hatte. Ich entnahm späteren Andeutungen, daß er im Schulfach tätig sein müsse. Er griff noch einmal das auf, was am Anfang des Gesprächs über das Fernziel der Regierung gesagt worden war. Er wandte sich an den Anwalt und den Arzt:

»Sie sprachen davon, daß die Apartheid in einen mehr geopolitischen Begriff verwandelt werden müsse. Es solle zu einer Vielzahl von relativ autonomen Homelands der nicht-weißen Bevölkerung kommen, die dann schiedlich-friedlich und räumlich getrennt nebeneinander leben. Entschuldigen Sie, aber ich halte das für eine gigantische Illusion! Ich will nur zwei Gründe nennen: Der erste ist historischer Art. Wir sind eine pluralistische Gesellschaft in Südafrika, die einem Rassen-Rührei gleicht: ein Mixtum compositum aus den verschiedensten Bestandteilen, das vor mehreren Jahrhunderten entstanden ist. Man kann dieses Konglomerat jetzt nicht mehr durch chemisch-politische Reagenzien in seine einzelnen Bestandteile auflösen. Meinen zweiten Grund, den ich gegen die Idee der Rassen-Territorien vorbringen möchte, gewinne ich aus einer simplen wirtschaftlichen Überlegung: Trotz aller Apartheid und trotz aller Verschiedenheit der Rechte sind die Rassen doch längst in den Wirtschaftsprozeß hinein integriert. Diese Entwicklung wird noch weitergehen, sie ist auf jeden Fall unumkehrbar. Die industrielle Produktion, aber auch die Dienstleistungen haben als Schmelztiegel gewirkt. Wenn es dahin käme – um einmal extreme Lösungen an die Wand zu malen –, daß die Rassengruppen auf ihren Territorien für sich wären, so würde das zur völligen Lähmung der Wirtschaft führen. Was wollen die Weißen, wenn sie nun für sich wohnen, ohne die schwarzen Arbeiter denn machen? und ohne die schwarzen Bediensteten in Häusern und Hotels? Und wie sollen sich die Territorien der Afrikaner entwikkeln, wenn die Rassentheorie über ihre mangelnde Selbständigkeit

zutrifft – oder auch wenn sie *nicht* zutrifft und dann eine schädigende Konkurrenz in ihnen erwachsen muß? Wenn aber die Weißen, um diesen verschiedenen Möglichkeiten zu entgehen, ihre Fabriken in die schwarzen Reservate hinein bauen, dann muß die leitende weiße Schicht dort ebenfalls anwesend sein. Und so begänne sich die Schraube von neuem zu drehen . . .«
Ich habe das Gefühl, daß damit ein Punkt erreicht ist, an dem die Ausweglosigkeit des Problems in aller beklemmenden, aber auch wünschenswerten Deutlichkeit sichtbar wird. Mit »Ausweglosigkeit« meine ich, daß es keine Lösung gibt, die klar, für alle Seiten befriedigend und ohne allzu explosive Stimulantien für neue Konflikte wäre. Hier bieten sich keine utopischen Fernziele an. Hier kann man nur »wursteln« und sich durchlavieren und sehen, wie man in dem ständig sich verändernden Kräftespiel besteht. Doch nicht nur das Spiel verändert sich, sondern auch die Kontrahenten.
Es war indessen zu spät geworden, um das Gespräch fortzusetzen. Der Steward meldete, daß das Schiff sich zur Abfahrt rüste. Im Salon warteten noch einige Freunde, die Auf-Wiedersehen sagen wollten. Ich sagte der Gesprächsrunde nur noch: »Mir ist wieder einmal klargeworden, wie ahnungslos alle sind, die sich draußen gegenüber Südafrika aufs hohe Roß setzen und in versimpelnden Parolen hinaustrompeten, wie man es eigentlich machen müsse. Man wird als Besucher hierzulande, wenn man die Augen aufhält und ein bißchen nachdenkt, bescheidener – was nicht ausschließt, daß man kritisch bleibt und auch mit seinem Mißfallen über dies oder jenes nicht hinter dem Berge hält. Und in der Apartheidspraxis geht mir vieles nicht ein.«
Abschiedsworte werden gewechselt. Wann werden wir uns wiedersehen, ob überhaupt? Die Abschiede in exotischen Häfen sind entschiedener und endgültiger als die auf heimischen Bahnhöfen.

In East London

East London
21. November

»Ein geradezu intimer Hafen, nicht wahr?« sagt der Kapitän, als wir angelegt haben und uns einen gemächlichen Rundblick gönnen. »Nicht groß, grüne Hügel ringsum und die Vorfreude auf schöne Badestrände – was will man mehr?« Vom Hafenbetrieb selbst scheint er nicht übertrieben begeistert zu sein, obwohl hier noch paradiesische Verhältnisse herrschen im Vergleich zu dem, was wir in Ostafrika erleben werden. »Unser Aufenthalt wird länger dauern«, meint er, »und der Grund dafür ist sehr bezeichnend: Kranführer und Gabelstauer müssen Weiße sein. Von denen hat man aber nicht genug. Also müssen wir warten.« Das ist wirklich verrückt. Unterwegs sahen wir Afrikaner beim Straßenbau die schweren Bagger bedienen. Das traute man ihnen also zu. Und außerhalb des Herrschaftsgebietes der Apartheid hantieren sie selbstversändlich auch mit allen Lade- und Löschmaschinen. Wenn das Apartheidsprinzip zum Glaubenssatz wird, nötigt es offenbar dazu, ständig symbolische Abstufungen zu erzeugen, so hier eine bestimmte Hierarchie in der Bedienung der Maschinen. Als wir bei Tisch darüber sprachen, erzählt Herr S. zur Illustration eine Geschichte, die ich kaum glauben mochte und auch nicht nachprüfen kann. Trotz meines Zweifels verbürgt er sich aber für ihre Wahrheit, und schließlich ist er ein langjähriger Experte: Auch in Kapstadt sei es vor einigen Jahren zu einer sehr störenden Verknappung der weißen Gabelstauer gekommen, so daß man doch Schwarze dafür habe einstellen müssen. Um aber den Abstand zum Weißen zu betonen, habe man eine spezielle Konstruktion eingesetzt, bei der der Bedienende nicht auf einem Sattel sitzt, sondern nebenherlaufen muß.
Von East London als Stadt erwarteten wir nichts Besonderes, außer den schönen Bademöglichkeiten natürlich. Daß wir unsere Hoffnungen nicht hochschrauben durften, wurde uns schon klar, als wir im Reiseführer unter den Sehenswürdigkeiten das »Haupt-

postamt« hervorgehoben sahen. Unsere Fahrt durch die Stadt zeigte dann dieselbe trostlose Öde jenes kleinstädtischen Wildwuchses und jener Profillosigkeit, wie man sie oft in Provinzstädten Amerikas findet. Coca Cola-Reklame, Tankstellen und Supermärkte drängen sich als Erinnerungsbild vor, wenn man sich rückblickend fragt: Was hast du eigentlich gesehen? Eindrucksvoll dagegen sind die Villenviertel, deren Individualismus mir auch hier wieder auffällt. Kein Haus ist wie das andere, und die Verschiedenheit besteht keineswegs nur in Variationen ein und desselben Stils. Gleichwohl hat man hier nicht den Eindruck chaotischer Zusammenwürfelung. Was in sich selbst ästhetische Qualität hat – und das kann man dieser Architektur nicht absprechen –, stimmt letztlich doch zusammen, zumal die blühenden Gärten Überleitungen bilden und allzu krasse Gegensätze mildern. Noch immer haben wir Nordländer, die aus einem kargen Spätherbst kommen, das Gefühl, von den sprühenden Farben der knallroten Flamboyant-Bäume, der blauen Jakarandas und dem verwirrenden Bunt der Gartenblumen förmlich angesprungen zu werden.

Doch hinter dem Frieden dieses Wohlbehagens lauern auch hier die Elemente. Die Spuren der vorjährigen Überschwemmungskatastrophe sind noch allenthalben erkennbar. Selbst die hohe Brücke, die wir überqueren, so erzählt uns der Fahrer, stand dabei unter Wasser. Eine Villa am Ufer, deren einstige Pracht sich noch in der Ruine andeutet, wurde von der rasenden Flut auseinandergerissen.

Es ist schön, daß wir Frau F. aus Johannesburg bei uns haben, eine heitere ältere Dame, die sich gern aufziehen läßt und auch die Eskapaden der Albernheit gern mitmacht, die uns im Überschwang der Reiselaunen manchmal ankommen. Als ich sie einmal auf diese ihre »glückliche Natur« anspreche, meint sie: »Ich bin so erzogen worden, daß ich in allem das Positive sehe und darum immer zufrieden bin.« Obwohl sie offenbar gut situiert ist und – an Europa gemessen – über eine sagenhafte Anzahl von Bediensteten verfügt, ist das ja nicht selbstverständlich. Wir trafen schon mehrfach hierzulande gelangweilte Damen, die unter der Leere eines Lebens litten, in dem ihnen jede Aufgabe abgenommen wurde. Zufriedenheit von der Art, wie Frau F. sie ausstrahlt, ist wohl entweder ein glückliches Geschenk der inneren Konstitution oder eine schöpferische Tat der Weltüberwindung. Bei Frau F. ist es eben ihre »glückliche Natur«. Einem skeptischen Gemüt wie mir tut so ein Mensch ungemein wohl, gerade in der unbeschwerten Atmosphäre eines Schiffes.

Aber gerade, als ich heute mittag im Liegestuhl über solche Dinge meditierte, bedrängte mich ein Gedanke, der mir bei Anne Moodys Lebensbericht über den dornenreichen Freiheitskampf der Neger in Amerika kam. Sie schildert einmal, wie sie in äußersten Zorn gerät, als sie auf der Straße zufriedene, lachende Neger sieht. Diese Leute sind alle »Onkel Toms« für sie – ein Schimpfname, den sie und ihre Freunde auf alle Stammesgenossen anwenden, die sich mit ihrem Geschick abgefunden, sich angepaßt haben und nun mit Laune und Behagen einem laissez-faire frönen. Wäre Frau F. schwarz, gehörte sie also nicht zur Herrenschicht in Südafrika, würden ihre Zufriedenheit und ihre »glückliche Natur« ebenfalls der Verachtung von Anne Moody anheimfallen. Aber auch so würde sie Frau F. vorwerfen, daß man mit ihrem Typ keine Rassen- oder Klassenkämpfe führen könne, und daß ihre Zufriedenheit eben der Gemütskomfort ihrer privilegierten Kaste sei.

Wer hat recht? Diese Frage treibt mich um. Zufriedenheit, Lebensbejahung und Heiterkeit – der Lateiner spricht von serenitas und hilaritas – sind doch, wenn ich unbefangen urteile, schöne menschliche Haltungen. Gelingt es mir nicht, gerade als Christ nicht, zu ihnen durchzudringen, mache ich mir Vorwürfe. Ich habe dann das Gefühl, das Soll meiner Humanität nicht zu erreichen. Wer mit Gott, Welt und Mitmensch zerfallen ist und in ständiger Negation lebt, erscheint mir als zutiefst bedauernswert. Ist es nicht der schreckliche Beginn ideologisch verengten Denkens, wenn man alle menschlichen Qualitäten nur am Zweck eines bestimmten Tuns, an Funktionen mißt? wenn man die Fülle der menschlichen Natur nicht mehr gebrauchen kann, weil sie nicht genügend klassen- oder rassenkämpferische Versessenheit aus sich herausgibt? wenn man also nur noch das einseitig abgerichtete Mängelwesen gebrauchen kann? Müßte man dann nicht auch den Humor verdammen, weil er eine Weise lächelnder Weltüberwindung ist und darum den Gegenpol zu fanatischen Haltungen bildet? Auch hier habe ich schon in weiße und schwarze Gesichter gesehen, die nur auf Entschlossenheit fixiert waren und in denen kein Ja irgendwelcher Art geschrieben stand. Fiel uns nicht auch bei den Fanatikern der studentischen Rebellion der Mangel an Humor und Selbstironie auf?

Fragte man die jungen Leute danach – zu solchen Gesprächen kam es ja immerhin hie und da –, dann erwiderten sie, daß Humor und Selbstironie ihnen den Brennstoff für ihre Aktionen raube. Sie brauchten den Fanatismus, um die Durchschlagskraft der Versessenheit zu gewinnen. Die einzige Weise ihres Lachens war das Hohngelächter. Aber ich frage mich, ob das nicht Schwäche ist und die eigentliche menschliche Souveränität nicht in der Kraft bestehen könnte, das Schöne im Leben zu bejahen, noch im Feinde das Bejahenswerte zu finden, das Ethos selbst gegnerischer Haltungen würdigen zu können – und gleichwohl entschieden Front zu machen, Gegensätze nicht zu beschönigen und im Streit zu bestehen. In seinem »Marlborough« schildert Churchill Eigenschaften seines Vorfahren, die in diese Richtung deuten. Man lieferte sich grausame Schlachten, aber man verneigte sich voreinander. Es gab in allem Nein des Tageskampfes ein umschließendes Ja.

East London
Ewigkeitssonntag, 22. November

Nachmittags, als wir herrlich erfrischt vom Baden heimkehrten, drückte mir der Steward das Pornoblatt »Jasmin« in die Hand. Sein etwas skeptisches Lächeln deutete einen gewissen Zweifel an meiner Empfänglichkeit an, womit er recht hatte. Wenn man sich einige Wochen im Bereich der Elemente bewegte und die therapeutische Wirkung der Distanz genossen hat, sind diese Porträts von Finanzprotzen des Jet-Set oder von Nullen einer heruntergewirtschafteten Aristokratie besonders beelendend. Das sind die Leitbilder, die von merkantil Interessierten in die Seelen geschleust wer-

den! Der alberne Unterricht, den man erotisch Unmusikalischen erteilt – eine Sonderschule, die jedes Detail unzählige Male vorkauen muß –, das Dozieren maßstabloser »Psychologen«, die ohne Rücksicht auf Verluste progressiv sein wollen –, das alles ekelt mich aus *moralischen* Gründen höchstens insofern an, als ich im Geiste die Geldscheffler im Hintergrund sehe, jene Aasgeier des Kapitalismus, denen jeder Dreck gut genug ist, um daran zu verdienen. (Die sogenannten Ultra-Linken der jungen Generation, die sonst auf ständiger Jagd nach kapitalistischen Motiven sind, auf der merkantil erzeugten Sex-Welle aber fröhlich mitreiten, scheinen hier einen blinden Fleck im Auge zu haben.)
Im übrigen tut mir die Auszehrung des Geschlechtlichen leid. Was wird aus einer Jugend werden, die die Sexualität in dieser Verzerrung kennenlernt und die die heuchlerisch vorgebundene Maske des Pädagogischen und der helfen wollenden Enttabuisierung vorerst nicht durchschaut? Was vom Schöpfer zur Freude und zur Erfüllung des Lebens bestimmt ist, wird hier zum Material der Langeweile und zum Leerlauf der ewigen Dieselbigkeit. Die pornographischen St. Pauli-Zeitungen sind wenigsten noch ehrlich und zeigen ihre sexuelle und merkantile Lüsternheit offen vor. Das Sympathische dessen ist freilich äußerst relativ und gilt nur im Vergleich mit dieser graphisch virtuosen Nichtigkeit von »Jasmin«. Völlige Hohlheit bei armen Leuten, die im Schatten stehen, fällt weiter nicht auf. Neureiche Hohlheit aber, die sich bläht, spreizt und in der Anhäufung von Geschmacklosigkeiten gleichsam potenziert, wirkt sehr viel penetranter. Und gerade das ekelt mich an diesem Heft an.

Vor Durban
23. November

In der Nähe von Durban vor Anker. Wir liegen inmitten einer riesigen, städtisch besiedelten Hügelkette, der moderne, an Manhattan erinnernde Komplexe von Hochhäusern vorgelagert sind – ein imposantes Panorama, das im Gegenlicht so aussieht, als wolle es sich uns unerreichbar entziehen. Fünf Schiffe liegen um uns herum und schaukeln in Geduld. Obwohl diese Wartezeit – sie soll bis morgen früh dauern – unser Programm wohl etwas durcheinanderbringen wird, sind wir nicht traurig. Wir sind wie eine Insel im Sonnenmeer. Man kann aus dem Warten eine Kunst machen, die Vorfreude erzeugt und damit das Verweilen des Augenblicks begehrenswert werden läßt. Das gilt jedenfalls, wenn man auf erhoffte Freuden zugeht. Und das tun wir ja. Das ist auch das Geheimnis des Advents, der sich nun mit Macht nähert. Die Bibeltexte dieser Woche sind voller Verheißungen.

Die Fahrt zu unserm Ankerplatz führte der afrikanischen Küste entlang. Wir suchten sie mit unsern Gläsern ab. Auf langen Strekken ging es an straßenlosen, unbewohnten Urlandschaften vorüber. Je näher es aber auf Durban zuging, um so mehr wurden sie durch Städte, Kurorte, zauberhafte Landhäuser und Industriegebiete abgelöst. Der frische Wind ließ die Wärme nie drückend werden, so daß alles an Bord heiter war, spielte, klönte, photographierte, in den Liegestühlen döste oder mit Fernrohr und Kamera auf das Peildeck stieg.

Als der Vertreter der Kompanie in East London, der uns unermüdlich zum Baden und in die Umgebung fuhr, beim Abschied »Merry Christmas!« wünschte, kam uns Europäern das Phantastische unserer Lage zum Bewußtsein: Im üppigsten Frühling bei sommerlicher Hitze dieser Wunsch! Wir müssen die Umkehrung aller Dinge erst allmählich lernen: daß die Sonne nicht mehr mit, sondern entgegen dem Uhrzeiger wandert, daß die Mondsichel auf dem Kopf steht und daß wir das Christfest diesmal in sommerlicher Hitze begehen werden.

In Durban – Bummel durch die Stadt

Durban
24. November

Heute morgen bei starkem Regen in den Hafen eingelaufen und am Pier gleich bei der Badebucht festgemacht. Herr W. aus Hamburg, der bisher unser Spielführer und Antreiber beim Shuffle-Board gewesen war, und Frau F. verabschieden sich. Frau F. empfängt vorher noch die Nachricht, daß ihre Lieblingskatze Junge bekommen habe, dann aber tödlich überfahren worden sei. So gab es ein tränenersticktes Adieu. Das Behagen ihrer Johannesburger Idylle war von einem bescheidenen Schicksal überschattet. L.* erhält zum Empfang ein leuchtendes Blumengebinde.

Abends. Eben wiedergekommen von einem Ausflug nach Norden. Es goß in Strömen. So hätte es auch bei uns an einem grauen Novembertag sein können, nur daß wir hier nicht zu frieren brauchen.

Von Durban aus fuhren wir über die »N 14«, eine funkelnagelneue autobahnähnliche Staatsstraße, zu den Salt Rocks. Das Strandhotel hoch über dem Meer, in dem wir den Tee nehmen, erscheint mir ebenso wie Beverly Hills als eine Variante früherer Kolonialherrlichkeit. Barfüßige indische Arbeiter werken auf den Terrassen. Indische Kellner in großer Zahl bedienen lautlos und schnell. Am Nachbartisch sitzt eine uralte, mit dem Kopf leicht zitternde Engländerin und trinkt mit zeremonieller Würde und gespreizten Fingern ihren Tee. Auf dem Rückweg macht mir den stärksten Eindruck die Indian Town Tongaat mit ihrem überschäumenden Volksgewimmel. Die Buntheit der Gewänder, der glitzernden Ketten, der Auslagen und des Gedränges in den offenen Geschäften setzt sich selbst gegenüber dem Grau-in-Grau des Regentages durch. Sogar die grell erleuchteten Supermarkets wirken hier nicht als kühle Einsprengsel merkantiler Rationalität, sondern spielen in

* »L.« bezeichnet im Tagebuch den Vornamen meiner Frau Liesel. Ihrem Wunsch gemäß beschränke ich ihre Nennung auf das Minimum des Unumgänglichen.

dem farbigen Reigen mit. Dieses tropische Gewimmel bei Hamburger Nieselregen ist von eigenartigem Reiz. Unser schwarzer Fahrer David, der uns für die Durbaner Woche zur Verfügung steht, ist ein würdiger, freundlicher Mann von äußerst gelassenem und sicherem Fahrstil.

Durban
25. November

Die Sonne hat die gestrigen Wolkenfelder wieder vertrieben und brennt heiß auf uns nieder. Zum Einkaufen besuchen wir die weiten Hallen des Indian-Marktes, in denen die Völkerscharen sich zwischen endlosen Ständen drängeln. Wir sind fast die einzigen Weißen. Uns umwogt eine dröhnende Geräuschkulisse. Die Leute feilschen temperamentvoll und mit sportlichem Kraftaufwand. Die Luft ist von Gewürzen und menschlichen Ausdünstungen gesättigt. An den Fleischerständen, wo die Tierkadaver offen in feuchter Hitze hängen und von Myriaden von Fliegen heimgesucht werden, ist sie fast unerträglich.

In der Stadt und am Strand sind die Zulu-Kulis, die die Rikschas ziehen, farbenprächtig aufgezäumt: ein meterhoher bunter Kopfschmuck, der an eine Triumphpforte erinnert, den Kopf mit riesigen buntbemalten Hörnern bestückt, so daß man ohne die braunen Gesichter an eine Epiphanie Wotans denken könnte. Vom Hals bis zum Fuß sind die Männer mit farbig gewirkten Teppichen behängt. Und diese Riesenlast wird bei dieser Hitze getragen! Im Lauf lassen sie die Rikschas rhythmisch federn. Ich brächte es nicht fertig, mich von einem Menschen so transportieren zu lassen. Jeder anderen noch so inferioren Dienstleistung wohnt immerhin ein humaner Zug inne. Die Hemmungen, die einen gegen solche Dienste einnehmen, sind wohl weniger durch die Schwere der Arbeit verursacht als durch die symbolische Form menschlicher Erniedrigung.

Es sind Rudimente der Sklaverei. Im übrigen wissen diese aufgedonnerten Menschengäule, wie attraktiv sie sind, und lassen sich

nur für einen gar nicht mal kleinen Obolus fotografieren. Fällt er überdurchschnittlich üppig aus, so inszenieren sie zusätzlich noch einen von Geheul begleiteten Stammestanz.
Bei Straßenarbeiten fällt mir auf, daß die Leute ihre Hacken im Gruppen-Rhythmus bedienen und daß sie dabei singen. Wir erfahren dann, daß hier spontan gedichtete Zweizeiler von einem Vorsänger angestimmt und von der Gruppe aufgenommen werden. Darin ist von dem Boß die Rede, der sie befehligt, und ihr Singsang plaudert aus, ob er ein guter oder böser Master ist, ob er für seine Leute sorgt oder sie vernachlässigt, sie pünktlich entlohnt oder sie ausnutzt. So erfährt das zuhörende Publikum gleich, wen es hier vor sich hat. Und ich könnte mir denken, daß es dem Boß nicht gleichgültig ist, ob man hier Lieder der Rühmung oder des Tadels anstimmt.

Ins Tierreservat Hluhluwe im Zululand

Durban
1. Advent, 29. November

Der Hexenschuß, den ich bisher zu ignorieren suchte, hat sich für seine Mißachtung gerächt. Ich liege etwas hilflos in meiner Kammer und vertiefe mich in meinen Churchill. Daß heute Erster Advent ist, merken wir nur an der Bibellese. Ich meditiere den Predigttext und denke an die festlichen Gottesdienste daheim. Hin und wieder raffe ich mich aber doch auf und schaue zu, wie schwere, acht bis zwölf Tonnen wiegende Granitblöcke von den Eisenbahnwagen in die Luken gehievt werden. Die großen Kräne an der Pier schaffen diese Lasten nicht, aber die Hebebäume des Schiffes werden damit fertig.
Doch bin ich schon ein wenig vorausgeeilt. Trotz der langsam sich steigernden Schmerzen brachen wir am Donnerstag noch auf, um

für zwei Tage zusammen mit dem Kapitän in das Tierreservat Hluhluwe (sprich: schluschliwi) zu fahren. Bei brütender, schweißtreibender Hitze erreichen wir nach mehrstündiger Fahrt – am Steuer sitzt wieder unser treuer Fahrer David – unsere Zululand-Safari-Lodge, die in einem eigenen, dem Reservat vorgelagerten Wildgelände liegt. Nach der heißen Fahrt mitten in der Wildnis ein modernes, höchst komfortables und elektrisch gekühltes Hotel vorzufinden, bedeutet eine solche Befreiung vom Druck der Hitze und von den Staubfahnen der durchfahrenen Straßen, daß der Einwand, man fröne vielleicht einem gewissen Snobismus, gar nicht aufkommen will. Die Gäste-Apartments sind in kleinen strohgedeckten Rundbauten untergebracht, die sich rings um die Hauptbauten gruppieren, eine Art Imitation von Zulu-Kralen. Auch hier empfängt uns jeder Komfort, von der Klimatisierung bis zu perfekten Badezimmern und eleganten Farbkompositionen. Einen Augenblick frage ich mich, ob es nicht gigantischer Kitsch ist, wenn die Welt des Primitiven hier im Sinne des letzten zivilisatorischen Schreis nachgeahmt wird. Im Gespräch darüber entschließen wir uns aber, nicht so hart zu urteilen. Wenn man hier schon eine Kulturoase errichtet, wäre der übliche DIN-Format-Betonklotz gewiß unvergleichlich scheußlicher. Von weitem gesehen ist diese Lodge jedenfalls nicht als Fremdkörper in die sonst so unberührte Landschaft eingesprengt, sondern fügt sich in sie ein und ist ein Stück urbar machender Kultur.
Nach diesen freundlich gestimmten ersten Meditationen erledigen wir den Anmeldungspapierkrieg. Als beim Empfang herauskommt, daß wir aus Hamburg sind, strahlt die Dame hinter dem Pult auf: »Unser Haus ist voll von Deutschen«, sagt sie und meint uns eine besondere Freude damit zu machen, »hier sind gerade zehn junge Damen mit ihrem Manager. Es sind sogar sehr schöne Damen.«
Diese etwas rätselhafte Auskunft klärte sich später auf, als wir um das Schwimmbad herumschlenderten. Dort sahen wir unsern guten Kapitän in sichtlich bester Laune und lebhafter Konversation mit allerhand zwitschernder Weiblichkeit herumschwimmen. Das heißt, nur *er* schwamm. Die Mädchen ruhten lässig in schwim-

menden, halb ins Wasser getauchten Liegestühlen und wurden eigentlich pausenlos geknipst. Sie schienen daran gewöhnt zu sein, denn sie verharrten in photogenen Dauerposen. Und wenn sie sich einmal bewegten, geschah es blitzschnell, um ihre Attraktivität in neuen Varianten zur Schau zu stellen. Von der Unbewußtheit der Anmut in Kleists »Marionettentheater« konnte hier kaum die Rede sein!

Der Kapitän hatte bei seiner Schwimm- und Informationstätigkeit aber immerhin herausgekriegt, um wen und was es sich dabei handelte, und die Durbaner Presse bestätigte es uns später. Es ging um zehn »Cover girl models«, die eine etwas anrüchige deutsche Illustrierte – wenigstens nach meinen Begriffen anrüchig! – durch einen Wettbewerb unter ihren Lesern hatte aussuchen lassen. Ausgerechnet hier auf die Spuren dieser Art von heimischen Presse-Organen zu treffen, war ziemlich ernüchternd. In Gefilden, wo man unter Weißen und Schwarzen noch auf gute, gleichsam handgeschnitzte Gesichter trifft, sind diese leeren Puppenvisagen keine wohltuende Erinnerung an die deutsche Gegenwart. Die Ernüchterung wächst noch, als wir dann im Speisesaal erneut auf sie treffen: zu Tisch in nur spärlich ergänzten Badeanzügen, der Manager mit vorne zusammengeknotetem Hemd, unter dem seine speckigen Bauchwülste hervorquellen – wahrlich eine edle Repräsentation von Old Germany! Mich amüsierten nur die schwarzen Kellner, die wie eine Phalanx an der Wand aufgereiht standen und denen die Augen fast aus den Höhlen traten, obwohl sie sichtlich bemüht waren, Gleichgültigkeit zu mimen.

Die Freunde, die uns das unberührte Hluhluwe-Reservat statt des schon stärker kommerzialisierten und amerikanisierten Krüger-Parks empfahlen, haben sicher recht gehabt. Wir trafen während des ganzen Tages nur zwei andere Wagen. Unter Führung eines eingeborenen »Guide«, an dem ich zum ersten Male bemerkte, wie unmäßig auch Neger schwitzen können, sahen wir alles, was der Park zu bieten hat: außer den gehörnten Impala-Gazellen, Wildschweinen, Zebras und vielem andern Wild vor allem die weißlippigen Rhinozerosse, die ihre gewaltigen Leiber in einem sumpfigen Rinnsal suhlten und uns ziemlich dicht an sich herankommen ließen. Die Zebras erwarten uns in der Regel in ruhiger, wenn auch wohlgespannter Neugierde, um im letzten Augenblick galoppierend davonzustieben. Die treuen Augen der Giraffen, die von langen Wimpern überschattet scheinen, sehen uns über ihre Baumwipfel hinweg in stiller Aufmerksamkeit und unsagbar rührend an. Springen die riesigen Tiere bei unserm Näherkommen schließlich weg, so wirkt ihre vertikal über viele Meter sich fortsetzende Bewegung, als ob man sie in der Zeitlupenaufnahme eines Films sähe.

Doch viel tiefer noch als die Begegnung mit den Tieren haftet in der Erinnerung die Landschaft: die schwingenden und beschwingten Hügelketten, die sich in der äußersten Ferne verlieren, ein einziges grünes wallendes Meer, nicht verdorrt, wie man es nach der sengenden Hitze heute fast erwarten möchte, sondern in satten Farben, von vielen Regenfällen der letzten Wochen zu üppigem Wachstum entfacht. Der gut gehobelte und herrlich geführte Weg läßt den Wechsel der Panoramen voll auskosten. Ein wenig erinnert er uns an die Schwarzwaldhochstraße, nur ins Südafrikanische übertragen. Wenn das Auge über die grüne unberührte Weite streift, kann man sich diese Landschaft auch besiedelt vorstellen, und es mag jene Erinnerung an den Schwarzwald sein, die dazu anstiftet: In jenes Tal dort würde ein Dorf passen, dessen Häuser sich um eine alte Kirche scharen. Die flache, leicht gewellte Ebene da drüben könnte bebaute Felder tragen und schachbrettartig aufgeteilt sein. Den Hügel links könnte man sich von einer Burgruine gekrönt vorstellen, und am Horizont wölbte sich die Dunstglocke einer fernen Stadt ... Doch so ist es eben nicht. Das alles ist unberührte Wildnis, die so seit Urzeiten besteht. Ähnlich könnte Württemberg oder das Bergische Land meiner Heimat ausgesehen haben, ehe Menschen dort seßhaft wurden, die Wälder rodeten, den Boden urbar machten und dem Land ihre Spur aufprägten.

Abends sitzen wir drei, zuerst ausgedörrt, nun aber wohlgeatzt und durch herrlichen Kapwein erquickt, noch lange draußen unter dem sternübersäten Himmel, während sich die Zunge löst und des Erzählens kein Ende werden will. Mit dem Kapitän verbinden uns viele gemeinsame Interessen. Von der Seefahrt ganz abgesehen haben wir auch die gleiche Freude an der Menschenbeobachtung, an der Ironie, aber auch an Problemen, die wir in ringenden Gesprächen zu knacken suchen. Vor allem liegen wir auf der gleichen Wellenlänge in allen Bereichen des Humors. Und so schmieden wir denn abgefeimte Pläne, wie wir das Schiffsvolk unserer »Tanganjika« mit den zehn Cover-girls hinters Licht führen wollen. Tatsächlich gelingt es uns bei der Heimkehr, sie alle zu bluffen, als wir ihnen eröffnen, die Girls hätten mit Freuden die Einladung des Kapitäns angenommen, auf dem Schiff eine Modenschau zu veranstalten, und der Zimmermann sei angewiesen worden, sofort die Laufstege in Arbeit zu nehmen. Unser pfiffiger Steward hat natürlich die Sache gleich durchschaut, doch ist er kein Spielverderber und ringt in drolliger Verzweiflung die Hände, wie er für Gaumen und Zunge das Nötige organisieren soll. Herr S. ist von dieser Invasion weiblicher Schönheit so fasziniert, daß er anderweitige Verpflichtungen absagt und sich schon lange vorher an der Reling aufbaut, um den Anmarsch dieser preisgekrönten Weiblichkeit ja nicht zu versäumen. Offensichtlich hat er sich auch besonders in Schale geworfen, um Eindruck auf die Damen zu machen. Wir bewundern später die Gelassenheit, unter der er seine Enttäuschung verbirgt und die ihn so tun läßt, als habe er unsere Arglist von vornherein durchschaut.

Am andern Morgen genießen wir die englische Sitte, das Wecken mit einem starken und duftenden Tee zu verbinden. Eine livrierte Stewardeß serviert ihn uns anmutig am Bett.

Als wir dann nach draußen gehen, umtobt uns ein Sturm, der über die Weite der Wildnis fegt. An unserm nächsten Ziel, der St. Lucia Bay, werden wir die erhoffte Bootsfahrt nicht machen können, die uns an Krokodile und Haifische heranführen sollte. Telefonisch wurde der Lodge gemeldet, daß wegen des Sturms die bestellte Fahrt nicht möglich sei. Wir lassen uns aber doch mit dem Wagen hinbringen, um wenigstens der Landschaft zu begegnen: der tief eingeschnittenen Bucht und dem schäumenden, sturmgepeitschten Meer. Die überall angebrachten Schilder, auf denen vor Krokodilen und Haifischen gewarnt wird, dazu die Schauerberichte über leichtsinnige Touristen, die von diesen Räubern zerrissen wurden, regen die Phantasie so an, daß wir der unmittelbaren Zeugenschaft kaum noch bedürfen.

Eine »schwarze« Universität

Bei der Heimfahrt sehen wir auf einem Berg bei Empangeni imposante Gebäudekomplexe, die aus der Ferne den Eindruck eines Schlosses machen. David belehrt uns nicht ohne Stolz, daß dies die Zulu-Universität sei. Wir lassen uns kurzerhand hinfahren und sind dann verblüfft über diese großzügige moderne Anlage, die gleichwohl nichts von der üblichen Leere rein funktionaler Zweckbauten an sich hat. Die zahlreichen Gebäude verteilen sich in schönen Proportionen über das Gelände, haben durchaus individuelle Akzente und sind doch durch einen originalen Baustil aufeinander bezogen. Ein steinernes Gitterwerk als immer wiederkehrendes Ornament ist gleichzeitig wirksamer Sonnenschutz. Üppige Vegetation belebt überall die Architektur, lockert sie auf und gibt ihr die Bewegung von Licht, Schatten und Farbe. Vielfach eingestreute Höfe und Gärten von wogender Buntheit lassen diese Stätte der Arbeit nicht ohne idyllische Züge sein. Die Bibliothek, der einzige große Betonbau, enthält Magazine, die offensichtlich auf viele hunderttausend Bücher berechnet sind. Der Kapitän sucht im Zettelkatalog nach meinem Namen und findet zu seinem Vergnügen ein ganz nettes Päckchen. Große Studentenwohnhäuser, nach Geschlechtern getrennt, sehen eine Zahl von etwa 1500 Studenten vor. Wer aus dem Gedränge deutscher Massenuniversitäten kommt, kann nur mit Neid auf diese Relation von Raum und Studentenzahl blicken.

Da gerade Ferien sind und wir überdies die Mittagspause getroffen haben, ist alles leer. Wir treffen nur auf einige Sekretärinnen, die uns mit Material und Informationen versorgen. Lehrkörper und Verwaltungspersonal bestehen noch überwiegend aus Weißen, doch hat man als Fernziel eine wirkliche Zulu-Universität mit eingeborenen Lehrern im Auge. Die naturwissenschaftlichen Fächer sind offenbar bestens mit Geräten ausgestattet. Bisher gibt es drei Fakultäten, deren Stoffprogramm etwas abenteuerlich gemischt ist und reichlich eklektisch wirkt: einmal die Faculty of Arts mit philologischen Abteilungen (Afrikaans, Niederländisch und Bantu-Dialekte sowie Englisch und Deutsch), Wirtschaftswissenschaften, theologischen Teilfächern, Politischen Wissenschaften, Psychologie und Philosophie. Das Studienziel ist hier der Bachelor of Arts. Dann die Faculty of Education mit Geschichte, Philosophie und Psychologie sowie praktischer Methodenlehre und Verwaltung im Bereich des Pädagogischen. In dieser Fakultät kann auch das Doktorat erworben werden. Schließlich gibt es noch die Faculty of Science mit Botanik, Chemie, Geographie, Mathematik, Physik, Psychologie und Zoologie. Dieses Lehrangebot und die geforderten Leistungen werden sich vom Niveau einer europäischen Universität oder der Hochschulen von Pretoria und Stellenbosch erheblich unterscheiden. Doch ist diese Zulu-Lehrstätte ebenso wie die andern, die man für die Eingeborenen errichtet, noch im Wachstum und erst auf zukünftige Entfaltung angelegt. Sucht man die Chancen zu ermessen, wie sie in der Großzügigkeit dieser Anlage investiert sind, so beginnt man die Absicht der Regierung ernst zu nehmen, die Bantus kulturell zu fördern. Tut man das aber, so ergibt sich die früher schon gestellte Frage, wie intellektuell selbständig gewordene Afrikaner politisch, gesellschaftlich und ökonomisch im Status der Zweitrangigkeit gehalten werden können. Werden sie es aber – hoffentlich! – nicht, wie sieht dann das Regime seine eigene Zukunft?
Als wir weiterfahren, lese ich im Auto ein Heft mit den Studienbedingungen und der Hausordnung für die Studenten. Ich muß lächeln, wenn ich daran denke, wie auch die längsten Haare eines deutschen Studenten sich bei dieser Lektüre sträuben würden:

Kein Verlassen des Universitätsgeländes ohne Erlaubnis, erst recht kein Wegbleiben über Nacht ohne schriftliche Genehmigung durch das Rektorat. Das Verbot alkoholischer Getränke, ja ihres bloßen Besitzes ist in dem ganzen Buch die einzige dick unterstrichene Zeile. Keine Zeitschrift, keine Veröffentlichung, sei sie ein Buch oder Aufsatz, darf ohne Erlaubnis des Rektors herumgereicht werden. Und auch er kann die Erlaubnis nur nach vorheriger Zustimmung des Senats geben. Die jungen Damen dürfen nicht einmal nach 19 Uhr ihr Wohngebäude verlassen, es sei denn, daß die »Matrone« zustimmt. Und selbstverständlich sind die Wohnräume der Damen für die Studenten absolut tabu. Hier wird die Matrone für Ausnahmen schwer zu erweichen sein! Auch wenn derart streng Bräuche herrschen, wird man dafür doch ein gewisses Verständnis aufbringen müssen und darin nicht nur das weißschwarze Master-Boy-Verhältnis sich spiegeln sehen. Die reichlich schnell übersprungenen Stufen zwischen der Busch-Primitivität und der bel étage des Akademischen stellen gewiß eine Fülle von pädagogischen Problemen, von denen wir kulturell nivellierten Europäer wieder einmal keine Ahnung haben. Daß es da leicht zu Zerrungen kommen, daß da leicht etwas aus den Fugen geraten kann und darum besonderer disziplinärer Stützen bedarf, wird ein verständnisvoller Beobachter nicht übersehen wollen.

Durban
30. November

Gestern bei Herrn K. und seiner jungen Frau in ihrer kleinen, aber schönen Mietwohnung hoch über dem Meer. Herr K. ist der Sohn eines Kapitäns, mit dem ich früher gefahren bin, und ist sehr bemüht, uns bei der Organisation unseres Landaufenthaltes zu helfen. Auf dem Weg zu seiner Wohnung besuchen wir einen Wettkampf von Zulu-Stammestänzern, die in wild aufgemachten Gruppen, mit fürchterlichem Geschrei und schrillen Pfeifsignalen ihre Auftritte absolvieren. Bei mir fällt aber gleich der Rolladen herunter, wenn ich die Show-Absicht gegenüber den Touristen bemerke. Was man hier an bemühter und gewaltsam konservierter Primitivität zu sehen bekommt, ist ebenso langweilig und fade wie die musealen Schuhplattler und Trachtengruppen in Oberbayern zur Zeit der Saison. Wir verlassen diesen Mummenschanz des Unechten schnell.

Heute ruhiger Lesetag bei miserablem Wetter. Es regnet immer wieder und ist feucht-warm. Am Nachmittag wollen wir uns etwas die Beine vertreten und wandern zu einem großen englischen Passagierschiff, das an einer benachbarten Pier liegt und sich auf dem Weg von Australien nach London befindet. Der strahlendweiße, abends hell erleuchtete und unter Lichterketten auffunkelnde Gigant wirkt von weitem wie ein schwimmendes Märchengebilde und weckt so unsere Neugierde. Wenn wir aber meinten, als proletarische Beiladung eines Frachtschiffes zu Besuch in einen Palast zu kommen und mit Schüchternheit zu kämpfen hatten, so wurde unser Selbstgefühl rasch wieder gestärkt. Die Speise- und Aufenthaltsräume der Touristenklasse mit ihren Plastikstühlen und nackten Tischen schienen uns in einen Wartesaal 2. Klasse zu versetzen. Noch mehr enttäuschte uns die First Class: Deprimierende Farbzusammenstellungen mit starker Bevorzugung von Lila. In einem englischen Hotel hoher Güteklasse beobachteten wir früher schon eine ähnliche koloristische Kakophonie. Dazu eine völlig phantasielose Aneinanderreihung von Sitzeinheiten – so muß man sich schon ausdrücken –, keine Komposition des Raumes, nicht die Spur irgendeines organischen Gefüges, sondern öder, vom Nichts inspirierter Funktionalismus. Das Ganze ist durchflutet von unabsehbarem Menschengewimmel: in der Touristenklasse ist es eine undefinierbare amorphe Masse, in der Ersten Klasse sind es gepflegt-abgerissene oder aufgetakelte ältere Herrschaften. Die spürbaren Finanzpolster konnten der Schlaffheit der Haut nicht aufhelfen. Wir dachten an unsern familiären Salon mit seinen schönen Bildern, an die intime Bar und das behagliche Rauchzimmer, in denen wir speisen, trinken, erzählen und lachen. Der Kapitän freut sich, als wir nach unserer baldigen Heimkehr seinem Schiff unsere Liebeserklärung machen.

Zu den »Tausend Hügeln«

Durban
1. Dezember

David fuhr uns heute zusammen mit Herrn S. zu den »Tausend Hügeln«, einem Juwel im Zulu-Land unter den vielen Panoramen, die wir schon sahen. Als der Wagen das hochgelegene Aussichtsziel erreicht hatte, ging der Blick über ein reich instrumentiertes Gefüge von weitgespannten Bergketten und kleineren Hügelarabesken. Man hatte den Eindruck einer Fuge, die immer neue Tonfolgen aus sich heraussetzt. Natürlich durfte auch hier der typische Touristenladen mit seinem Andenkenkitsch nicht fehlen. Aber es war früh, und der Publikumsverkehr hatte noch nicht eingesetzt. Ein großes Plakat, man möge ja nicht den Besuch des nahe gelegenen Zulu-Krals versäumen, um »das natürliche Leben und die originalen Tänze« der Eingeborenen zu erleben, versetzte einen wieder in die dämliche Rolle des Touristen, vor dem man eine einträgliche Routine-Show abzuziehen gedenkt. Aber auch das gehört zum heutigen Afrika, wenigstens zu seinen touristisch heimgesuchten Regionen. Und in denen sind wir ja noch. Die Kenner des Landes bestärken uns aber in der Hoffnung, daß wir auf der Weiterfahrt nach dem Osten auch dem wilden und noch unverfälschten Afrika begegnen werden.
Eine gewisse Neugierde überwand jedenfalls den Widerwillen gegen das Plakat. Wir genierten uns zwar ein bißchen voreinander und versicherten uns gegenseitig, daß wir den Schwindel natürlich durchschauten, aber auch vor dem touristisch verhunzten Afrika die Augen nicht verschließen wollten usw. Als wir dann das Ticket gelöst hatten und etwas unverhofft – um diese Zeit wurde wohl noch niemand erwartet – um die Ecke nahe dem Kral bogen, sahen wir, wie einige Mädchen sich schnell ihre lumpigen Hemden vom Leibe rissen. Es war nämlich hier oben ziemlich kühl, und ohne Textilien wäre es ihnen unbehaglich gewesen. Blitzschnell standen die beiden Frauen des »Häuptlings« und die zahlreichen Töchter »oben ohne« vor uns. Den Älteren sah man auf Anhieb an, daß sie

gute Ernährerinnen waren oder doch gewesen sein mußten, während die Jungen drall und fest wirkten. Der Stammesälteste in großer Zulu-Aufmachung begrüßte uns mit der Routine eines touristengewohnten Empfangschefs, und sofort schlugen die älteren Weiber die Trommel, während die Mädchen und die kleinen Kinder zu tanzen und zu singen begannen. Bei den Kleinen wirkte es drollig, während man den älteren die Bemühung anmerkte, eine gewisse Lustlosigkeit zu überwinden. Die Lust blühte erst auf, als wir ihre Hände mit Münzen und Bonbons füllten.

Als wir dann noch in den rauchigen Kral krochen, entdeckten wir bald, was da so blitzschnell hineingehuscht war: Am Holzkohlenfeuer saß ein kleines Mädchen, das einen winzigen, puppenhaft aussehenden Säugling im Arm hielt. Hier war rechtzeitig die »Idylle vom Dienst« aufgebaut worden. Obwohl wir das wußten, konnten wir uns doch der beabsichtigten Rührung nicht ganz erwehren. Das war wenigstens gut gemacht; und da das Material dazu ein Stück menschlicher Unschuld war, wirkte es stärker als die Skepsis der Aufgeklärten und Durchschauenden. Als aber der Alte nun in singend-leierndem Ton – man merkte das Abgespielte seiner ständig neuaufgelegten Platte – uns die Einzelheiten zu erklären begann, als er uns den zweigeteilten Holzklotz zeigte, der ihm und seiner jeweils erwählten Frau (angeblich immer noch!) als Kopfkissen diente, da überkam uns wieder der Überdruß an der touristisch verderbten »Natur a.D.«. Als vollends Herr S. den Alten fragte, wo er denn seine Söhne habe, es sei ihm doch sicher gelungen, nicht nur diese anmutigen Töchter zu zeugen, war er einen Moment völlig fassungslos. Es war ähnlich, wie wenn man ein abrollendes Tonband etwas gefragt hätte. Erst als es in seinem Mechanismus deutlich geklickt hatte und das Knirschen im Schaltwerk seines Gehirns überwunden war, kam die unsichere Antwort, daß sie im Dorf arbeiteten. Hier war Afrika uns nah wie ein Auswuchs der heimischen Zivilisation. Doch unter dem öden und gemachten Firnis rief uns ein Fremdes, Fernes an, das sich noch eben zu erkennen gab und das als unverstellte Wirklichkeit noch irgendwo auf diesem Kontinent existierte. Ob wir ihm auf dieser Reise je begegnen würden?

Besuch bei Dr. Haape

Immer noch Durban
2. Dezember

Der Besuch bei Dr. Haape gestern war wohl der bisherige Höhepunkt unserer Reise. Es ist schwer, das Phantastische der Begegnung mit diesem Mann, seiner Familie, seinem Haus, seinem Lebenswerk und seinen wie ein Sturzbach hervorsprudelnden Gedanken zu beschreiben. Unser Hamburger Arztfreund, Prof. Zukschwerdt, der mit ihm zusammen in der Gefangenschaft war, hatte uns schon Wunderdinge von ihm erzählt. Nun hörte er auf seltsamen Umwegen von meiner Anwesenheit in Durban und lud uns gleich ein. Frau A., eine reizende, lebhafte ältere Dame, Witwe eines deutschen Seeoffiziers und nun seit langem hier als Töpferkunst-Lehrerin tätig, brachte uns zusammen mit dem Kapitän in das verwunschene Bergnest, in dem Dr. Haape mit seiner Frau und seinem sechzehnjährigen Sohn Hans haust. Er kam uns strahlend entgegen, ein wuchtiger Mann, sofort die Szene erfüllend; mächtiger Schädel, aus dem Tatendrang, Erdverwurzelung und Geist gleichermaßen sprachen; offenes Arbeitshemd, wie wenn er eben vom Roden käme. »Dies alles hier habe ich selbst entworfen und mit meinen Boys auch ganz alleine gebaut«, sagt er nicht ohne Stolz und beschreibt mit seinem Arm einen großen Bogen.
Wir sind etwas benommen, denn vor uns erhebt sich aus dem Waldgelände eine gewaltige Ritterburg mit schweren, aus Quadern getürmten Mauern. »Eine Kreuzritterburg unter Palmen – so etwas schwebte mir vor. Die dicken Mauern, wissen Sie, sind aber nicht nur Romantik des Mittelalters, sie sind auch praktisch und halten uns die Hitze vom Leib. Ich brauche keine Klima-Anlage und so modernes Zeugs.«
Das ziemlich große Schwimmbad, ebenso solide aus schwerem Granit gefügt, hat eine eigentümlich ovale, in mehreren Kurven schwingende Form. Er deutet mit der Hand die Schlangenlinie an, die in sich selbst zurückläuft: »Das soll Einsteins Relativitätstheorie versinnbildlichen: endlich, aber unbegrenzt.« Doch wichtiger

als das, was wir hier vor uns sehen, ist für ihn das Endbild, das seinem planenden Geiste vorschwebt. Er weiß es uns, bald nach hier, bald nach dort springend, so atemberaubend nahe zu bringen, daß wir das vollendete Werk förmlich vor uns sehen.
Drinnen empfängt uns die Burgherrin, die ihren österreichischen Charme auch in diesem veränderten Milieu nicht verleugnet. Sie war lange Jahre eine geschätzte Solistin der Stuttgarter Saatsoper und hat auf vielen Bühnen der Welt gesungen. Sohn Hans hängt an den Lippen seines Vaters, wenn er erzählt oder diskutiert – ein rührendes und in unsern Breiten nicht mehr sehr gewohntes Bild.
Die Innenräume sind, ohne daß man den Eindruck fataler Imitationen hätte, dem Burgcharakter des Hauses angepaßt. Die originale »Handschrift« des Erbauers und Bewohners sorgt aber dafür, daß hier kein stilistischer Purismus waltet, sondern daß eine persönliche Note, daß Behagen und Wohnlichkeit die Atmosphäre bestimmen. Das Haus hat auch schöne, noch im Aufbau begriffene Gästezimmer. Freunde sind hier sehr willkommen. Der Hausherr braucht Kommunikation und Resonanz. Er ist ein »mündlicher Mensch«, dem das Gespräch Lebenselement ist. Und der große Kamin, dessen Wärme hier hinter den schweren Mauern wohltut und um den wir uns jetzt gruppieren, ist dem Gespräch hold.
Ich dachte mir, daß die Frage, wie er hierhergekommen sei, vielleicht ein guter Auslöser sein könne, um ihn von sich erzählen zu lassen, zumal der Name Zukschwerdt noch zusätzlich Erinnerungen bei ihm weckt. Er erzählt dann, daß er Arzt gewesen sei, Psychologie studiert und auch noch ein philosophisches Doktorat erworben habe. (Das letztere kam so wie nebenbei heraus, als er Schopenhauer und Kant zitierte und ich meinte, daß diese Autoren unter Medizinern nicht eben viel gelesen würden.) Im Kriege war er Frontarzt und einer der höchstdekorierten Mediziner der deutschen Wehrmacht. Sein Sohn führt uns später die abgerissene Rußland-Uniform vor, die er noch verwahrt, und die hier im entlegensten Afrika wie eine gespenstische Vision wirkt*.

* Später erschien sein bewegendes Erinnerungsbuch: Heinrich Haape, Endstation Moskau. Tagebuch eines Frontarztes, Stuttgart 1980.

Als er 1952 aus der Gefangenschaft zurückkam, war ihm Deutschland aus vielen Gründen, vor allem wegen der Entnazifizierung zuwider (obwohl er selbst von ihr gar nicht betroffen war). Auf einer Erkundungsreise entdeckte er dieses weltentrückte Gelände, erwarb es und holte die Seinen nach. Um hier als Arzt approbiert zu werden, hätte er noch einmal 3 Jahre studieren müssen, was er als unwürdig ablehnte. So machte er eine Plastikfabrik auf, die zunächst florierte, später aber aufgegeben werden mußte. »Die Million, die ich dabei verlor, hatte ich vorher immerhin verdient«, sagt er lächelnd. Jetzt macht er unter der geschäftlichen Regie seiner Frau, die ebenso vielseitig ist wie er – Pfannkuchen, die er in einer eigenen Ladenkette vertreibt und die ihm einen beachtlichen Lebensstandard ermöglichen.

Doch diese etwas abenteuerliche Geschichte seiner Berufe markiert nur die Außenseite seines Lebens. Was er als seine Hobbies bezeichnet, könnte in seinen einzelnen Sparten das Lebenswerk eines Menschen ausfüllen. Die Wände sind angefüllt mit seinen Bildern, deren Stil genau so eigenwüchsig und unverwechselbar ist wie er selbst. Es sind vor allem Porträt-Radierungen, oft Kohle- und Bleistiftzeichungen, auch einige Mappen mit »Aquarellen«, die er in der Gefangenschaft gemalt hat und für die er die Farben unter primitivsten Bedingungen selbst herstellen mußte. Unvergeßlich bleiben mir die Porträts russischer Bauern und zweier alter Männer, die sich einen Witz erzählen; ihre mitreißende Lustigkeit läßt einen unwillkürlich in ihr Gelächter einstimmen. Das Bildnis eines ostpreußischen Schäfers strahlt ein so hintergründiges, schwermütiges Wissen aus, daß es einen schauert. Am meisten aber geht mir ein russischer Junge nach, dessen weitaufgerissener Blick den visionären Glanz erhoffter Zukunft spiegelt und zugleich die Entschlossenheit des Täters erkennen läßt, der diese Zukunft auch ergreift. Was eine Revolution an Geist, Phantasie und Willensaufbruch zu mobilisieren vermag, ist in diesem einen Bilde verdichtet.

Mir tut es leid, daß das Charisma dieses Künstlers sich nur in gelegentlichen schöpferischen Launen verströmt, daß es nicht zum eigentlichen Thema seines Lebens wird. Gegenwärtig zum Beispiel

zeichnet und malt er nicht, da ist anderes up to date: Er komponiert eine Oper und schreibt auch selbst das Libretto. Als er mir Einblick in das umfangreiche Noten- und Text-Manuskript gibt, kommt die Rede auf den früheren Beruf seiner Frau und auf die Frage, ob ihr der Abschied von der Bühne nicht schwer gefallen sei. Doch dann stellt sich heraus, daß die beiden auch hier in Afrika Oper »gemacht« haben. An Hand von Zeitschrift-Berichten und Opernprospekten erzählen die beiden, wie Dr. Haape in Durban als Intendant und Regisseur eine Oper begründet und »Die Hochzeit des Figaro«, »Madame Butterfly«, »Hoffmanns Erzählungen« und anderes inszeniert hat. Er hat auch ein in den angelsächsischen Ländern vielgelesenes Buch über seine Zeit als Frontarzt geschrieben.
Daß Dr. H. mich in Stuttgart öfter gehört hat und meine Veröffentlichungen kennt, gibt uns neben der reichen Palette seiner Lebensthemen zusätzliche Anknüpfungen für unser bewegtes, hin und her wogendes und in vielen Stunden sich nicht erschöpfendes Gespräch. Solche Gestalten, deren Urnatur sich nur auf freier Wildbahn und außerhalb alles Gemachten, aller Enge und aller Gehege unserer späten Zivilisation entfalten können, wird man in Europa kaum noch finden. Ich kenne niemanden, der bei uns diesem berserkerhaften Berggeist vergleichbar wäre. So farbig wie der ganze Mann ist auch unser Gespräch. Es wechselt zwischen plastischem Erzählen, aufsprudelnder Heiterkeit und Debatten über philosophische und theologische Gegenstände hin und her. Auch das glaubende Wissen dieses Mannes um die Gnade ist kein christliches Epigonentum, sondern aus den Quellen originaler Erfahrung gespeist.

Mentalität und Eigenart der schwarzen Menschen

Ich mußte im Laufe der Stunden unbedingt in Erfahrung bringen, wie dieser gescheite, vorurteilsfreie und in Afrika nun tief verwurzelte Mann über die Probleme denkt, mit denen ich mich hier herumschlage und die in so vielen Sackgassen-Gesprächen bisher umkreist wurden. So erzähle ich ihm, was mir von einem schwarzen Chirurgen berichtet worden war, der auswanderte, weil er die Unwürdigkeit seiner Lage nicht ertrug. Obwohl er ein erstklassiger und anerkannter Könner war, habe er – so wurde mir erzählt – an Bezügen nur die Hälfte dessen erhalten können, was der letzte weiße Assistent verdiente. Dr. Haape hält eine solche Groteske nicht für völlig unmöglich, weist aber in Übereinstimmung mit vielen andern, die ich sprach, darauf hin, daß andererseits für die Hebung des sozialen und des Bildungsniveaus der Afrikaner Ungeheures aufgewendet werde und daß ihr Lebensstandard in der Union auch höher sei als in jedem andern afrikanischen Land.

Diese Bemerkung veranlaßt mich zu jener Frage, die nun fast schon zu meinem Repertoire gehört und die so viele stürmische Debatten und Kontroversen ausgelöst hat. Ich meine die Frage, ob die Unterlegenheit des schwarzen Mannes konstitutionell bedingt und insofern unabänderlich sei oder ob sie nur in der geschichtlichen Situation gründe und darum überwunden werden könne. Dem langen Monolog, in dem Dr. Haape darauf antwortet und den wir nur hin und wieder durch Zwischenfragen, zweifelnde Einwürfe oder Bestätigungen unterbrechen, merkt man nicht nur an, daß er sich selbst mit diesen Problemen erheblich herumgeschlagen hat, sondern daß der psychologisch geschulte Blick des Arztes ihn auch mehr hat sehen lassen als den Durchschnittsbeobachter.

»Das Wichtigste«, so beginnt er, »ist die schlichte Feststellung, daß es sich bei den Afrikanern – über alle Variationen und Stammesverschiedenheiten hinweg, die außerdem noch bestehen – um eine andere *Art* von Menschen handelt.«

»Meinetwegen«, falle ich ihm gleich ins Wort, »aber es ist doch nun gerade die Frage, worin diese Andersheit begründet ist. Mit *dieser* Frage komme ich eben nicht klar. Hat die weiße Herrschaftsschicht die Schwarzen nicht bewußt in ihrer Primitivität erhalten, um sich ihrer zu bedienen – auch ohne Sklaverei? Andererseits erscheint mir diese Erklärung zu billig. Robert Ruark, dessen Afrika-Roman ›Uhuru‹ ich gerade lese, läßt eine seiner Gestalten sicher nicht ohne Recht die Frage stellen: ›Wieviel Fortschritt können Sie bei Ihren treuen soliden Schwarzen in den letzten zweihundert Jahren nachweisen? Wieviel Fortschritt haben Sie auf Haiti gesehen, das seit über 160 Jahren schwarz und frei ist? Wieviel Fortschritt haben Sie in Äthiopien festgestellt, das seit dreitausend Jahren schwarz und frei ist?‹ Der Afrikaner«, füge ich noch hinzu, »hat nie das Rad erfunden. Deutet das nicht darauf hin, daß diesen Völkern tatsächlich die Geschichtsfähigkeit mangelt – und zwar nicht nur geschichtlich bedingt, sondern eben auf Grund konstitutioneller Mängel? Ich wäre wirklich froh, wenn Sie mich aus dieser Unklarheit befreien und den Gedanken einer sozusagen naturbedingten Unterlegenheit widerlegen könnten. Von der Lösung dieser Frage hängen ja nicht nur die Prognosen ab, die man für die fernere Geschichte dieses Erdteils stellen muß, sondern davon hängt auch das Recht gewisser politischer Programme ab, zum Beispiel das der südafrikanischen Apartheids-These.«
Dr. Haape zündet sich eine der Zigarren an, die ich vom Schiff mitgebracht habe, und meint dann vorsichtig: »Eine endgültige Antwort darauf weiß natürlich niemand. Nur eines steht fest – und das ist leider nur ein Negativum: Die Unterlegenheit gegenüber der weißen Herrschaftskaste ist ganz sicher nicht *nur* geschichtlich aus dem zivilisatorischen Vorsprung der Weißen und aus raffinierten politischen Manipulationen zu erklären. Ich kann nur wieder auf meine These zurückkommen, daß es sich hüben und drüben um eine total andere Art von Menschen handelt.«
»Wenn diese Andersheit aber nicht in geschichtlicher Entwicklung, in Behandlung und Erziehung begründet sein soll, dann bin ich gespannt, wie Sie uns davon überzeugen wollen.«
»Halten Sie mich bitte nicht für jemanden«, fuhr Dr. Haape fort,

»der auf dem Standpunkt steht, das Wort ›Andersheit‹ sei nur ein Austauschbegriff für ›Inferiorität‹. Ich möchte damit keinerlei Werturteil fällen. Der Schwarze ist einfach durch eine völlig andere klimatische Situation geprägt. Es gibt keinen Winter, für den er vorsorgen müßte. Irgend etwas – Kokosnüsse, Bananen, Wild – gibt es immer zu essen. So lebt er wie ein Kind im Augenblick und ist durch ihn ausgefüllt. Der Europäer dagegen ist durch den Wechsel der Jahreszeiten und durch vieles andere zum Planen, zum Denken an die Zukunft erzogen worden. Und das, was Sie soeben Geschichtsfähigkeit genannt haben, hängt eben doch erheblich mit dem Verhältnis zur Zeit zusammen: Man lernt aus der Vergangenheit, bildet Tradition und besteht die Gegenwart dadurch, daß man vergangene Erfahrungen für die Planung der Zukunft fruchtbar macht. Und nun bedenken Sie bitte, was es für das Verhältnis zur Zeit und damit für die Geschichtsfähigkeit bedeutet, wenn die Bedingungen der Natur dem Afrikaner erlauben, im Augenblick aufzugehen.«

»Das leuchtet mir ein«, stimme ich ihm zu, »und es erinnert mich an Toynbees These, daß ein Volk zu einer geschichtlichen Rolle nur dadurch komme, daß es mit ›Herausforderungen‹ (challenges) – sei es von seiten einer feindlichen Natur, sei es durch die Drohung von Nachbarn – konfrontiert werde und darauf reagieren müsse (response). Diese kreativen Herausforderungen sind offenbar dem schwarzen Manne nicht zuteil geworden – wenigstens bisher nicht.«

»Aber wie sollte das denn in Zukunft anders werden können? Die Natur bleibt schließlich dieselbe«, wendet eine der Damen ein. Und damit ist tatsächlich die Schwere und Ausweglosigkeit des Problems herausgekehrt. Dr. Haape geht darauf nicht ein. Ihm liegt wohl daran, die Andersheit des schwarzen Mannes nicht nur unter negativem Aspekt zu sehen, sondern auch das zu verdeutlichen, was er uns gegenüber voraus hat.

»Wir können die Afrikaner nur bewundern«, sagt er, »wenn man an die plastische Kunst ihres Erzählens denkt, an die elementare Ursprünglichkeit ihres Singens, an die Rhythmik und Hintergründigkeit ihrer Tänze. Es ist nicht von ungefähr, daß die müden und ausgepowerten Zivilisationsvölker hier Anleihen machen und einiges aus dem Dschungel auf ihren Asphalt importieren.«

»Hat das aber nicht die Kehrseite«, fragt der Kapitän, »daß diese Weise der Begabung nicht gerade fähig macht zu dem, was unsere Zivilisation bestimmt: zum Planen, nüchternen Berechnen, Konstruieren, Programmieren usw.?«

»Das ist in der Tat die andere Seite der Medaille«, antwortet Dr. Haape. »Der Schwarze hat im allgemeinen keine Fähigkeit zur Abstraktion. Ich habe systematische Test-Versuche mit ihnen angestellt. Sie scheinen – von den üblichen Ausnahmen abgesehen – einfach nicht mathematisch denken zu können. Sie bringen es nicht fertig, Quadrate und rechte Winkel zu zeichnen. Kreise dagegen gelingen ihnen. Ihre Krale sind nicht umsonst Rundbauten.«

»Das stimmt merkwürdig überein« – ich bitte um Entschuldigung, daß ich unterbreche – »mit einigen Erfahrungen und Beobachtungen, über die uns unsere Mitpassagierin, Frau Sch. aus Windhuk, berichtete. Sie sagte, die Schwarzen hätten einfach eine andere Art zu sehen: Ihr Ovambo-Mädchen sei nicht imstande, ein Tischtuch gerade auf die Tafel zu legen. Beim Teppich gelinge es ihr nur in den Zimmern, wo sie sich nach den Linien des Parkettbodens richten könne. Wenn sie das Mädchen auf die Schiefheit aufmerksam mache, gucke es nur verständnislos; es sähe das einfach nicht. Aber einen kleinen Dickpans-Käfer in einer fernen Zimmerecke erspähe sie sofort, und den sähe unsereins wieder nicht. Frau Sch. behauptete sogar, Ophthalmologen hätten festgestellt, daß die Parallaxe in der Augenlinse des Schwarzen anders strukturiert und für sein abweichendes Winkelsehen verantwortlich sei.«

Dr. Haape schüttelt da etwas zweifelnd den Kopf und möchte es dahingestellt sein lassen, ob die genannten geometrischen Eigenarten des Afrikaners physiologisch oder durch seine Umwelt bedingt und deshalb auch veränderbar seien. Wo er denn in seinem Dschungel oder auf der Steppe irgendeiner geraden Linie oder einem rechten Winkel gegenübertrete?, hält er mir entgegen. »Wenn Sie in Ostafrika eine Makonde-Plastik kaufen, werden Sie feststellen, daß ihre Unterseite nicht platt gehobelt ist, so daß sie auf Ihrem Tisch nur ziemlich wackelig dasteht und entsprechend

korrigiert werden muß. Liegt das nun etwa daran, daß diese Künstler – und es sind wirklich Künstler darunter – nicht eine ebene Fläche sehen und sie schnitzen könnten? Nein, das hat einen sehr viel einfacheren Grund. Sie haben gar keine Tische und stellen ihre Figuren in den Staub des Erdbodens. Der aber ist selber uneben.«
Frau Haape hat inzwischen eine höchst schmackhafte Fleischpastete serviert. Wir brauchen nicht zu Tisch zu gehen, sondern nehmen die Teller auf die Knie. Es ist ein Essen, bei dem man weiterreden kann, zumal ein Kapwein die Lebhaftigkeit der kleinen Gesellschaft noch steigert. Frau A., die bisher schweigend zugehört hat, bittet den Hausherrn, noch mehr von der »Andersartigkeit« der Eingeborenen-Mentalität zu erzählen. Das ist in der Tat gerade für uns ein faszinierendes Thema – nicht nur wegen der Probleme, die dadurch gestellt werden, sondern auch aus Gründen einer gewissen Romantik. Wir sind ja immer noch in einem höchst zivilisierten und weithin europäsch anmutenden Lande. Das Thema der Andersartigkeit aber läßt uns einen Blick in das ferne, fremde und unserem Verstehen entrückte Afrika tun, dem wir noch begegnen wollen. Es braucht unserm Verstehen nicht immer so unheimlich entrückt zu sein wie die grausigen Eideszeremonien der Kikuyu-Mau-Mau in Kenia, von denen Ruark schreibt. Mich interessieren fast mehr noch alltägliche psychologische Symptome, wie sie den Einheimischen bei ihrem Umgang mit den Eingeborenen auffallen.

Was bei der Entwicklungshilfe nicht bedacht wird

»Ich will Ihnen gerne einige Beispiele nennen«, geht Dr. Haape auf die Anregung von Frau A. ein, »an denen mir gerade in letzter Zeit deutlich wurde, in welch anderer Welt des Denkens und der Vorstellung unsere schwarzen Brüder hier leben. In unserer Gegend brannte vor einiger Zeit eine Eingeborenen-Hütte ab. Den weißen Farmer, in dessen Dienst die Leute standen, jammerte der Verlust der armen Leute, und er schenkte dem Familienoberhaupt das Geld für eine neue Hütte und das Gerät. Kurze Zeit darauf brannte das Haus des Farmers nieder. Als Brandstifter stellte sich eben dieser Mann heraus, an dem er vorher so großherzig gehandelt hatte. Zur Rede gestellt, warum er das getan habe, sagte der Delinquent: ›Mein Master gab mir als Geschenk meine Hütte wieder. Einen Grund dafür konnte ich nicht sehen. Also mußte er mir gegenüber ein schlechtes Gewissen haben. Er hat mir gewiß etwas angetan oder mich mißbraucht, auch wenn ich es nicht weiß. Darum habe ich mich gerächt.‹«

L. erinnert mich bei diesem erstaunlichen Bericht an die Unterhaltung, die wir mit einem Engländer auf dem Schiff hatten. Er erzählte uns, daß es in den Bantu-Sprachen kein Wort für »Danke« gibt. Das würde in der Tat zu dem eben Berichteten passen. Der Afrikaner – wenigstens die, von denen hier die Rede ist – hat in seiner Mentalität offenbar keinen Raum für ein grund- und selbstlos Geschenktes. Wenn ihm so etwas begegnet, kann er es nicht fassen und sucht deshalb einen Hintergedanken, irgendeine dunkle Absicht – oder eben das schlechte Gewissen, von dem man sich durch Geld zu befreien sucht.

Dr. Haape bestätigt das und fügt noch hinzu: »Sie können sich also denken, wie es auf Eingeborene wirkt, wenn die weißen Touristen ihnen oft stark überhöhte Trinkgelder geben. Diese naiven Leutchen meinen wahrscheinlich, sie dadurch zur Dankbarkeit zu verpflichten. In Wirklichkeit lösen sie nur die Frage aus: Was hat der weiße Mann damit im Sinn? Wozu will er mich kirren? Oder was hat er Böses getan, daß er sich loskaufen will?«

Dem Kapitän fährt an dieser Stelle die Bemerkung heraus: »Du lieber Himmel, was bedeutet das alles für unsere Entwicklungshilfe!«

»In der Tat«, fällt Dr. Haape sofort ein, »damit haben Sie an einen wunden Punkt gerührt, den unsere gutmeinenden Politiker daheim – aber auch in Amerika und den europäischen Ländern –

wohl viel zuwenig bedenken. Für sie ist die Entwicklungshilfe entweder ein Politikum (man will die durch Massenelend entstehenden Unruheherde und ideologischen Anfälligkeiten beseitigen) oder ein ökonomisches Kalkül (man will neue Konsumenten für Industrieprodukte gewinnen, neue Märkte erschließen und deshalb die Kaufkraft heben) oder ein philanthropisches Motiv oder alles drei zusammen. Nur *einen* Faktor vergißt man in der Regel: den psychologischen. Man rechnet nicht mit der Eingeborenen-Mentalität, die ein »Geschenk« schwer begreift. Nun bin ich natürlich nicht so weltfremd zu meinen, daß die Entwicklungshilfe aus reiner Selbstlosigkeit geleistet würde, und ich habe ja soeben auch einiges sehr handfest Berechnende genannt. Man redet mir aber den Afrikanern gegenüber viel zuviel von moralischer und humanitärer Pflicht, von sozialen Aufgaben der reichen gegenüber den armen Völkern – und ähnliches Edelgewäsch. Das kriegen die Leute hier in den falschen Hals, und sie interpretieren es dann als Ausdruck jenes schlechten Gewissens, unter dem der weiße Mann wegen seiner kolonialen Ausplünderungen leide. Auch davon abgesehen ist die Entwicklungshilfe ein weites Feld. Man brauchte viel mehr helfende *Menschen* als industrielle Investitionen, denen die Afrikaner noch längst nicht gewachsen sind. Und man müßte sich viel mehr darum kümmern, in welchen dunklen Kanälen Riesensummen verschwinden.«

Frau Haape meint, wir seien zu kurz zusammen, als daß wir uns durch dieses bodenlose Thema verzetteln sollten. Sie errät unser Interesse richtig, wenn sie meint, ihr Mann solle uns noch mehr von den Erfahrungen erzählen, die man gemacht habe, wenn die Afrikaner sich selbst überlassen seien.

»Im Kleinen haben wir das vor einigen Jahren hier erlebt«, erzählt Haape, »als man in unserer Gegend ein Kloster mit eingeborenen Mönchen und einem schwarzen Abt errichtete. Man stattete es mit einem kompletten landwirtschaftlichen Betrieb aus, mit Vieh, Gerät und einem erheblichen Waldbestand. Nach wenigen Jahren war alles heillos heruntergewirtschaftet, das Vieh krank und dezimiert, die Wälder abgeholzt, Wohnräume und Stallungen verkommen. Da mußten wieder weiße Patres und Laienbrüder entsandt werden, um den Schaden zurechtzubiegen. Und ähnlich ist es auch im großen: Wo entkolonialisierte schwarze Regierungen sind, gehen Handel und Wandel zurück, und die Leute verdienen noch sehr viel weniger als früher. Schwarze können nur dann optimal leben, wenn sie unter der Knute einer einheimischen Tyrannis sind, die planvolle Anordnungen gibt und den nötigen Druck erzeugt, um sie zur Arbeit anzuhalten. Aber auch das klappt nur dann – wenigstens vorläufig –, wenn die schwarzen Machthaber weiße Berater zu Verfügung haben, die für die Organisation sorgen. Achten Sie einmal darauf, wenn Sie nach Ostafrika kommen, wieviel besser alles in Kenia klappt als in Tansania. Das werden Sie schon in den Häfen bemerken. Und woran liegt das? Einzig und allein daran, daß in Kenia kraft der Weisheit des Präsidenten an den Schaltstellen immer noch Weiße beschäftigt werden.«

»Wir haben bisher immer von dem Abstand und der Verschiedenheit zwischen Weißen und Schwarzen gesprochen«, resümiere ich. »Darauf zielte ja auch unsere Frage. Aber ist es nicht allzu pauschal und vereinfachend, wenn wir dabei von ›*dem*‹ Schwarzen, ›*dem*‹ Afrikaner sprechen? Gibt es den überhaupt? Offenbar bestehen doch innerhalb der afrikanischen Stämme selbst erhebliche Begabungs- und Entwicklungsverschiedenheiten – Abstände, die denen zwischen Schwarz und Weiß kaum nachstehen und auch entsprechende Apartheidstendenzen *innerhalb* der Afrikaner erzeugen. So weigerte sich während meines Aufenthaltes in Südwest vor zehn Jahren ein Herero, der als Omnibusfahrer tätig war, in seinem Gefährt Ovambos zu befördern und für deren erkrankten Fahrer einzuspringen. Das war doch Apartheid in Reinkultur, und dieser Stammespharisäismus dürfte kaum kleiner sein als der Dünkel der weißen Rasse gegenüber der schwarzen.«

»In der Tat machen diese innerafrikanischen Differenzierungen und Differenzen die Rassenprobleme noch sehr viel schwieriger«, antwortet unser Gastgeber. »Es wäre aber schon viel gewonnen, wenn man wenigstens jenes ganz Einfache einsähe, das man vor lauter Humanitätsduselei durch die ideologisch getrübten Brillen eben *nicht* zu bemerken pflegt: daß es sich um Menschen ganz anderer Art handelt und nicht bloß um Mini-Europäer, die man nur zur Vollgestalt eines Normal-Europäers zu entwickeln brauchte.«

Damit kehrt das Gespräch zu dem Punkt zurück, an dem es begann. Es ist auch schon spät geworden. Die Flaschen sind leer und das Feuer im Kamin ist zu glimmernder Holzkohle geworden. Wir sind müde. Die hier durchlebten Stunden haben uns erheblich in Spannung gehalten, und bis zum Schiff haben wir noch einen ziemlich weiten Weg.

Die Herzlichkeit des Abschiedes und die Hoffnung auf einen Gegenbesuch an Bord der »Tanganjika« können nicht darüber hinwegtäuschen, daß ich auch diese schöne und erfüllte Gesprächsrunde in tiefer Ratlosigkeit verlasse. Auf der nächtlichen Autofahrt zum Schiff sprechen L. und ich uns darüber aus. Die entscheidenden Fragen dünken uns unlösbarer denn je. Je tiefer man bohrt, um so bodenloser wird alles. Wir haben unsere naive Selbstsicherheit verloren. Unsere zunehmende »Aufklärung« führt eben nicht zur Klarheit, sondern erzeugt Kettenreaktionen immer neuer Fragen, und ihr Ende ist nicht abzusehen. Dr. Haape hatte ja gewiß einige Antworten. Aber ist selbst dieser imponierende und unabhängige Geist nicht doch befangen in den Trends südafrikanischen Denkens? Wird sich uns vieles nicht ganz anders darstellen, wenn wir an die Ostküste, nach Mozambique, Tansania und Kenia kommen? Oder werden sich die offenen Fragen nur ins Unabsehbare fortsetzen?

Als wir schließlich das strahlend erleuchtete Schiff betreten, auf dem die Ladearbeit auch nachts weitergeht, und den bewegten Tag noch in der Bar ausklingen lassen, beginnen die quälenden Fragen für den Augenblick zu verstummen. Wir sprechen davon, daß es morgen abend weitergehen wird. Die Erwartung des Kommenden drängt nach vorne. Die Neugierde ist eine gute Therapie gegen das Grübeln.

Mozambique

Lourenço Marques
4. Dezember

Aus dem »Wartezimmer« draußen vor dem Hafen, wo wir seit gestern nachmittag vor Anker lagen, fuhren wir heute früh, am Morgen meines Geburtstages, an die Pier. Selten habe ich ein so nettes Wiegenfest gefeiert. Man merkt, daß wir eine Familie geworden sind. Vor der Kammer empfing mich schon ein großes Glückwunschschild, das die kleine »Sprotte« gemalt hatte. Sie hat mir in Durban auch sehr schöne Manschettenknöpfe ausgesucht, mit denen ich unbedingt gleich heute schon prunken mußte. Vom Kapitän bekam ich einen Blumenstrauß, und unter den Geschenken ist sogar eine große Zulupuppe, die sicher die ganze Wonne meiner kleinen Enkelin bilden wird. Der Konditor hat eine Tortenkreation geschaffen, die wir selbst im größeren Kreis und trotz gegenseitiger Anfeuerung nicht ganz vertilgen können. Meinem Schicksalsstil entsprechend fehlte an diesem Tage auch nicht ein riesenlanges Telegramm aus Hamburg, das mit unerfreulichen Universitätsdingen zu tun hatte und sofort beantwortet werden mußte.
Das Hafenleben ist unvergleichlich lebhafter, sozusagen südländischer als bei den mehr systematisch und gelassen, sozusagen »gedämpft« arbeitenden Stauern Südafrikas. Das fällt uns allen sofort auf. Ein älterer Weißer, der die Löscharbeit an der hinteren Luke beaufsichtigt, fesselt uns besonders. Er gibt dem Kranführer mit ungeheurem Temperament seine Zeichen. Kopf, Rumpf und Arme sind wie bei einem wildgewordenen Dirigenten in zuckender, bald anfeuernder, bald dämpfender Bewegung. Für jede vertikale oder horizontale Richtungsänderung hat er spezielle Vogelstimmen parat, die er zwitschert und pfeift. Gleichzeitig treibt er mit ungeheurem Stimmaufwand, fürchterlich scheltend und dann wieder

berserkerisch lachend, die schwarzen Schauermänner an, die springen und zupacken, was das Zeug hält, dabei grinsen und sich amüsieren. Er scheint ein beliebter Master zu sein, weil er bei der Arbeit zugleich unterhält und gleichwohl die Ökonomie der Stauvorgänge sorgfältig plant und überwacht. So ist das Leben hier voller Temperament und Dynamik. Südliche Vitalität verbindet sich mit jener Zielstrebigkeit, die als Dünung der einst so stürmischen Weltherrschaft der Portugiesen noch nachwirkt.

Mir ist es unfaßlich, mit welcher Geschwindigkeit und unverdrossenen Konstanz die Schwarzen bei dieser Hitze Mangan und Clay (Lehm) aus den Waggons in große Behälter schaufeln, die dann hochgehievt werden und ihren Inhalt mit Donnergepolter in die Luken entladen. Die ungeheuren Staubwolken lagern sich als Krusten auf den naßgeschwitzten Körpern ab. Kommen die langen, hochbeladenen Eisenbahnwagen an, kann man sich kaum vorstellen, wie diese Massen bewältigt werden sollen. Doch dann sind sie im Nu leer. In einem schon ausgeräumten Wagen sehe ich einen Afrikaner im Erschöpfungsschlaf an der Wand lehnen. Als der Wagen etwas zu heftig rangiert wird und mit gewaltigem Krach auf einen andern prallt – unsereins hätte eine Gehirnerschütterung erlitten –, schreckt er nur kurz auf, sieht sich erstaunt um und schläft dann gleich weiter. Auf meine Frage, warum man keine Maschinen für die männermordende Arbeit verwendet, sondern wie in alten Zeiten alles von Hand macht, meint der Kapitän: man fürchte wohl, daß die Menschen durch die Maschinen arbeitslos würden. Außerdem sei die menschliche Arbeitskraft hier sehr billig.

Bei einer Rundfahrt durch die Stadt bewundern wir die großartig breite, von fern an die Champs-Elysées erinnernde Avenida da Republica und suchen vom Dach eines 17stöckigen Hochhauses einen Überblick über Land und Meer zu gewinnen. Herr N., ein hier ansässiger Kaufmann, der uns begleitet, kommentiert unsere Eindrücke und läßt uns so tiefer, gleichsam »symbolischer« sehen. Uns fällt sofort im Vergleich zu Südafrika auf, daß es hier keine Apartheid gibt. Die Schilder »Nur für Weiße« an Bussen, Bedürfnisanstalten, Schaltern und Bänken fehlen völlig. Und doch bleibt es uns nicht verborgen, daß man in Cafés und Speisehäusern außer

kinderreichen und wohlangezogenen indischen Familien eigentlich nur Weiße trifft. Die Afrikaner begegnen einem bloß in Dienstleistungsberufen: als Kellner, Chauffeure, Schuhputzer, Straßenarbeiter. Unzählige halten auch Unzähliges feil.
Bei den zahlreichen Bettlern und Straßenverkäufern bemerken wir zum Teil schreckliche Verkrüppelungen. Als wir vor einem Café an der Straße sitzen, um das bewegte Leben zu beobachten und uns an eisgekühltem Orangensaft gütlich zu tun, kriecht ein Losverkäufer mit bizarr verkrüppelten Beinen auf allen vieren von Tisch zu Tisch und reicht mit flehendem Blick seine Angebote herauf. Die völlige Indifferenz und Nichtachtung, mit der man ihn abtut, geht mir zuerst sehr auf die Nerven. Ich kann nicht verstehen, daß man von dieser Qual der menschlichen Kreatur so wenig angerührt ist. Schon im Laufe des Tages aber merke ich, wie sich in mir etwas umformt und eine Erfahrung sich wiederholt, die ich schon in Ostasien machte: Man wird die Scharen der mitlaufenden und bettelnden Kinder einfach nicht los, wenn man sie nur im geringsten beachtet und ihnen, wie ich es zuerst tat, Bonbons schenkt. Die Nichtachtung ist eine Art Notwehr, ohne die man verloren wäre. Wenn ich immer hier wäre, würde diese Nonchalance sicher auch bei mir zur zweiten Natur werden. Als bloßer Besucher aber muß man den Kampf widerstreitender Empfindungen in sich austragen und wird von vielerlei Hemmungen gepeinigt. Wie soll man als Christ damit fertig werden? Die einfachsten Fragen sind oft schwerer als die steilsten Probleme der hohen Theologie. Das Leben ist wahrlich ein kompliziertes Unternehmen, wenn man sich nicht einfach totstellt wie ein Tier . . .
Als Leute, die eben aus Südafrika kommen, halten wir natürlich die Augen auf, um zu sehen, wie sich ohne gesetzlich verordnete Apartheid das Verhältnis der Rassen hier gestaltet. Sie scheinen zwar viel unbefangener durcheinanderzuwirbeln und werden nicht künstlich voneinander ferngehalten. Gleichwohl zeigte uns schon die eben vermerkte Beobachtung, daß es hier offenbar eine Art latenter und inoffizieller Apartheid – auf jeden Fall eine deutliche Abstufung zwischen Weiß und Schwarz – gibt, und es müßte merkwürdig zugehen, wenn damit nicht auch eine Distanz im Um-

gang verbunden wäre. Als wir Herrn N. danach fragen, stellt sich heraus, daß unser Eindruck richtig ist, daß die Dinge aber gleichwohl anders und auch etwas verwickelter sind als in Südafrika.
»Auch hier gibt es eine sozusagen ›natürlich‹ gewachsene Apartheid«, erklärt uns Herr N., »aber sie ist hier weniger ein rassisches als ein soziales Phänomen. Es betrifft die schwarze Bevölkerung nur insofern besonders, als sie zugleich die sozial unterlegene Schicht darstellt und so ganz von selbst in einen Abstand von den ›Europäern‹ gerät.«
»Aber diese Dinge sind hier doch nicht gesetzlich geregelt wie in Südafrika?« frage ich.
»Ja und nein, auf jeden Fall anders. Die Portugiesen, die Mozambique ja nicht als Kolonie, sondern als ›überseeische Provinz‹ bezeichnen und es in ihre eigene Gesetzgebung einbeziehen, haben da eine ganz geschickte Lösung gefunden: Wer nicht lesen und schreiben kann, nichts besitzt und also kein Steuerzahler ist, hat nicht den Status eines portugiesischen Bürgers. Das trifft für die meisten Afrikaner zu – deshalb eben eine gewisse gesellschaftlich-politische Apartheid! –, aber es trifft nicht *nur* für sie zu. Auch ein erkleckliches Kontingent von Weißen entspricht nicht den Anforderungen des Bürgerrechts und kann deshalb ebenfalls nicht wählen.«
Ich erkundige mich, ob es dadurch zu sozialen Ressentiments kommt, ob man den Privilegierten ihre Bürgerrechte neidet und selber um sie bemüht ist.
»Nur sehr mit Maßen bemüht man sich um sie«, antwortet er, »und von Klassenkämpfen in diesem Bereich habe ich noch nichts bemerkt. Das hat einen sehr einfachen Grund: Ist man Vollbürger, muß man auch Steuern zahlen. Und diese Aussicht bremst natürlich den entsprechenden Ehrgeiz.«
Wir haben nicht den Eindruck – und andere bestätigen es uns später –, daß das Niveaugefälle zwischen Weiß und Schwarz hier geringer wäre als in Südafrika. Der Lebensstandard der Schwarzen scheint eher noch erheblich herabgesetzt. Auch hier stellt sich also das Problem des Zusammenlebens verschiedener Rassen in unverminderter Schärfe. Meine alte Frage, ob die Unterlegenheit der

schwarzen Rasse biologisch oder geschichtlich bedingt sei, erscheint hier freilich unter noch verwirrenderen Aspekten, weil das Rassische mit dem Sozialen einen schier unentwirrbaren Komplex bildet. Immerhin ist es hier möglich, daß Hochbegabte unter den Afrikanern in höhere Stellungen aufsteigen und daß die Weißen im dienstlichen Bereich – weniger wohl privat – mit ihnen unbefangen wie mit ihresgleichen verkehren. Wie wir hören, macht sich der Primat *sozialer* Hierarchien auch insofern geltend, als die höhergestellten Afrikaner mit besonderer Verachtung auf die Proletarier und Analphabeten ihrer Rasse herabsehen und ihnen gegenüber betont herrisch auftreten. Das Selbstbewußtsein der Arrivierten erzeugt eine neue Variante der Apartheid – nicht unähnlich der früher erwähnten Form, die sich im Dünkel vermeintlich überlegener Stämme, etwa in der Verachtung der Ovambos durch die Hereros, zeigte.

Ich habe scheußliche Zahnschmerzen und möchte mir den Quälgeist herausrupfen lassen. Beratungen mit Besuchern, die die Verhältnisse hier kennen, lassen einen aber vor dem Besuch dieser Ordinationszimmer zurückschrecken. Mir werden richtige Gruselgeschichten über hiesige Krankenhäuser und Zahnärzte berichtet. Wer es sich eben leisten kann, fliegt von hier nach Johannesburg, um sich seine Zähne versorgen oder auch operieren zu lassen. So versuche ich lieber, die Entzündung mit Schmerztabletten und Penizillin zu bekämpfen. Und für den Notfall, so wird mir versichert, hat man an Bord immer noch eine Zange. Starke Männer sind sowieso da. Die infernalische Hitze in der schwarzen Limousine, bei der ich die kranke Backe obendrein noch vor Luftzug schützen muß, läßt über der Auseinandersetzung mit der Temperatur den Schmerz manchmal zurücktreten, so daß einige Eindrücke doch haften: Die Straßen, vielfach wie Alleen angelegt, die lodernden Zeilen der Flamboyant-Bäume, in den Gärten der Villenviertel der trunkene Überschwang der Vegetation.

Das Projekt »Cabora-Bassa-Staudamm«, von Mozambique aus gesehen

Als interessantestes Bauwerk haftet in meiner Erinnerung die St. Antonio-Kirche, »Zitronenpresse« genannt, weil ihr Betonskelett in der Tat an dieses Gerät erinnert. Uns fiel sofort die im Stil ähnliche, wenn auch ungleich gewaltigere Kathedrale von Brasilia ein, die seinerzeit, als wir sie besuchten, nur im Rohbau stand. Wir empfanden sie als eine imposante Ruine, die nicht an Vergangenes erinnerte, sondern Kommendes ahnen ließ. Und es dürften nicht nur finanzielle Gründe gewesen sein, die ihre Vollendung über viele Jahre hinauszögerten. Als wir uns wunderten, daß an einem ganz normalen Freitagmorgen so viele Menschen die St. Antonio-Kirche als Andächtige füllten – obwohl nicht einmal Gottesdienst war –, sagte Herr N., gleichwohl sei der Besuch in der letzten Zeit erheblich zurückgegangen. Ich könne mir kaum vorstellen, mit welcher Erbitterung der Beschluß des Ökumenischen Rates aufgenommen worden sei, die »Freiheitskämpfer« von Tansania finanziell zu unterstützen. Diese Erbitterung bringe es mit sich, daß man beide Kirchen in den gleichen Topf würfe, so daß auch die Katholiken darunter zu leiden hätten. An der Nordgrenze von Mozambique stünde man in harten und oft verlustreichen Abwehrkämpfen gegen die angreifenden und als Partisanen einsickernden »Maoisten«, und man verstünde einfach nicht, daß die Kirche sich zu deren Bundesgenossen mache. Die »maoistischen« Freiheitskämpfer hätten gedroht, mit ihrem entscheidenden Schlag noch zu warten, bis das Riesenprojekt des Cabora-Bassa-Staudamms halbfertig sei, um ihn dann mit Zehntausenden von Arbeitern in die Luft zu sprengen. Man spräche hier davon, daß »Mao und die Kirche« (!) dieses Zerstörungswerk planten!

Obwohl ich diesen Beschluß des Ökumenischen Rates für meine Person – und ich glaube aus guten theologischen Gründen – entschieden ablehne, so trage ich doch, um weitere Auskünfte hervor-

zulocken und auch den Grad kritischer Beurteilung zu prüfen, gegenüber Herrn N. und später gegenüber zwei Besuchern an Bord einen kleinen Scheinangriff vor und stelle die Frage: »Was würden Sie denn zu dem Argument der radikalen Linken in Deutschland sagen, daß Entwicklungsmaßnahmen dieses ungeheuren Staudamm-Ausmaßes einem System zugute kämen, das man als kolonialistisch empfinde, daß also die bestehenden fragwürdigen Herrschaftsverhältnisse dadurch nur stabilisiert würden?« Die Antwort ist nicht ganz befriedigend. Wer unmittelbar in akute Auseinandersetzungen verwickelt ist, hat vielleicht nicht den genügenden Atemraum für weitergehende Grundsatzerwägungen. Wahrscheinlich werde ich auf der Weiterreise noch öfter mit diesem Problem konfrontiert werden, und vielleicht kommen wir dann zu tiefer reichenden Diskussionen. Die erste Reaktion auf meine Frage ist in beiden Gesprächen merkwürdig ähnlich: Jede durchgreifende Hilfe, so sagen meine Partner, kommt natürlich zunächst dem Regime zugute, das sich gerade an der Macht befindet. Aber so ein Riesenprojekt wie der Cabora-Bassa-Staudamm, das ganze Landschaften umgestaltet, das ein großes Industriegebiet entstehen läßt und also die Wirtschaftsstruktur dieses Landes von Grund auf revolutioniert, ein solches Projekt sei natürlich eine Sache auf lange Sicht und werde die gegenwärtigen Macht-Konstellationen überdauern. Im Augenblick sei in Mozambique der elektrische Strom wohl der teuerste der Welt, er müsse umständlich und kostspielig von weither geholt werden. Nach Erbauung des Staudamms aber würde Mozambique zu den Ländern gehören, die den billigsten Strom produzieren. Es gehöre kein Scharfsinn dazu, um sich vorzustellen, was diese Verbilligung und die durch sie bewirkte Umstrukturierung des Wirtschafts- und Sozialgefüges gerade für die ärmeren Bevölkerungsschichten bedeute.
Für den Abend, als die Hitze sich milderte und ein leichter Wind wenigstens die Illusion gelegentlicher Kühle erzeugte, hatte ein englisches Ehepaar – Herr R. vertritt hier die Deutschen Afrika-Linien – den Kapitän und uns zum Dinner eingeladen. Nachdem wir vorher noch in ihrem kultivierten, mit surrealistischen Bildern eigenwillig ausgestatteten Hause gewesen waren und mein Zahn-

weh durch einen erstklassigen Whisky ein wenig betäubt hatten, fuhren wir in ein Strandlokal an der Costa del Sol und ließen uns auf der dichtbesetzten großen Terrasse vom Seewind umfächeln. Zum Abendessen gab es berühmte Lourenço-Marques-Gerichte: Krebs und Prawns, eine Langustenart, die man mit den Händen schält und deren Fleisch man sich auf die gleiche Weise einverleibt. Die Tafelbestecke werden wohl nur aus Konvention, um das kulturelle Gesicht zu wahren, dazugelegt. Zwischendurch reichte man uns Schüsseln mit warmem Wasser und Zitronenscheiben, so daß wir unsere fett-triefenden Hände säubern konnten. Immer neue heiße Platten mit den delikaten Meeresfrüchten wurden nachgereicht, während nachgeordnete Boys die Abfälle wegräumten. Dazu gab es einen portugiesischen Landwein, der genau auf den Geschmack der Langusten abgestimmt war. Ein bitterer Mokka schloß die Tafelfreuden ab und machte uns wieder genügend aufnahmefähig, um bei der Rückfahrt zum Schiff die wirren Eindrücke der Lourençoschen »Reeperbahn« einigermaßen zu verkraften. Unter flimmernd-grellen Leuchtreklamen spielt sich hier das Dolce vita der auf See Ausgehungerten ab, und ich dachte beklommen an die vielen jungen Gesichter, die nichts anderes als diese Art »Abenteuer« an Land erleben. Die schwarzen Gunstgewerblerinnen beherrschen das Feld. Ihre Gesichter sind teilweise ebenso erschreckend wie ihre oft sagenhaft wuchtige und ausladende Anatomie, von der man den Eindruck hat, daß das Übergewicht an der oberen Frontseite nur durch entsprechende Gegengewichte am Heck ausgeglichen wird. Das tolle Menschengewimmel erklärte Herr R. uns damit, daß – an den Wochenenden besonders stark – die Südafrikaner in hellen Scharen anrücken, um sich hier auf eine Art auszutoben, die ihnen daheim das Gesetz der Apartheid verwehrt.
Auf dem Schiff lassen wir den Tag noch im wechselseitigen Erzählen unserer Landerlebnisse ausklingen.

Lourenço Marques
5. Dezember

Morgens holt uns der Wagen zu einer Fahrt in die weitere Umgebung ab. An einsamen Eingeborenen-Behausungen vorbei, die nicht einmal mehr den Namen einer Hütte mindesten Grades verdienen, sondern nur aus zerzausten Schilf-Wänden bestehen, kommen wir nach Villa Luisa. Dort erwartet uns ein Motorboot, das an menschenleeren, versteppten und hier und da mit Buschwerk bestandenen Ufern in etwa einstündiger Fahrt flußaufwärts zu einer Stelle fährt, wo man Flußpferde sehen kann. Zwischendurch begegnen uns immer wieder kleine Ruderboote mit Fischern. Hier wirft man sein Netz noch genauso primitiv aus wie in biblischen Zeiten. Nur selten steht am Ufer ein einsamer Fischer-Kral. Tatsächlich tauchen dann bei einer kleinen Fluß-Insel die Nilpferde auf. Wenn ihre riesigen Leiber unter Wasser sind und nur die Köpfe auftauchen, schauen einen wirkliche Pferdegesichter an. Man hat den Eindruck, plötzlich in die Welt der Sage entrückt zu sein, in der die Tiergestalten der Urzeit nicht an ihre »natürlichen« Lebensräume gebunden sind, sondern die Elemente von Luft, Erde, Wasser und Feuer souverän durchmessen. Sobald unser Steuermann das Bootshorn erdröhnen läßt, tauchen sie auf, um neugierig zu erkunden, welches fremdartige Urwelttier da so gewaltig aufbrüllt. Sie kommen uns ganz nahe und wirken dann wieder so haustierhaft und vertraut, daß wir uns plötzlich dabei ertappen, wie wir ihnen zuwinken. Fast wären wir versucht gewesen, sie mit Zuckerstückchen zu füttern.

Nachmittags konnten wir wegen der Ebbe und auch deshalb, weil der Sand glühend heiß war, nicht im Meer baden, sondern gingen in ein Schwimmbad, dessen moderne Riesigkeit uns gerühmt wurde. Was uns hier an Wonnen erwartete, wurde aber nicht durch das badewannenwarme Wasser bewirkt, das kaum Erfrischung gewährte, sondern durch das lautstarke, wimmelnde Volksfest, das sich auf dem ganzen Gelände entfaltete. Alle Hautfarben wogten da durcheinander; von Apartheid war wirklich nichts zu bemerken. Man wußte nicht recht, was einem mehr in

den Ohren dröhnte: die förmlich wellenschlagende Tanzmusik des Lautsprechers oder das Wonnegekreisch der zu Land und zu Wasser sich jagenden, raufenden, anfeuernden Jugendlichen.
Im Lokal des Schwimmbades, dessen Terrasse gleich am Wasser liegt, wurde eine Hochzeit gefeiert. Das junge Volk tanzte in der Backofenhitze wild und unermüdlich mit allen Textilien der Zivilisation: in Kragen, Schlips und mit durchschwitzten, langärmeligen Hemden, vielfach sogar mit bürgerlichen Jacketts bekleidet. Die Umkleideräume starrten von Schmutz und Unordnung. Im Duschraum funktionierte nur eine einzige Brause halbwegs, und sie war entsprechend umlagert. Als ich den Raum betrat, machten alle sofort höflich Platz und trieben dann, bis ich fertig war, allerlei Schabernack – ein heiteres Völkchen, dem der Fremde eine willkommene Abwechslung bot.
Der Kapitän, den wir später auf der Straße trafen, überredete uns, statt auf dem Schiff zu essen eine Nachfeier zu dem gestrigen Langustenfest zu veranstalten. Dumm war nur, daß Herr S. und ich wegen der Hitze und unserer Badeabsicht bloß kurzhosig und kurzärmelig bekleidet waren, ja nicht einmal Strümpfe trugen. In unserem Reiseführer stand aber zu lesen, daß man hierzulande in Lokalen etwas formell sei. Ganz so schlimm sei es nicht, meinte der Kapitän. Man würde uns halt für Rhodesier halten, und so war es dann auch.

Zaungäste bei einer Moslem-Hochzeit

Während wir uns den kulinarischen Wonnen hingeben, beobachten wir an einer benachbarten Schule einen immer größeren Volksauflauf und ein sich steigerndes Stimmengewirr. Die Kellner sagen uns, daß da eine arabische Moslem-Hochzeit stattfinde. Schon vorher waren ganze Wagenkolonnen mit betäubenden Hup- und Sirenensignalen immer wieder an uns vorübergebraust. Das war die Ouvertüre, und nun machen statt der Hupen menschliche Mäuler den Krach. Bei uns pflegt selbst vor den Kirchen noch eine gemessene Aufmerksamkeit zu herrschen, wenn das Brautpaar mit seinem Gefolge anfährt oder aus dem Portal tritt. Und es sind meist ältere Frauen, die dabei wehmütigen Erinnerungen nachhängen oder die Toiletten bestaunen. Es ist dabei fast so still wie in der Kirche selber. Hier aber scheint das ganze Stadtviertel zusammenzuströmen, und die Kinder bilden das lärmende Hauptpublikum.

Als wir mit dem Essen fertig sind und uns die Beine etwas vertreten wollen, schlendern wir auf den Herd des Geschehens zu und mischen uns unter das Heer der aufgeregt schwatzenden Alten und der kreischenden und sich jagenden Kinder. Wir recken ein wenig die Hälse, um zu sehen, was vorgeht, und verraten dadurch wohl unser Interesse. Schon kommt ein junger höflicher Mann in gutgeschnittenem Safari-Anzug auf uns zu – wie sich später herausstellt, ist es der Bruder der Braut – und lädt uns auf englisch ein, doch näher zu treten und mit ins Haus zu kommen. Ich geniere mich erheblich in meiner nur wenig überhöhten Badekleidung. Es gehört mit zu meinen gelegentlichen Angstträumen, im Negligé plötzlich in einer Gesellschaft von Befrackten aufzutauchen. Hier scheine ich nun diesem Alptraum recht nahezukommen . . . Herr S. aber, seines Zeichens Acquisiteur – ich habe ihm das mit »Anlacher« übersetzt –, hat schon von seinem Beruf her Hemmungen dieser Art längst überwunden und ist bereits halb auf der Treppe. So gehen wir nolens volens hinterher, und auch der viel zivilisierter gekleidete Kapitän gibt sich einen Schubs und tritt ein.

Wir werden dann in die große, von Menschen gefüllte Schulaula gebracht. Als L. bemerkt, daß es eine reine Männerversammlung ist, zuckt sie zurück und will die Flucht ergreifen. Doch der junge Mann redet ihr gut zu: als auswärtiger Gast – er vermeidet netterweise das Wort »Touristin« – dürfe sie auch als Dame teilnehmen.

Sie macht sich aber in der von Männern dicht besetzten Reihe vor Schüchternheit ganz klein.
Auf dem Podium sitzt ein großer Kreis höchst eindrucksvoller Männergestalten, alle in schwarzen Fezen oder weißen Wollmützen. Es sieht nach einer aus Indern und Arabern gemischten Gesellschaft aus. Mehrere alte Männer wirken wie eine Versammlung von Patriarchen des Alten Testaments: scharf profilierte, ausgeprägte Köpfe mit mächtigen, wohlgepflegten Bärten. Das sind wohl die Würdenträger der moslemischen Gemeinde. Der Oberpriester in der Mitte, ganz in Weiß gekleidet, bietet das Bild eines vornehmen Araberscheichs. Auch im Publikum sitzen einige imposante Gestalten dieser Art. Die Menge der Anwesenden aber ist keineswegs feierlich aufgemacht, offenbar auch nicht so gestimmt. Man raucht und schwatzt, und es vergeht viel Zeit. Ich warte immer auf den Einzug des Brautpaares und frage schließlich unsern Betreuer danach. Seine verblüffende Auskunft lautet, daß es so etwas gar nicht gibt. Die Frauen seien – was wohl symbolisch ist! – mit der Braut und ihrem Gefolge einen Stock »tiefer« versammelt. Der junge Mann dort vorne, eine schlanke Gestalt inmitten mächtiger Vätergestalten, sei der Bräutigam. Er müsse gleich übermorgen für vier Jahre zum Militär, und seine junge Frau werde ihn solange nicht mehr sehen. Die Braut scheint nur *Objekt* der Zeremonie zu sein. Ihr Jawort spielt darin keine Rolle. Heiraten ist eine Sache der Familien, und die wird von Männern besorgt.
Plötzlich erlöschen die Zigaretten, es geht wohl los. Der Oberpriester stimmt einen für unsere Ohren schauerlichen Singsang an, wie er von den Minaretten der Moscheen vertraut ist. Dann hält er eine längere Ansprache, die so gestenreich, rhetorisch so meisterhaft in Krescendos, Kadenzen und verhaltenen Pausen ist, daß sie einen auch dann fesselt, wenn man nichts versteht und nur gelegentlich einen vertrauten Namen wie den Abrahams heraushört.
Nun werden die Väter von Braut und Bräutigam und andere würdige Männer etwas gefragt, worauf sie mit dem Kopfe nicken und eine Unterschrift leisten. Man schmückt den Bräutigam und seinen Vater mit einer ganzen Last bunter Kränze, die sie von Zeit zu Zeit ablegen, um immer wieder neue zu empfangen. Schließlich

werden kurze Ansprachen gehalten und Glückwunschbriefe verlesen. Einige der Redner, darunter ein alter, gebrechlicher, aber feurig redender Mann, werden mit wildem Applaus begrüßt und bedankt. Sie scheinen fast alle geborene Rhetoren zu sein. Ein junger Mann allerdings traut sich die Kunst der freien Rede wohl nicht zu, kann aber auch sein Manuskript nicht finden. Während er, schon auf dem Podium, in allen Taschen hektisch wühlt und wahre Veitstänze der Verlegenheit dabei aufführt, ist er umbraust von Gelächter. Als er schließlich seinen Spickzettel gefunden hat, liest er gelassen die präparierten Sätze vor.

Nach einer kurzen religiösen Schlußzeremonie bricht alles jäh auf, und unser neuer Bekannter geleitet uns in den unteren Stock zu den Frauen. Dort sieht alles schon auf den ersten Blick ungleich festlicher aus. Die herrlichen indischen Sari-Festgewänder bilden eine prunkende Farbenpalette. Die Frauen sitzen lautlos in ihrer ebenso großen Versammlung da. Als wir hereingeführt werden, spüre ich inmitten dieses Festglanzes doch eine leichte Gänsehaut auf meinen nackten Waden, zumal aller Augen sich interessiert auf uns richten. Inzwischen hat sich unsere Begleitergruppe noch um eine Anzahl junger Männer vermehrt, und sie wollen es partout nicht dabei bewenden lassen, daß wir nur einen flüchtigen Blick in den Saal werfen. Wir müssen auch die Braut bewundern und werden deshalb bis zur Mitte des vorderen Parketts vorgedrängt. Da sehen wir sie, gekleidet wie auch bei uns eine Braut, in einsamer Pracht auf der Bühne sitzen. Das bildschöne, achtzehnjährige Wesen ist offensichtlich von dem langen Angestarrtwerden durch die Menge, von der Passivität dieser nur stumm verharrenden Menge eingeschüchtert und erschöpft. Sie sieht uns etwas verstört an, weil nun noch weitere und noch fremdere Blicke sich auf sie richten. Neben ihr sitzen zwei Brautjungfern, die sie unablässig mit kühlender Luft befächeln.

Zum Abschied, der sehr herzlich verläuft, erhalten wir noch wie alle Gäste kleine Beutelchen mit Bonbons. Das war einmal nichts für Touristen Geplantes, sondern ursprüngliches Leben. Das Schönste erwartet uns in der Regel, wenn es unerwartet kommt und wenn man gleichsam hineinschlittert.

Lourenço Marques
6. Dezember

Die Staubschwaden der Manganladung verziehen sich allmählich. Wir sitzen in den gekühlten Räumen des Schiffes und sehen mit Schaudern, wie die schwarzen Schauermänner draußen bei 41 Grad feuchter Hitze die schwere dreckige Arbeit tun. Was sind wir doch für Bonzen! Bei diesem etwas mulmigen Gefühl tut die Erinnerung wohl, daß ich auf der Ostasienreise ähnliche Hitzegrade auf einem nicht klimatisierten Schiff durchgemacht habe. Aber auch da war ich ja kein Kuli, sondern bewegte mich in der Etappe der Passagiere. Die Vormänner kommen aus der Sonnenglut hin und wieder in unsere Bar und lassen das kühle Bier in sich hineinlaufen. Auch der Vogelmann ist dabei und wirkt hier plötzlich still und sanft. Und nur seine originale, gleichsam holzgeschnitzte Physiognomie läßt erkennen, daß er nicht »Irgendwer« ist.
Heute ist der zweite Advent. Ich lese die Texte des Tages, um in Gedanken bei den Gemeinden zu sein, die dieses Fest des Weltendes mit den erschütternden Versen des 24. Matthäuskapitels begehen. Besonders rührt mich die Mahnung Jesu an, daß die Menschen in den Wehen der Endgeschichte, wenn sich das Weltgrab auftut und die Schrecken der Endzeit hereinbrechen, darum bitten möchten, daß ihre Flucht nicht im Winter geschehe. Wie oft haben mir Menschen erzählt, was dieses Wort ihnen bei ihren Fluchttrecks inmitten des russischen Winters 1944/45 bedeutet hat. Genauso schlimm könnte es auch sein, bei dieser grausamen Hitze fliehen zu müssen und keinen bergenden Schatten zu haben. Diese apokalyptischen Texte gehen mir jetzt besonders nahe, obwohl wir doch auf einer Erholungsreise sind. Die Probleme der Welt, mit denen wir durch den Anblick dieser Fronarbeit und durch viele, in Sackgassen endende Gespräche konfrontiert werden, zeigen einem, daß das Chaos dicht unter dem »dünnen Apfelhäutchen« der Zivilisation brodelt, oder – um es mit dem ersten Kapitel der Bibel zu sagen –, daß das Wasser unter der Feste und das Wasser über der Feste die gottgesetzten Dämme durchbrechen und uns in neuen Sintfluten oder Sintbränden untergehen lassen könnte.

17 Uhr 45

Soeben haben wir abgelegt und fahren nun an der Costa del Sol vorüber, wo wir vorgestern aßen. Der Kapitän sagt, daß wir Windstärke 8 haben. Aber dieser Sturm kühlt nicht, sondern ist nur ein glühender Anhauch. Der Kapitän ist etwas besorgt, daß der Lotse bei diesem Wellengang vielleicht nicht von Bord käme. Dann müßten wir warten, bis sich das Wetter beruhigt. Wir sind gespannt.

22 Uhr

Der Lotse hat es geschafft. Er ist glücklich von Bord geturnt und in dem auf und nieder tanzenden Boot in den Armen seiner Männer aufgefangen worden.

Als wir nach dem Abendessen an Deck gingen, brach ein tropisches Gewitter von ständig sich steigernder Vehemenz los und kämpfte die unerträglich gewordene Hitze schnell nieder. Beim ersten Wetterleuchten gab es noch einige Ahs und Ohs unter denen, die gebannt an der Reling der Brücke stehen. Dann aber zuckt und prasselt die Helle um uns, senkrecht, horizontal und kreuz und quer. In bizarren Figuren jagen die Blitze, und die Weite des Horizontes ist für Augenblicke von solch blendender Helle übergleißt, daß man sich unwillkürlich duckt, um dann gleich wieder von abgründiger Finsternis verschlungen zu werden. Ich denke an Haydns »Schöpfung«, an das strahlend aufjauchzende »Und es ward Licht«. Die Welt scheint vom »Geist über den Wassern« in jäher Helle aufs neue erschaffen zu werden. Und wie der Blitz vom einen Horizont zum andern fährt, so springt der Gedanke von den Uranfängen zu jenem Ende der Welt, von dem die Texte des Zweiten Advents künden: Die Elemente schmelzen, und das Gericht kommt.

In Beira. Besuch bei den »Weißen Vätern«

Beira
8. Dezember

Kaum haben wir angelegt, besucht mich der deutsche Konsul, Herr St., ein gebürtiger Hamburger, und möchte uns zu Fahrten in die Umgebung und zu Informationen zur Verfügung stehen. Als wir dies liebenswürdige Angebot gern annehmen und dann in dem heißen Wagen etwas über die Temperatur stöhnen, bedaure ich, durch meine langen zivilen Hosen noch zusätzlich erhitzt zu werden. Darauf meint Herr St., er liefe sonst immer in Shorts herum und habe sich heute nur meinetwegen in lange Beinkleider gezwängt. Als »diplomatischer Vertreter der Bundesrepublik Deutschland« habe er mir doch korrekt gegenübertreten wollen. »Du lieber Himmel«, platze ich heraus, »und ich hatte heute früh meine Shorts an. Als ich aber durch den Vorhang linste und Sie so komplett gekleidet sah, bin ich in meine Kammer geflitzt und habe mich auch vervollständigt.« – »So haben wir uns beide Theater vorgespielt«, sagt der Konsul lächelnd, »und nun müssen wir die Folgen tragen.«

Auf flachem Sand- und Buschgelände, über dem die feuchte, sonnengeheizte Atmosphäre brütend und unbewegt lastet, liegen ein großes Schulgebäude sowie die Wohntrakte für die Patres, die Brüder und die Unterrichts-Schwestern. Der ganze Bereich ist ringartig umschlossen durch eine große Anzahl bescheidener Steinhäuschen für die eingeborenen Katechetenschüler und ihre Familien. Wir treffen gleich den jungen Pater R. aus Österreich und den oberschwäbischen Bruder Stanislaus an, unter dessen Aufsicht alles, was wir hier sehen, in den letzten Jahren gebaut worden ist. Die Begrüßung ist überaus herzlich und die Freude über den Besuch ungeheuchelt. Der Pater trägt ein fußlanges weißleinenes, sozusagen nachthemdartiges Maxi-Gewand, das dem Orden wohl seinen Namen gegeben hat. Auch die Schwestern sind schneeweiß gekleidet. Bei der Vorstellung, sie müßten bei dieser Glut schwarz gewandet gehen, könnte es einen grausen!

Pater R. ist ein strahlend frischer jüngerer Mann, der als Motor hinter diesem eindrucksvollen Werk steht. Vor drei Jahren war hier noch leere Steppe. Im Kampf mit seinen kirchlichen Oberen, die einer so abenteuerlichen Initiative skeptisch gegenüberstanden, im Handgemenge auch mit unzähligen andern Widrigkeiten hat er auf vielen Reisen Geldmittel erbettelt, das Gelände erworben und die vielen Gebäude errichtet. Während wir langsam von Gebäude zu Gebäude schlendern und er sich beim Bericht über seine Hindernisrennen förmlich ereifert, frage ich ihn, welche Idee ihm bei dieser selbsterwählten Arbeit vorschwebe. Er hat eine klare und sehr einleuchtende Konzeption:

In den kleinen Diasporagemeinden, die wie winzige Inseln aus dem großen Meer des Animismus ragen, sucht er sich unter den jüngeren Männern die Begabtesten heraus und holt sie samt ihren Familien zu einem Zweijahreskurs hierher, um sie zu Katecheten heranzubilden. Sie sollen in dieser Zeit befähigt werden, Unterricht zu erteilen, Wortgottesdienste zu halten, zu taufen, zu trauen und bei den Bestattungen zu verkündigen. Bruder Stanislaus unterrichtet sie in Dingen der Landwirtschaft, während die Frauen von den Schwestern das Nötigste für Säuglingspflege, allgemeine Hygiene, Nähen und andere häusliche Fertigkeiten lernen. So sollen vielerorts kleine Zentren entstehen, von denen aus das hier erworbene Wissen weitergegeben wird.

Der Pater führt uns in so ein kleines Haus, das von einer Katechetenfamilie bewohnt wird. Der kühle Wohnraum ist fast leer und enthält nur Bank und Tisch. Man will diese jungen Afrikaner bewußt nicht mit Zivilisation überschütten und den Abstand zu ihrem dörflichen Wohnen nicht allzu groß werden lassen. Man muß es vermeiden, sie dem heimischen Milieu zu entfremden und ihnen damit den Rückweg zu erschweren. Am Tisch steht ein kleines weibliches Wesen, das ein winziges Neugeborenes auf dem Arm hält. Ich dachte mir, daß die kindliche Einhüterin das ältere Schwesterchen des Säuglings sei. Es ist aber die Mutter, die das Kind zwei Tage zuvor geboren hatte. Die jungen Katecheten strahlen uns überall an, wo wir vorbeikommen. Das Finstere, das ich manchmal (manchmal!) auf schwarzen Gesichtern zu sehen meine, ist hier gewichen. Bilde ich mir nur ein, daß sie »erlöster aussehen«? Ich glaube es nicht, obwohl ich vor einer gewissen Traktätchen-Mentalität auf der Hut bin. Auch in Ostasien konnte ich das »christliche Gesicht« manchmal erkennen. Was einem dann auffällt, ist die Befreiung von düsteren, unserm Verstehen entzogenen Mächten, freilich auch der Unterschied zu den oft verkrampften Physiognomien mancher Gesetzeschristen bei uns, von denen Nietzsche bekanntlich sagte, diese Leute müßten erlöster aussehen, wenn er an ihren Erlöser glauben solle.

Der junge Pater gefällt mir vom ersten Augenblick an. Er glüht vor Begeisterung für sein Werk und hat die Züge eines Mannes, der sich für seinen Dienst opfert. Zugleich aber ist er heiter und ungemein gelöst, ohne jeden Anflug von Fanatismus und nicht ohne Freude an den guten Dingen des Lebens: am Tischtennisspielen, für das er mit dem Konsul ein neues Turnier verabredet, an den paar Zigarren, die ich ihm dediziere und von denen er gleich eine mit sichtlichem Behagen in Brand setzt, und an dem guten kühlen Bier, das er sich im Deutschen Club hin und wieder gönnt.

Herr St. fragt ihn, ob er sich nicht sorge, daß die jungen Christenfamilien, die er in die kleinen, vom Heidentum umgebenen Diasporagemeinden zurückschickt, wieder dem Sog des Animismus verfallen könnten. Seine Antwort ist von großer Gewißheit. Er strahlt förmlich auf, als er sagt: »Wenn ich nicht wüßte und erfahren hätte, daß sie sich halten und gehalten werden, könnte ich nie den Mut zu diesem Werk aufbringen.« Er erinnert mich in seiner Art lebhaft an die jungen protestantischen Missionare, mit denen ich vor über zehn Jahren die Herero- und Ovambo-Reservate in Südwest besuchte. Wie anders lebt und denkt diese neue Generation als die würdigen Pionierväter, die einst unter unbeschreiblichen Opfern die Bahn brachen! Auch hier ist der gleiche entscheidende Bruch zwischen den Generationen erkennbar, wie er für fast alle Lebensbereiche charakteristisch ist. Früher sprach man sehr unmittelbar und vielleicht allzu unreflektiert von Gott und Christus, ohne den heidnischen background zu bedenken, der die christliche Botschaft nicht selten ganz anders erscheinen lassen mußte, als der Verkündigende sie meinte. Vielleicht erschien den

»Wilden« der Gott der Christen nur als eine Art Obergott in der Hierarchie der vertrauten Götter und Geister. Dann wurde der neue Glaube nur in ihr animistisches Schema integriert, und die ererbte Religion lebte unter der Decke eines nur die Oberfläche tangierenden Christentums weiter. Kein Wunder, wenn dann die alten und tot gewähnten Mächte aus ihrem Inkubationszustand wieder hervorbrachen und das Zepter der entrissenen Herrschaft aufs neue ergriffen. Sie waren nur verdrängt, aber nicht wirklich überwunden. Am meisten fiel mir die Regeneration des Heidentums bei den Spiritisten in Brasilien auf: Für ihre Kultfeiern hatten sie neben dem christlichen Altar noch einen andern »Altar« mit afrikanischen Geistermasken und Götterfiguren. Hier war die Christianisierung extrem oberflächlich gewesen und hatte nicht einmal den Versuch gemacht, die Bindungen an die Naturreligion zu lösen und zu bewältigen. Da nur getaufte Christen das Land betreten durften, besprengte man die Sklavenheere aus Afrika beim Verlassen der Schiffe nur ein bißchen mit Weihwasser. Das hat die alten Götter natürlich nicht vertrieben, dabei haben sie höchstens gehustet und feierten dann unter der christlichen Decke fröhliche Urständ. Wie gesagt: das war ein besonders extremer Fall, und so schluderig ging es bei den Missionen in Afrika keineswegs zu. Aber dennoch: man war wohl zu naiv gegenüber dem Wesen und der Bindungsgewalt animistischer Vorstellungen. Man predigte gleichsam nicht in sie hinein, sondern über sie hinweg, obwohl andererseits auch die wissenschaftliche Erforschung der Primitivreligionen den Missionaren Entscheidendes verdankt. Aber diese Kenntnis wurde wohl theologisch zuwenig ausgewertet und spielte für die Gestalt der Verkündigung eine zu geringe Rolle. Wer den unerhörten Einsatz der Vätergeneration, wer ihre Aufopferung kennt, wird das wahrlich ohne den Unterton pharisäischer Besserwisserei sagen. Die junge Missionarsgeneration versenkt sich sehr viel intensiver in jene religiösen Hintergründe. Sie kennt auch die Werte jener vorchristlichen Religionswelt und verneint sie nicht einfach, sondern baut auf sie auf. Für sie ist das nicht bloßer Teufelsspuk, sondern ein pervertierter Rückbezug auf das Ewige, das sich auch in der Entstellung noch meldet.

Vielleicht könnte man das Neue, das ich an den heutigen Missionstheologien zu sehen meine, so charakterisieren: Die Integrationsrichtung hat sich umgekehrt. Während das Christentum früher – entgegen der Absicht seiner Verkünder – vielfach in das religiöse Schema des Heidentums eingebaut wurde und dann mit der Fremdheit einer bloßen Importware behaftet blieb, wird heute der »Olymp« der Götter und Geister in die Landschaft des Glaubens eingefügt. Bei aller Andersartigkeit dieses Glaubens wird damit doch die Möglichkeit geschaffen, daß die neue innere Welt nicht beziehungslos neben der alten, überwundenen steht. In Christus werden die andern Religionen nicht einfach verworfen, sondern im Widerspruch zugleich erfüllt. Der Pater meint, daß hier das Zweite Vatikanische Konzil unerhörte Impulse vermittelt habe. Denn es habe dazu angeleitet, nicht nur die andern Religionen, sondern auch den Atheismus ernst zu nehmen und beides von Christus her neu verstehen zu lernen.
Ich stelle dann auch *ihm* meine fast schon stereotyp gewordene Frage, ob er auf Grund seiner Erfahrung die primitiven schwarzen Stämme für letztlich nicht entwicklungsfähig halte, oder ob ihr Zurückgebliebensein nur daherrühre, daß die weiße Kolonialherrschaft die schlummernden Potentiale bewußt an der Entfaltung gehindert habe. Die Antwort des Paters ist anders als alles, was ich bisher aus europäischem Munde vernahm, auch von seiten bewußter Christen. Sie ließ deutlich die katholische These von der Analogie alles Seins (analogia entis) erkennen. Er überhört eigentlich meine Frage und meint nur: Wir wissen nicht, welche Fülle von Potenzen sich enthüllen wird, wenn der sogenannte »Wilde« im Kraftfeld Christi die Würde seines Daseins erfährt. Hier wird er nicht, meint der Pater, wie bei der technischen Zivilisation mit einer ganz fremden Welt konfrontiert – mit einer Welt, die er nicht verdauen kann. Die neue Welt des Glaubens kann ihm ja wirklich zuwachsen und in ihn eingestückt werden; seine Natur kann sie annehmen.
Diese Hoffnung des Glaubens, wie der junge Pater sie förmlich hervorsprudelt, hat für mich etwas erschütternd Großartiges, und eigentlich beschämt sie mich. Noch einmal fällt mir dabei der Ab-

stand der Generationen auf. Offensichtlich erwartet der Pater nicht mehr, daß die Bekehrung einen Umschmelzungsprozeß in Gang setzt, aus dem dann schließlich eine Art Doppelgängerschaft des europäischen Christen und damit ein entfremdetes Bild des einstigen »Wilden« hervorgeht. Nein, *was* von diesem Wunder des Geistes schließlich und endlich bewirkt wird, ist heute nicht einmal in seinen Umrissen abzusehen. Es kann die neue Schöpfung eines Wesens sein, wie sie selbst unsere kühnste Phantasie nicht auszudenken vermag. Gott führt auch hier ins Unbekannte. Wir können nur seinen Verheißungen folgen und wie Kinder in ein Dunkel gehen, an dessen anderem Ende unbekannte Lichter aufstrahlen werden.

Als Konsul St. uns an Bord zurückbringt, passiert etwas, das – glaube ich – nur mir passieren kann. Ich bin tatsächlich überzeugt, ohne es begründen zu können, daß jeder Mensch eine Art Schicksalsstil hat, der immer wieder ähnliche Kombinationen von Umständen zustande kommen läßt. Es gibt so etwas wie die »Anziehungskraft des Bezüglichen«. Ich erlebe immer wieder verrückte Komplikationen, wie ich sie noch bei keinem meiner Freunde beobachtet habe. So auch hier: Wir waren vom Besuch bei den Weißen Vätern fürchterlich ausgedörrt und ächzten nach einem Trunk oder einer großen Eisportion. Der Konsul mußte aber zu einem Essen mit irgendwelchen prominenten Leuten und drängte auf Rückkehr. Wegen seines viel zu langen Ausbleibens sei seine Frau bestimmt schon jetzt nervös. So beschlossen wir, mit unserer Erquikkung noch bis zur Schiffsbar zu warten, und überredeten den Konsul, sich wenigstens durch einen kleinen Trunk schnell aufzufrischen. Als er dann gleich wieder losrannte, kam er wenige Augenblicke später betreten zurück: Er konnte nicht mehr an Land, weil das Schiff plötzlich und ohne Ankündigung verholte. Um Öl an Bord zu nehmen, mußte gewendet werden. Das würde ungefähr eine Stunde dauern. Während dieser Zeit war auch die Telefonleitung unterbrochen, so daß kein Mensch und auch seine Frau nicht erfahren konnte, wo der Konsul blieb. Wem sonst noch passiert so etwas Ausgefallenes?

Safari-Abenteuer im Gorongosa-Wildreservat

Beira
10. Dezember 1970

Während wir in Beira lagen, hatte ich eigentlich keine rechte Lust, noch einmal in ein Wild-Reservat zu fahren. Ich meinte, von Eindrücken etwas überfüttert, viel Neues gäbe es kaum noch für uns zu sehen. Vor allem schreckte ich vor der großen Hitze zurück. Wir hatten ja eben erst 41 Grad im Schatten gehabt. Wenn es so weiter ginge, würden sich Weihnachten die Kerzen bei unserer Schiffsfeier biegen. Aber als wir so freundlich eingeladen wurden, als man uns von dem Reichtum an Elefanten, Büffeln, Löwen und sogar von Leoparden im Gorongosa-Reservat berichtete, da erwachte doch unsere Neugierde, und wir nahmen dankbar an. Da wir, L. und ich, sehr gesellige Wesen sind und es uns leid getan hätte, das große Fahrzeug ganz für uns zu haben, baten wir außer dem Kapitän auch noch den leitenden Ingenieur samt seiner Frau und der kleinen elfjährigen »Sprotte« mitzukommen. Herr S. aus Hamburg, unser Mitpassagier, schloß sich ebenfalls an. Später stellte es sich heraus, daß unsere Abneigung gegen das Alleinfahren vielleicht unsere Rettung war. Wären wir mit dem schwarzen Fahrer allein in die Situation geraten, die uns auf dieser Fahrt beschieden war, so hätte das leicht ins Auge gehen können.
Als wir früh um halb vier geweckt wurden, hatte der Steward schon das übliche opulente Frühstück im Salon gedeckt und gab uns noch mehrere Kühlboxen mit Brot und Fruchtsäften für die Reise mit. Wir hatten eine mehrstündige Anfahrt auf der großen Ausfallstraße nach Rhodesien, genossen die relative Kühle vor Sonnenaufgang und bogen dann in Gebiete mit nicht asphaltierten schmalen Straßen ein.
Bei der Einfahrt in den Park wurden wir besonders lebhaft begrüßt und mit neugierigen Blicken gemustert. Der Wildpark war nämlich wegen starker Regenfälle in der letzten Zeit geschlossen gewesen. Die Wege sind dann zu aufgeweicht, und ein Steckenbleiben im Schlamm ist nicht ungefährlich. Manche Parks, vor allem in

Südwest, bleiben deshalb während der sommerlichen Regenzeit überhaupt geschlossen. Wir gehörten wohl zu den ersten, die nach der Wiedereröffnung kamen. Tatsächlich begegnete uns den ganzen Tag über kein anderer Wagen. Am Schlagbaum wurden die Personalien notiert, damit eine Hilfsexpedition ausrücken kann, wenn die Rückkehr sich ungebührlich verzögert. Wenn wir gewußt hätten – aber wir wußten es ja nicht –, daß man bei unserm Ausbleiben gleich nach 15 Uhr aufgebrochen war, so hätte uns das bei dem, was uns bevorstand, eine Beruhigung sein können.

Wir sahen dann Wild in einer Fülle wie bisher nirgendwo: Warzenschweine, Gnus und Herden von Flußpferden. An Land sind sie von tonnenschwerer Fülle, wahre Gestalten der Urwelt. Plötzlich bremste unser Fahrer und stellte den Motor ab. Wir meinten die Erde erbeben zu hören. Ein Rauschen und Donnern umbrauste uns. Dann raste eine endlose Büffelherde vor uns über den Weg. Der aufgewirbelte Staub verfinsterte das Sonnenlicht, so daß unsere Photos kaum etwas hergeben werden. Zuerst zählten wir noch, mußten es dann aber aufgeben und einigten uns auf die Schätzung, daß es mindestens 500 Tiere gewesen sein mußten. Aus meiner Jungenzeit meinte ich mich zu erinnern, daß Karl May einmal einen solchen staubwolkenumhüllten Büffelsturm schildert. Nun hatten wir mit eigenen Augen so etwas gesehen.

In die Region, wo sich meist Löwen und Leoparden aufhalten, konnten wir nicht einfahren. Die Regenfälle hatten das Gelände grundlos gemacht. Dort, wo wir jetzt waren, ließen sich diese Bestien seltener sehen. Wir wären gerne einmal ausgestiegen, doch mußten wir das strenge Verbot respektieren. In früher besuchten Wildparks sollten nicht einmal Dach und Fenster geöffnet werden. Die Paviane, die sich gerne um und über den Autos tummeln, fassen mit Zähnen und Krallen scharf zu. Und das kann nicht nur für Damen gefährlich werden, die eine Perücke tragen. (Bei uns war *diese* Gefahr übrigens nicht gegeben!) Ein bißchen mißtrauisch beobachteten wir deshalb die Bäume, auf denen hoch über uns die Affen ihr Spiel trieben. Die Warnung, den Wagen ja nicht zu verlassen, war uns mit großem Nachdruck nahegebracht und auch entsprechend illustriert worden. Erst vor einiger Zeit waren in diesem

Park zwei Männer umgekommen: Einer wurde bei einer Autopanne von einem Leoparden zerfleischt. Ein Wärter, der nach einem ausgebliebenen Besucher fahndete und seinen Geländewagen verlassen hatte, wurde von einem Löwen überfallen. Nur noch die Schuhe habe man von ihm gefunden. Ein Elefant hatte einen Volkswagen verfolgt, dessen Insassen in panischer Angst schließlich heraussprangen. Das war ihr Glück, denn der Elefant begnügte sich damit, den Volkswagen einen Meter niedriger zu machen. Manches davon erfuhren wir freilich – zu unserem Wohl – erst nachher, als wir bei unserer glücklichen Heimkehr von unserm Abenteuer berichteten und man uns die etwas grusligen Möglichkeiten ausmalte, denen wir ausgesetzt gewesen waren.

Die Wege im Reservat waren von den Regenfällen teilweise immer noch verschlammt. Doch konnten wir die Moraststellen meist umfahren, oft durch hohes Gras und niedriges Gebüsch hindurch. Manchmal sauste der Fahrer auch mit Schwung hinein, und nach einer fürchterlichen Rutschpartie, zuweilen auch nach einem Beinahe-Halt, gewann der tapfere Wagen wieder festen Boden. Plötzlich sahen wir vor uns einen Riesenmorast, der rechts und links kein Ausweichen zu gestatten schien. Wir riefen unserm Fahrer noch ein Halt zu, doch hatte er schon Vollgas gegeben. Mir wurde blitzartig klar, daß diese Gewaltlösung scheitern mußte, und in der Tat: Nun hingen wir mittendrin, und die Geschichte sah recht übel aus. Wir waren mindestens 15 km von der Parkgrenze entfernt. Der Wagen stand in der prallen Mittagssonne ohne jeden Schutz. Ganz abgesehen davon, daß wir schleunigst etwas unternehmen mußten, hätte es auch kein Mensch in der Gluthitze ausgehalten. Selbst die beiden Damen und das Mädchen stiegen aus. Im Schatten des nahen Gebüsches, wo es trotzdem noch glutheiß war, versuchten wir, die Situation und mögliche Auswege zu übersehen. Mir schien es fast unmöglich, da wieder herauszukommen. Erst nachher gestanden wir uns gegenseitig unsere Skepsis.

Unterdessen hatte der Fahrer schon begonnen, Zweige abzureißen und sie unter die Räder zu legen. Mir schien, daß er in ängstlicher Hast arbeitete. Sein Versuch, dann loszufahren, schlug völlig fehl. Die Räder gruben sich nur noch tiefer ein. Das Profil der Reifen war inzwischen unter dem glitschigen, nach Verwesung stinkenden Matsch völlig verschwunden: ein ähnlicher Effekt, wie wir ihn aus unsern nordischen Wintern kennen, wenn eine glatte Schneeschicht die Räder nur noch hemmungsloser durchdrehen läßt. Nun überlegten wir, wohin wir den Wagen überhaupt dirigieren sollten, *falls* wir ihn bewegen könnten. Wir entdeckten neben dem versumpften Weg eine etwas festere Stelle. Die müßte zunächst unser Ziel sein. Der Kapitän warnte uns, das Schuhwerk auszuziehen, als wir uns in den heißen Matsch begaben. Schlangen und auch Dornen könnten uns gefährlich werden, und eine neue Komplikation konnten wir wirklich nicht gebrauchen. Meine Tennisschuhe waren bald so schwarz, daß ich sie zu einer Beerdigung hätte tragen können.

Zunächst trugen wir im Schweiße unserer Angesichter (aber nicht *nur* der Angesichter!) aus der Umgegend Klötze und Palmblätter zusammen, um dem Wagenheber ein gewisses Fundament zu verschaffen. Das führte zu immer neuen Fehlschlägen, weil der morastige Boden jeweils nachgab. Beim Suchen im Gebüsch nach immer neuen Zweigen mußten wir die Schlangengefahr im Auge behalten. Auf unsere Frage erklärte der Fahrer, eine Autoapotheke mit Schlangenserum habe er nicht dabei. Er hatte überhaupt gar nichts an Gerät: keine Matten, keinen Sand, keine Schaufel, kein Buschmesser. Er habe so etwas bei all seinen Safaris noch nie erlebt, meinte er entschuldigend und etwas bänglich. So schnitten wir die Zweige mit einem kleinen Taschenmesser mühselig ab. Als wir endlich einen komplizierten Unterbau unter den Rädern angebracht hatten und Herr S. den Motor anließ, drehten die Räder durch und rutschten seitlich wieder in den Matsch zurück, obwohl wir den Wagen von hinten mit allen Kräften zu halten und zu bewegen suchten.

So ging es uns auch bei weiteren Versuchen. Wir waren inzwischen völlig erschöpft, von oben bis unten mit dem ekligen Schlamm bedeckt, ließen uns unsere steigende Besorgnis aber nicht voreinander anmerken. Als ich in einer Pfütze meine Hände ein bißchen zu reinigen versuchte, konnte ich kaum die Finger eintauchen, so heiß war das Wasser.

Unsere Damen hielten sich vorbildlich, obwohl man ihnen anmerken konnte, wie ihnen zumute war. Sie beobachteten eine Elefantenherde, die noch ziemlich weit weg von uns war, und suchten mit den Augen das Gelände nach andern Bedrohungen ab. Auch hatten sie in der Nähe einen kahlen Baum ausgemacht, auf den sie meinten flüchten zu können, wenn es noch ernster würde.
Meine größte Sorge war, daß einer von uns vor Hitze und Anstrengung einen Kreislaufkollaps kriegen könnte. Was müßte dann geschehen? Wohin sollten wir ihn überhaupt legen? Dabei dachte ich vor allem an den Kapitän, der sich geradezu selbstmörderisch einsetzte, keinen Augenblick in den Schatten trat und sich verschiedene Male ans Herz griff. Ich spürte, daß er besonders litt und daß ihn eine Verantwortung belastete, die er eigentlich gar nicht zu tragen hatte. Aber er war vom Schiff her gewöhnt, für die Sicherheit seiner Leute zu sorgen. In seinem gequälten Gesichtsausdruck war nicht nur körperliche Anstrengung zu lesen. Am wenigsten angeschlagen war unsere kleine »Sprotte«. Sie war sich der Gefahr wohl noch nicht bewußt, genoß das Abenteuer, amüsierte sich über die schweißtriefenden Männer und trocknete ihnen mit unsern Handtüchern rührend die Stirnen ab. Dann opferten wir alle diese Textilien und legten sie unter die Räder.
Auf einmal fiel den Damen ein, daß wir noch gekühlte Flaschen mit Sprudel und Orangensaft bei uns hatten. In fieberhafter Eile wurden sie ausgepackt. Aber wir hatten keine Öffner. Nach einer kurzen Schrecksekunde nahmen wir dann eine Autozange.
Jetzt ergab sich eine kleine Meinungsverschiedenheit unter uns, die zeigte, wie verschieden wir auf die Situation reagierten: Ich setzte mich dafür ein, nur eine Flasche zu öffnen und jeden nur ein paar Schlucke nehmen zu lassen. Wir wußten ja nicht, ob wir überhaupt wieder loskommen würden und wann eine Hilfsexpedition uns hier fände. So war ich für Rationierung, damit unser Vorrat noch bis zum andern Tag gestreckt würde. Unser Ingenieur aber war anderer Meinung und drang auch damit durch. Er sagte: »Was wir haben, das haben wir. Trinken wir jetzt, können wir besser arbeiten und kommen eher heraus.« Wir waren unvorstellbar ausgedörrt und stürzten alles in uns hinein.

Da mir unsere Lage ziemlich aussichtslos erschien, erwog ich den Gedanken, mich mit dem ortskundigen Fahrer zur Lodge durchzuschlagen und Hilfe zu holen, während die andern weiter versuchen sollten, loszukommen.
Wie mir später erst klar wurde, wandte der Kapitän völlig zu Recht dagegen ein, daß das viel zu gefährlich sei, daß es schon wegen der Hitze gar nicht gehe und daß der Schwarze sich überdies nie darauf einlassen würde. Wir mußten alles tun, um loszukommen, und im andern Falle eben Hilfe abwarten. Wenn später die Dämmerung einfiele und es kühler würde, könne man noch weniger losgehen, weil dann der Dschungel erst recht zum Leben erwache. Ich dachte an das Psalmwort: »Wenn es Nacht wird, da regen sich alle wilden Tiere.« Doch verschluckte ich diese Erinnerung. In diesem Fall hätte das Bibelwort kaum eine Tröstung enthalten.
Nach dieser kurzen Beratung gingen wir aufs neue ans Werk. Unsere beiden Seemänner waren uns anderen in der Sicherheit der Handgriffe und der Energie des Zupackens wohl erheblich über, obwohl auch wir nicht faul waren.
Nach endlosen, immer erneuten Versuchen ruckte der Wagen ein bißchen, dann mehr und schließlich hatten wir ihn – hurra – auf dem Trockenen. Jetzt mußten wir ihn noch durch das Gebüsch hindurchbugsieren, bis wir ihn auf den Weg brachten: Auch das gelang nach neuen Mühen schließlich. Wir stiegen beglückt ein und dachten: nun haben wir alle Gefahren hinter uns. Jede morastige Stelle, die wir zu überwinden hatten, ließ uns freilich den Atem stocken. Doch es klappte.
Plötzlich fuhren wir direkt auf eine Elefantenherde zu, die rechts und links mit ihren Jungen verweilte und in einigen Exemplaren den vor uns liegenden Weg kreuzte. Zurück konnten wir nun wirklich nicht mehr. In sichtlicher Nervosität paßte der Fahrer einen Moment ab, wo die Straße frei war, um schnell hindurchzupreschen. Das gelang auch trotz einer neuen, gefährlich anmutenden Pfütze. Als wir die Herde hinter uns hatten, rief der Ingenieur dem Fahrer zu, langsam zu fahren. Er wollte einen prächtigen Bullen, der seitwärts stand, noch filmen. Am liebsten hätte er noch den Motor abstellen lassen, obwohl das in der Nähe von Elefanten

nicht ratsam war und unser Wagen sich beim Anspringen sowieso reichlich träge gebärdete.
Da aber schrien die Damen entsetzt: »Schnell los – da hinter uns!« Eine Elefantenkuh, die ihr Junges bedroht glaubte, stürmte mit Macht auf uns zu. Sie wedelte mit ihren Riesenohren und trompetete laut. Es war ein schreckenerregender Anblick. Der Fahrer gab Gas, was das Zeug hielt, und zum Glück ließ uns kein Morast in diesem Augenblick steckenbleiben. Schließlich vergrößerte sich der Abstand, und wir waren entronnen.
Das war der letzte Schrecken auf dieser Safari. Im Wärterhaus hatte man schon mit Sorge auf uns gewartet und hätte nach kurzer Zeit eine Hilfsexpedition ausgesandt. Zweieinhalb Stunden hatten wir mit dem Sumpf und der Hitze gerungen. Als wir die Lodge erreichten, rissen wir die dreckigen nassen Kleider vom Leib und ließen uns unter der Dusche von herrlichem kühlen Wasser überströmen. Es war eine Labsal ohnegleichen, nur halbwegs erreicht von immer neuen Mengen eisgekühlten Orangensafts.
Wir waren gnädig durch alle Fährnisse und alle Strapazen hindurchgeführt worden.

Beira
11. Dezember

Heute mittag soll es weitergehen. Wir freuen uns nach diesem heißen Hafen auf die drei Tage Seefahrt bis Daressalam. Sie soll uns in die ganz andere politische Welt des einstigen Deutsch-Ost-Afrika und nunmehrigen Tansania – der Kombination von Tanganjika und Sansibar – führen. Nachdem viele Tonnen Kupferbarren eingeladen wurden, sind nun Felle dran, die in der Hitze entsetzlich stinken. Mir tun die »Kulis« leid, die das alles auch hier ohne Gabelstapler, nur von Hand, verladen müssen. Um die schweren Fell-Ballen zu bewegen, geben sie statt des bei uns üblichen Hau-Ruck einen rhythmisch skandierten Singsang von sich, der immer wieder von kollektiven Ächz- und Stöhnlauten unterbrochen wird. Es ist kaum faßlich, daß die Afrikaner selbst durch diese

Steinbrucharbeit ihre Heiterkeit nicht einbüßen. Sie haben immer noch zusätzliche Vitalitätsreserven. Einige strecken sich während der Arbeitspausen zwar erschöpft zum Schlaf aus. Die Mehrzahl aber beginnt sofort ein schnatterndes Palaver. Oft ist einer der Wortführer. So sehe ich einen, der offenbar etwas erzählt. Aber was heißt hier »erzählen«! Während er spricht, formt er lebhafte und plastische Gesten, springt umher, bückt und reckt sich und stellt das Geschehen im Schauspiel dar. Die Umsitzenden und Umstehenden spielen mit, begleiten die Show mit Zwischenrufen und dröhnendem Gelächter und feuern den Entertainer zu immer heftigeren Eskapaden an. Auch Last und Gestank der Häute scheinen ihnen nicht viel auszumachen. Einer hat von den Häuten einige Kuhschwänze abgeschnitten, wirbelt sie über und hinter sich in der Luft und beginnt, wie ein Derwisch herumzuwirbeln, während die andern den Rhythmus klatschen und durch Zurufe und Zukkungen die Raserei begleiten. Das bringt den Kuhschwanz-Tänzer zu immer wilderer Ekstase und läßt die Klatschenden schließlich selbst in den Tanz einfallen. Ein kurzes wildes Ballett in der brütenden Hitze des Schiffsgrundes, dem wir von oben belustigt, aber mehr noch staunend zusehen. Bald senkt der Kran eine neue Ladung Häute herab, und der Zauber ist vorbei. Nun ächzen und stöhnen sie wieder, wenn sie die schweren Stücke verrücken und geordnet auf- und nebeneinander schichten. Doch auch in diesem Ächzen ist noch die Erinnerung an den Rhythmus des Tanzes.
Fast könnte man diese Naturburschen beneiden, obwohl man sofort vor dem Snobismus dieses Gedankens zurückschreckt. Aber sie tragen dazu bei, auf die Doppelgesichtigkeit des Fortschritts aufmerksam zu machen und die Naivität der entsprechenden Gläubigkeit zu zerstören. Fährt man durch ihre Dörfer und Märkte, so sieht man sie vor den Hütten oder an den kümmerlichen Läden allenthalben in Gruppen schnatternd und lachend zusammenstehen. Die Zivilisationskrankheit der Langeweile scheinen sie nicht zu kennen. Sie partizipieren ständig am Gruppenleben und sind in einem nie erlahmenden Austausch. Sieht man einen vor sich hinglotzend an der Hüttenwand lehnen, ohne daß er irgend etwas wahr- und in sich aufzunehmen scheint, dann ist

auch das wohl nicht Langeweile in unserem Sinn. Er hat eben einfach abgeschaltet und ist in das Nirwana völliger Entspannung eingegangen.

Vieles von dem, was uns die Kultur darüber hinaus gegeben und an erfüllten Augenblicken geschenkt hat, nimmt sie uns auf der andern Seite wieder. Die Überwindung der Primitivität in Richtung auf Lebensvereinfachung macht nicht einfach glücklicher. Wenn wir nicht mehr mit der Geißel der Armut und Unterdrückung gezüchtigt werden, kommen andere Zuchtruten über uns. Und Langeweile und Lebensüberdruß sind dabei sicher nicht die harmlosesten. In den Wohlfahrtsstaaten steigt die Selbstmordziffer – gerade unter den Jugendlichen – rapide an, und die Rauschgifte sind Mittel, um der Öde der zivilisierten Lebensperfektion zu entrinnen. Geht man in Hamburg über den Jungfernstieg oder fährt in der U-Bahn, sieht man nicht so viele heitere und entspannte Gesichter wie in den afrikanischen Häfen und den kümmerlichen Dörfern. Im Gegenteil, das Mürrische und Entleerte der Normalphysiognomie kann einen beelenden. Hat uns der Fortschritt wirklich glücklicher gemacht?

Doch ist die Frage so sicher falsch gestellt. Wir sollten nicht den Fortschritt tadeln, weil er nicht zu halten scheint, was wir von ihm erwarten. Unser Elend ist die wachsende Diskrepanz zwischen dem äußeren und dem inneren Zustand: zwischen der Perfektion des Lebensstandards sowie der sozialen Verhältnisse auf der *einen* und der inneren Aushöhlung, der metaphysischen Leere auf der *anderen* Seite. Ich denke an Albert Einsteins hellsichtiges Wort: »Wir leben in einer Zeit vollkommener Mittel und verworrener Ziele.«

Gestern abend waren wir noch zu Gast im Hause des jungen Ehepaars v.d.V., einem kleinen gepflegten Stadtschloß, das einer belgischen Kompanie gehört und mit schönen alten Möbeln ausgestattet ist. Die Marmor- und Granitfußböden in der Vorhalle und im Barraum strömen wohltuende Kühle aus. Daß hier sieben Dienstboten walten, von denen einige lautlos, fast geisterhaft bei der Tafel bedienen, erscheint uns Europäern wie ein unwirkliches Märchen. Das schöne Schwimmbad, in dem wir uns vor dem Essen tummeln, schenkt mit dem sonnenerhitzten Wasser kaum Kühlung. Die Frische stellt sich erst ein, wenn die feuchten Körper nachher dem Lufthauch ausgesetzt sind. Unsere Gastgeber, die sozusagen selbst als Gäste in diesem repräsentativen Hause leben, wissen Räume und Stunden mit Würde und Behagen zu erfüllen: zwei junge Menschen mit Stil und Kultur, dabei von großer Herzlichkeit. Sie könnten hier angestammte Schloßherren sein. Und ausgerechnet sie sprechen – wie kaum ein Weißer zuvor, dem wir begegneten – mit Wärme und Sympathie von ihren schwarzen Dienern und Angestellten, berichten von rührenden Zeichen der Treue und von ihrer Unverdrossenheit. Nur auf den Farmen von Südwest, wo noch patriarchalisch-altmodische Bindungen walten – Bindungen übrigens, die nicht nur die Abhängigen, sondern auch die Herren verpflichten –, ist mir Ähnliches begegnet.

Indischer Ozean

Auf See
zwischen Beira und Daressalam
12. Dezember

Schreib- und Lesetag. Immer wieder beobachten wir zwischendurch Vogelscharen, die sich an einer Stelle sammeln: Im Wasser und über dem Wasser ist eine große Jagd im Gange. Riesige Schwärme kleiner Fische werden von großen gejagt. Wer den stärkeren Artgenossen entkommt und bei der Flucht zu nahe an die Oberfläche gerät, droht von den Schnäbeln der gefiederten Räuber erwischt zu werden. Ein Jagen und Gejagt-werden, ein Fressen und Gefressen-werden: das ist die Natur, die wir romantisch genießen. Und was uns bei Ausflügen als idyllische Waldlichtung erscheint, von Sonne überglänzt, ist zugleich ein Schlachtfeld. Manchmal kann mich der Gedanke an die Angst der Tiere erschauern lassen. Doch so schrecklich sie sicher ist, so hat sie doch nicht die Tiefendimension menschlicher Angst. Die Angst des Tieres ist punktuell. Sie bleibt auf den Augenblick begrenzt, in dem der Rachen des Verfolgers sich vor oder hinter ihm öffnet. Das Tier lebt nur im Jetzt unmittelbarer Gegenwart, und auch sein Nestbau oder das Hamstern von Vorräten ist keine Vorsorge, die zugleich voraussähe, sondern folgt nur der Eingebung des Instinktes, der wiederum seine Befehle auf den Augenblick beschränkt. Der Mensch aber nimmt in Furcht und Hoffnung Zukunft vorweg, die grauen Weiber der Sorge begleiten ihn, und auch die Last des Vergangenen schleppt er mit sich herum. Die Angst des Menschen reicht über den Augenblick der Bedrohung hinaus und erstreckt sich über die ganze Horizontale seines Daseins. Auch Hiobs oder Luthers Grauen vor Gott hat mit der Infragestellung zu tun, der die Gänze unseres Daseins überantwortet ist.

Gestern, als wir den Hafen von Beira verließen, kam es noch zu einer Burleske, die – an europäischen Verhältnissen gemessen – geradezu unwahrscheinlich wirkte. Ich stand bei der Ausfahrt auf der Brücke. Als wir den Hafen eben hinter uns hatten, stürzte der Lotse aufgeregt an sein kleines Sprechgerät, riß die Antenne heraus und brüllte einen portugiesischen Wortschwall hinein, der dann ebenso heftig von der andern Seite erwidert wurde. Das wiederholte sich noch einige Male. Zwischendurch veranlaßte er, daß die Maschine auf den untersten Drehzahlbereich herunterging. Selbst der Kapitän schien aus dem Palaver nicht schlau zu werden, lächelte aber etwas hintersinnig, als ich ihn fragte. Er mochte auf irgendeine ausgefallene portugiesische Spezialität gefaßt sein. Als wir fast still lagen, sahen wir hinter uns einen der Hafenschlepper in großer Fahrt auf uns zubrausen. Die neben mir stehende Funkerin meinte dem Gestammel des Lotsen zu entnehmen, daß irgend jemand etwas Wichtiges vergessen hätte, das nun nachgebracht werden solle, vielleicht einen Paß oder die Barschaft. Als das Boot uns schließlich erreicht hatte – alle Leute der »Tanganjika« drängten sich inzwischen neugierig an der Reling –, kletterte ein dunkler Portugiese auf das oberste Brückengeländer, ließ sich von einem anderen in dramatischer Gebärde halten und reichte einem unserer Matrosen eine in Zeitungspapier gehüllte Rolle. Dann dampfte der Schlepper wieder ab und auch unsere Maschine ging auf volle Touren.
Wir barsten vor Neugierde, was diese Rolle wohl enthalten möge, und erfuhren dann, daß unsere norwegische Stewardeß – ihre Liebesromane an Land hatte liegen lassen! Das hatte einen ihrer Landsleute, der wohl gute Beziehungen zur Schlepperei hatte, derart in Fürsorge und Rage versetzt, daß er dieses ganze umständliche Manöver inszenierte. Der Kapitän meinte lächelnd, so was machten die Portugiesen gerne. Da könnten sie sich produzieren und eine Show abziehen. Ein großes Schiff zu stoppen, mit schäumender Bugwelle hinter ihm her zu rasen, aller Augen auf sich gerichtet zu sehen und zugleich das Bewußtsein zu haben, ein gutes Werk zu tun – das sei etwas für sie. Wenn man bedenke, was sonst so ein Schlepper koste . . .

Wir alle waren fassungslos und gerührt und freuten uns im Grunde, daß in unsere sonst so rationalisierte Welt diese Arabeske einer netten kleinen Sinnlosigkeit eingestickt war. Ich fand es auch schön, daß der Kapitän sich nicht aufs hohe bürokratische Roß setzte, sondern das alles mit Humor nahm. Das ist typisch für ihn. Er ist ernst mit allen und lacht mit allen, ohne Angst um seine Autorität. So verliert er auch über das Intermezzo mit den Liebesromanen kein weiteres Wort und grinst sich nur eins.
Abends noch einmal an Deck. Am Horizont türmen sich Wolkengebirge, vom Mondlicht plastisch ausgeformt und mit scharfen Konturen umgrenzt. Sie sind in allen Spielarten zwischen durchleuchteter Helle und rabenschwarzer Düsternis geschichtet. Zarte Wolkenschleier umspielen sie und lassen das Licht der Sterne eben noch durchscheinen. An Backbord in der Ferne Wetterleuchten und voraus die Lichter der Stadt Mozambique und die Blinkzeichen des Leuchtturms.
Allmählich kriege ich doch etwas mehr Kontakt mit der Besatzung. Die gegenseitige Scheu läßt nach. So nehme ich heute abend keine Rücksicht auf meine Besorgnis, ich könne auf sie wie ein steinerner Gast wirken, und setze mich zu einer Gruppe, die bei sichtlicher und hörbarer Aufgeräumtheit und dröhnendem »Hintergrund«-Beat selbstgemixte Drinks konsumiert. Wir sitzen eine gute Stunde lustig und unbefangen zusammen. Als ich mich dann auf dem unteren Deck ergehe, kommt einer mir nach. Er schwankt ein bißchen und seine Artikulation ist schon nicht mehr sehr klar. Er tritt neben mich und stützt genauso wie ich seine Ellenbogen auf die Reling. »Ich wollt' Sie was fragen«, sagte er. »Ich hab' keinen Frieden mit mir selbst. Wozu bin ich da? Was soll das alles? Am liebsten spränge ich hier hinüber, dann wäre alles aus.« Ich bin sehr verwundert. Es ist ein junger Mann mit offenem klaren Gesicht. Ich habe ihn oft beobachtet, wie konzentriert er bei seiner Arbeit war. Er gehört gleichsam zu den Säulen der Besatzung. Neulich zeigte einer seiner Kameraden auf ihn und sagte mir: »Auf den kann man sich verlassen.«
Und jetzt diese Töne! »Was ist denn mit Ihnen los?« frage ich ihn, »warum sind Sie denn so mit Gott, sich selbst und der Welt zerfal-

len?« – »Ich habe keinen Menschen auf der Welt«, sagt er. »Deshalb bin ich zur Seefahrt gegangen. Da hat man wenigstens Kameraden. Ich fange keinen Streit mit ihnen an, ich kann es gut mit ihnen. Aber keinem kann man sagen, daß man keinen Frieden hat. Es ist alles Scheiße.« Dieses Wort kommt oft bei ihm vor, und jedesmal entschuldigt er sich rührend, wie wenn er mir damit zu nahe träte. »In den Häfen hat man seine Mädchen, aber das ist ja auch Scheiße. Mit denen hat man ja nichts anderes als ... Sie verstehen schon! Und hat man mal einen guten Freund – aber über seinen Frieden kann man auch mit dem nicht reden –, dann ist er beim nächsten Mal schon wieder weg, dann hat er abgemustert. Auch wieder Scheiße. Aber Sie sind doch ein Priester oder so was. Sie können mir doch einen Tip geben, was ich machen soll.« Gerade weil mir der arme Kerl nahegeht, quält es mich, daß man bei seinem benebelten Zustand kaum ernsthaft mit ihm reden kann. Immer wenn ich ansetze, bricht es wieder aus ihm heraus. Zum Hören ist er nicht mehr recht imstande. Die alkoholische Enthemmung ist nur dazu gut, Angestautes sich lösen und in gestammelten Wortfetzen ausströmen zu lassen. Aber ich frage ihn doch noch: »Haben Sie nie einen Menschen kennengelernt, der Ihnen was bedeutet oder einen Film gesehen, der Ihnen was gegeben hat?« Ich suche ihn noch weiter zu ergründen in der Hoffnung, bei einem späteren Tagesgespräch dann davon ausgehen zu können. »Au ja«, sagt er, »einer hat mir was gegeben, Abbé Wotke (so ähnlich klang der Name) mit seinen Songs. Ich hab seine Platten und spiele sie immer wieder.« Und dann versucht er, mir einige Texte herzusagen, in denen er sich selbst wiedererkannt sieht und etwas vernommen hat, was ihm weiterhalf. Aber er bringt die Zeilen in seinem Zustand nicht mehr richtig zusammen, nimmt immer neue Anläufe und bricht dann verdrossen ab. Es will mir an diesem Abend, obwohl wir noch lange weiterreden, nicht recht gelingen, ihm irgend etwas Helfendes zu sagen. Das bedrückt mich. Ich nehme ihm wenigstens das Versprechen ab, daß wir morgen, wenn er wieder klarer ist, darüber weiterreden. Ich sage ihm, wie sehr es mir hilft, wenn man am Tagesanfang etwas liest, was einem für die folgenden Stunden etwas mitgibt, ähnlich wie es ihm bei dem

Abbé gegangen ist. Er nickt, ist aber weit weg. Dann geht er zurück zu seinen Kameraden. Ich sehe noch, wie er mit ausgebreiteten Armen singt und die anderen ihm lachend zuprosten. Ich glaube, ich täusche mich nicht: es war einer der Songs seines Abbé.
Späterer Zusatz: Zu dem Nachgespräch ist es nicht gekommen. Er wich mir sichtlich aus, und wenn wir uns begegneten, grüßte er freundlich, wandte sich aber betont seiner Arbeit zu. Er genierte sich, weil er vor fremden Augen sein Herz enthüllt hatte, obwohl er danach dürstete, jemanden zu haben, bei dem das möglich war. Das ist das alte Leiden, das mir immer wieder bei Schiffsreisen begegnet: Sind die Seemänner – aber wohl nicht nur *sie*! – nüchtern, reden sie nicht über so was. Stehen sie unter Alkohol, fallen die Hemmungen, und dann bricht das Unbewältigte aus ihnen heraus. Doch das ist dann nicht die Stunde, wo es in Rede und Gegenrede zu einer Bereinigung kommen könnte. Später aber, im nüchternen Licht des Tages, deckt die Scham die aufgebrochenen Wunden wieder zu. Immer wieder bedrückt mich dann mein Versagen. Aber ich weiß nicht, was ich da machen soll. Ich denke wenigstens an sie.

Auf See
3. Advent, 13. Dezember

Heißer Tag auf spiegelglatter, windstiller See. Vormittags sprach ich auf Wunsch im Kreis der Offiziere und der Damen über die Frage nach dem Sinn des Lebens. Aufgeschlossenes Hören und Nachgespräche. Ein Matrose sagt mir, die Besatzung sei enttäuscht, daß sie dazu nicht eingeladen worden sei. Es war wohl ein Fehler, daß ich nur an den Kreis derer gedacht hatte, mit denen ich normalerweise zusammen bin. Ich freute mich, daß man da einmal etwas Handfestes zum Nachdenken haben wollte. Nun zeigt sich – diese Fehldiagnose hätte mir nicht passieren dürfen! –, daß der entsprechende Bedarf bei den Seemännern sehr viel größer ist, als ich annahm. Natürlich freue ich mich auch wieder darüber und sage dem Mann, daß Weihnachten sicher Gelegenheit böte, die ganze Bordfamilie zu einer Christtagsbetrachtung zu versammeln.

Tansania

In Daressalam

Vor Daressalam
14. Dezember

Gestern beim Abendessen sagte der Kapitän: »Passen Sie auf: Morgen früh, wenn wir um die Ecke biegen, sehen wir all die Schiffe vor Anker liegen, die nicht in den Hafen können. Die Zeit der glatten Abwicklungen ist jetzt vorbei. In Daressalam klappt es hinten und vorn nicht.«
Soeben sind wir nun tatsächlich in das Wartezimmer eingefahren und liegen vor Anker. Um uns herum ankern noch weitere neun Schiffe – mehrere Engländer, ein Holländer, ein Rotchinese und zwei Japaner –, die alle vor uns rangieren. Schon breiten sich an Bord Gerüchte aus, daß wir hier draußen Weihnachten verleben würden. Die alten Seehasen überbieten sich an Schreckensmeldungen über wochenlange Wartezeiten, die sie hier schon durchzustehen hatten. Wir scheinen auch keinen Agenten zu haben, der sich um uns kümmert. In diesem mir als maoistisch dargestellten Lande Tansania – man spricht sogar von einer Enklave des fernöstlichen Kommunismus; ob das stimmt? – sind jedenfalls alle Bereiche der Schiffahrt verstaatlicht. So gibt es kein privates, in weißer Hand liegendes Geschäftsunternehmen, das sich für uns interessiert und unsere Interessen vertritt. »Hier hört alle Organisation auf«, sagt einer der Offiziere. Ob das eine ernst zu nehmende Antwort auf meine Frage ist, was der Afrikaner von sich aus zustande bringen könne und wie sich die Dinge darstellen, wenn ihm die Möglichkeit freier Entfaltung eröffnet ist? Was auch immer die folgenden Tage oder Wochen an Erfahrungen bringen: vor einem allzu schnellen Urteil muß ich auf der Hut sein. Einiges, was nicht

klappt, könnte dem Stadium der Kinderkrankheiten und der ersten Schritte entstammen und wäre dann kein verläßlicher Ausgangspunkt für Prognosen. Aber ich werde die Augen offen halten.

Trotz dieser etwas düsteren Aussichten genieße ich das Panorama ringsum: auf der einen Seite eine riesige Düne, die auch den Leuchtturm trägt und aus der steile, baumbewachsene Korallenberge hervorwachsen, die bei Flut zu Inseln werden. Auf der andern Seite breitet sich die Stadt aus. Wir sehen die Türme der katholischen Kathedrale und der deutschen Luther-Kirche, das riesige Präsidentenpalais – in der deutschen Zeit war es die Residenz des Gouverneurs –, das Grandhotel »Kilimandscharo« und auf der Höhe, in der Morgensonne leuchtend wie eine Gralsburg, den riesigen Komplex der neuen Universität. Die begrünte Waldlandschaft, die das Stadtbild durchdringt, scheint sich nach der andern Seite ins Endlose fortzusetzen. Besonders sehnsüchtig richtet sich der Blick auf den großen verlockenden Strand. Das alles liegt zum Greifen nahe vor uns. Und doch sind wir davon abgeschnitten. Es sieht so aus, als ob es kein Herüber und Hinüber gäbe.

Das Land Tanganjika, nach dem unser Schiff benannt ist, gibt es nicht mehr, seit Präsident Nyerere 1964 den Revolutionsrat dazu brachte, Tanganjika mit der vorgelagerten Insel Sansibar zu dem Lande Tansania zu vereinen. Einige Jahre später (1967) wurden durch die »Arusha-Deklaration« Nyereres alle ausländischen Banken und Versicherungsgesellschaften sowie viele Landwirtschafts-, Industriebetriebe und Handelsgesellschaften verstaatlicht. Der erste Eindruck, den wir von diesem System empfangen, ist nicht gerade einladend. Aber wieder sage ich mir: es ist eben nur der »erste« Eindruck.

Es ist wohl die Untätigkeit des Wartens, die dazu führt, daß ich unser »Dschungel«-Erlebnis immer wieder mit meinen Gedanken umkreise. Man mag in solchen Augenblicken der Bedrohung ein Stoßgebet zum Himmel schicken, daß man bewahrt wird. Dabei bewegen einen die, für die man Verantwortung fühlt, noch sehr viel mehr als das eigene Geschick. Wie hat einen bei Fliegerangriffen der Gedanke an die Kinder gequält, die man auf dem Schoß hielt oder in einem Körbchen neben sich stehen hatte! Gut – man ist also bewahrt und hindurchgebracht worden. Aber warum gibt es überhaupt diese Situationen der Bedrohung – noch ganz zu schweigen von denen, die ohne Ausweg sind und die als Erdbeben, Flugzeugkatastrophen und Hungersnöte die Menschen in einen grausamen Tod reißen? Warum begibt sich Gott überhaupt in die Lage, bewahren zu müssen und sich dann dafür danken zu lassen, statt daß er das Weltsystem anders konstruiert und solche Situationen gar nicht erst eintreten läßt? Warum gibt es überhaupt Leid in der Welt?

Lese ich das Buch Hiob – und das tue ich ja hier, nicht nur um der Besinnung willen, sondern auch um die mitreißende Vision der Naturgewalten auf mich wirken zu lassen –, so höre ich da, daß das Leiden den Sinn der Erziehung und des Reifen-lassens habe. Und Augustinus spricht vom Leiden als einer Kelter: »Du wirst ausgepreßt. Bist du Ölschaum, so fließt du in die Kloake. Bist du Öl, so bleibst du im Ölgefäß . . . Pressung geht in der Welt vor sich: durch Hungersnot, Krieg, Armut, Teuerung, Not, Sterben, Raub, Geiz. Das sind die Drangsale der Armen und die Mühsale der Staaten . . . Der Ausfluß des Ölschaums ist schwarz, weil sie lästern; er glänzt nicht. Das Öl aber hat Glanz. So findet sich ein anderer Mensch in derselben Presse und in der Reibung, die ihn zerreibt. War es denn keine Reibung, die ihn so blank rieb?« – Ist das aber wirklich die Lösung? Warum denn dieser ganze Aufwand mit der Kelter? Warum sind wir aus dem Paradiese vertrieben und leben in einer Welt, die einem unlösbare Rätsel aufgibt? – Ich verstehe von fern den Tiefsinn des Gedankens, daß der Mensch die Harmonie des Paradieses verscherzt und daß er als Haupt und Repräsentant des Kosmos die Welt in sein Geschick hineingerissen, sie zu einer »gefallenen Welt« gemacht habe. Aber hätte die göttliche Allmacht nicht auch über andere Möglichkeiten verfügt, um die aus den Fugen gerissene Welt wieder einzurenken? Ist diese Frage nicht eine Spielart jener andern, warum es des Aufwandes von Golgatha bedurfte, um Erlösung zu bringen?

Das sind die Fragen, die nie zu lösen sind und sich dennoch stellen. Nun hat man Jahrzehnte lang über alles dies nachgedacht und kennt die biblische, theologische und philosophische Literatur ge-

nug, um die Härte zu überblicken, mit der Patriarchen, Propheten, Denker und Dichter mit dieser Frage gerungen haben. Am wenigsten überzeugend wirken alle die auf mich, die mit glatten Lösungen und metaphysischen Glasperlenspielen aufwarten. Mir kommen allein die nahe, die das Rätsel von Sündenfall und Golgatha in seiner Unfaßbarkeit stehenlassen und deren Glaube sich an einer Gnade genügen läßt, die wohl von unserm Denken umkreist, aber niemals ausgelotet werden kann.
Nachmittags kommt eine erste Taube vom Land in unsere einsame Arche: Ein Boot bringt uns Post. Den Kindern, dem Hund und dem Haus geht es wohl. Meine ganze Crew schreibt mir vergnügt aus dem Philosophenturm in Hamburg und hält die Fahne hoch. Erst an der Erleichterung erkenne ich meine heimliche Sorge, es könne während der langen Abwesenheit etwas schiefgehen. Ich verstehe, was es für die Seeleute bedeutet, immer wieder über Monate hin von ihren Familien getrennt zu sein. Sie hören von Krankheiten der Ihren oder von Schulnöten der Kinder, ohne selbst eingreifen zu können.

Daressalam
15. Dezember

An diesem zweiten Tag der Liegezeit sind wir alle furchtbar albern. Weil so gar nichts passiert und man in der Hitze nicht immer nur dösen kann, hecken wir allerhand dummes Zeug aus, um dem einen oder andern einen Tort anzutun. Und wieder ist einer der Passagiere, den ich als Herrn M. bezeichnen will, das willkommene Opfer. Er eignet sich ungemein zum Aufziehen, weil er beinahe auf jeden Bären hereinfällt, den man ihm aufbindet. Als wir ihn kürzlich bei der Liegestuhllektüre des Buches »Wie werde ich erfolgreich?« ertappten, konnte er sich vor unsern guten Ratschlägen zur Förderung seiner Karriere und zu einer effektiven Menschenbehandlung kaum retten. Jeden Tag macht er genau nach Plan seine gymnastischen Übungen. Unter Berufung auf seine Körperform suchen ihn nun die einen von der Erfolglosigkeit sei-

ner Bemühungen zu überzeugen, während die anderen ihn als einen Adonis rühmen. Er verrät jedem scheinheiligen Ratsucher auch gerne die Geheimnisse seiner maskulinen Kosmetik: seinen Puder, den er gerade für heiße Tage empfiehlt, und sein Haarwuchsmittel, das ihm immerhin noch den Rest seines Schopfes bewahrt habe. Jeder erfährt auch, daß er eine ungewöhnlich glatte Haut hat, daß ihn der Steward wegen seines ganz unnötigen Rasierapparates frotzelt und daß er es für eine Verirrung hält, einer behaarten Brust das Prädikat besonderer Männlichkeit zuzugestehen. Wir haben ihn alle recht gern, weil er Spaß versteht, nie eingeschnappt ist und sich selbst am meisten amüsiert, wenn er dahintergekommen ist, daß man ihn hinters Licht geführt hat.
Abends lesen wir nun immer die drahtlos übermittelten Nachrichten des »Hamburger Abendblattes« vor, die uns die Funkerin pünktlich auf den Tisch legt. Diese jedem Spaß aufgeschlossene junge Dame ließ sich von mir überreden, unter die wirklichen Nachrichten eine selbsterfundene und auf Herrn M. abzielende Notiz zu bringen. Sie lautete so:
»*Achtung, Seeleute!* – Um das Prestige des Seemanns und der Seefahrtangehörigen in der Öffentlichkeit zu heben, hat der Verband Deutscher Reeder eine männliche Schönheitskonkurrenz unter den Angehörigen dieser Berufe beschlossen. Damit den auf See Befindlichen kein Nachteil erwächst, soll am 27. Januar 1971 im Curio-Haus Hamburg eine öffentliche Vorentscheidung auf Grund einzusendender Photos stattfinden. Die Ganzphotos, die den Betreffenden von vorne, im Profil und rückwärts – Badekleidung erwünscht! – zeigen und für die Groß-Projektion die genügende Schärfe aufweisen sollen, werden von den Ersten Offizieren und den Reederei-Büros entgegengenommen. Teilnahmeberechtigt sind Seefahrtsangestellte aller Dienstgrade zu Wasser und zu Lande zwischen dem 20. und 40. Lebensjahr. Die endgültige Wahl soll auf der Frankfurter Buchmesse Herbst 1971 erfolgen. Die körperliche Kondition soll ein gewisses Training durch gymnastische Übungen erkennen lassen. Extreme athletische Muskulatur sowie übermäßige Ausbildung der sekundären Geschlechtsmerkmale wie der Körperbehaarung sollen jedoch nicht als männliches

Schönheitsideal gewertet werden. In dem Auswahlausschuß sind an Prominenten u.a. Frau Wilhelmine Lübke, Dr. Helga Stödter und Elke Sommer vertreten. Einsendungen unter dem Stichwort Quote Masculina 71 Unquote.«
Es war phantastisch, wie die ganze Runde nach der Verlesung mitspielte. Die einen waren begeistert, daß man endlich einmal etwas für die Seeleute tat und daß nicht nur immer weibliche Püppchen die Schönheitskonkurrenzen bestritten. Die andern wandten sich entrüstet gegen die Abwegigkeit dieses Plans und fürchteten, daß der Nachwuchsmangel unter den jungen Seeleuten dadurch nur schlimmer werde. Niemand aber bestritt die Legitimität der Nachricht selber. Jedenfalls ließ sich keiner etwas anmerken. Herr M. war der einzige, der weder lobte noch kritisierte, sondern sich das Blatt aushändigen ließ, um den genauen Wortlaut noch einmal durchzugehen. Und als ihm dann alle sagten, das sei für ihn *die* Chance, um erfolgreich zu werden und aus dem Heer der Anonymen emporzutauchen, da war er bereit, ein solches Bild von sich machen zu lassen. Erst am späteren Abend, als es damit ernst werden sollte, bemerkten wir einen leichten Umschlag seiner Bereitschaft. Er erklärte sich etwas allzu stürmisch bereit. Inzwischen hatten wir es wohl zu toll getrieben und er hatte etwas gemerkt. Nun nahm er *uns* auf den Arm. Und eine Zeitlang hatte er damit auch Erfolg.

**Vor Daressalam
16. Dezember**

Siehe da: Heute morgen 7 Uhr sind wir doch schon in den Hafen eingelaufen. Die »Bordlatrinen« über wochenlange Liegezeiten haben zum Glück getrogen. Wir erleben die malerische Einfahrt vom Peildeck aus mit. Sie erinnert – obwohl viel bescheidener – von ferne an die Einfahrt von Hongkong: Auch hier die vielen Inseln und an den Ufern die Heerscharen von Eingeborenen, die sich wohl an diesem frühen Morgen versammeln, um an ihre Arbeitsstätten im Hafen gefahren zu werden. Am Strand tummelt sich schon viel Volk im Wasser. Auch die Fischer-Segelboote ringsum wecken Erinnerungen an die Dschunken von Hongkong. Das Hafenbecken, in dem wir an einer Boje, kaum 50 m vom Strand, festmachen, entspricht in seiner Größe etwa der Hamburger Außenalster.

Das Panorama der Stadt, die sich von allen Seiten dicht ans Ufer drängt, wirkt jetzt sehr viel verwaschener als aus der Entfernung. Herr J., der Erste Offizier und zugleich Senior an Bord, erzählt uns, wie anders es hier nach dem Ersten Weltkriege ausgesehen hat, wieviel schöner die Silhouette der Stadt damals war. Nun wird sie von den üblichen Hoch- und Bürohäusern in ihrem funktionalen Allerweltsstil beherrscht, und die beiden Kirchtürme, früher überragende Zeichen, fristen inmitten der Giganten ein Kümmerdasein. Gleich hinter dem Heck unseres Schiffes steht noch ein schönes zweistöckiges Gebäude aus der deutschen Zeit mit überhängendem Dach und Säulen, die schattige Veranden tragen. Die schwarzen Balken im Mauerwerk erinnern ein wenig an bergische Häuser und muten mich heimatlich an. Viele dieser Häuser, die früher das Gesicht der Stadt zum Ufer hin bestimmten, sind abgerissen und durch öde Steinkästen ersetzt worden.

Trotzdem bietet der Hafen dem Auge viel Anziehendes: das Kommen und Gehen an Bord – wir sind durch Boote mit dem Land verbunden –, das Landen und Ablegen der Fährschiffe, die Lade- und Löscharbeiten auf den vielen Schiffen ringsum, die von Leichtern umgeben sind, die vielen kleinen Zoll-, Händler- und Dienstleistungsboote, die das Bild beleben.

Weil der Hafen total überlastet ist und über viel zu wenig Leichter verfügt, sollen wir mindestens 10 Tage hier liegen, wahrscheinlich sogar noch mehr. Es steht also fest, daß wir Weihnachten *hier* feiern werden: eigentlich schade – auf hoher See wäre alles wohl gesammelter, auch von größerer Geschlossenheit.

Einer der ersten, der uns besucht, längst ehe die Immigration uns abfertigt, ist der Kanzler der Botschaft, der meine Frau und mich begrüßt und zum Botschafter einlädt. Er gießt einen gehörigen Schwung Wasser in unsere Reisepläne. Unser Maschinen-Chief, Herr D., hatte für die lange Liegezeit in Daressalam eine Expedition von etwa fünf Tagen projektiert. Sie sollte uns mit Flugzeug und Auto zunächst nach Arusha bringen, jenem geographischen Zentrum Ostafrikas, das genau in der Mitte zwischen Kapstadt und Kairo liegt. Von dort sollte es dann in verschiedene Tierparks und vor allem in die Serengeti gehen. Unser »Dschungel«-Abenteuer hatten wir inzwischen verwunden und dürsteten nach neuen Abenteuern. Als wir dem Kanzler davon berichten, hören wir dasselbe wie einige Stunden später beim Besuch des Botschafters: Über Weihnachten seien alle Hotels und Wildlife-Lodges ausgebucht. Massen von Touristen, nicht zuletzt von deutschen Reiseunternehmen hergeführt, würden sich in diesen Tagen wie Heuschreckenschwärme überall niederlassen. Meine Allergie gegenüber diesen Formen des Tourismus beginnt bei solchen Nachrichten virulent zu werden, so daß ich selbst für den Fall, daß wir doch ein Unterkommen finden sollten, kaum noch Lust habe. Die Vorstellung, in einer zur Kulisse gewordenen Wildnis auf ganze Autokolonnen und womöglich auf Verkehrszeichen zu stoßen, ist überaus abschreckend. Aber ob es wirklich so ist? Unser energischer Chief nimmt dem Kanzler das nicht ab und macht sich auf, um an Land die nötigen Erkundigungen einzuziehen.

Nachmittags 15 Uhr 30

Der Immigrationofficer kam doch noch am späteren Vormittag, zusammen mit dem Agenten unserer Kompanie. Zum ersten Male treten wir auf dieser Reise Amtspersonen mit schwarzer Hautfarbe gegenüber. Aber es ist ein anderer Typ von Afrikanern, als er uns bisher begegnete: junge intelligente Gesichter, lebhaft in der Unterhaltung, gewandte Manieren, nicht ohne Herzlichkeit. Eine gewisse Befangenheit gegenüber den Weißen meinte ich noch zu spüren, doch nur in Spurenelementen. Sie läßt aber nicht in die Nähe der Servilität geraten. Wir fahren mit dem Kapitän an Land und vergießen viel Schweiß, als wir den kurzen Weg zum Reedereihaus zu Fuß zurücklegen. Dort sehen wir in dem Großraumbüro keinen einzigen Weißen. Das kleine Chefsekretariat unseres afrikanischen Agenten ist als einziger Raum klimatisiert und hat große Fenster zu dem Arbeitssaal hin. In diesem staatlichen Betrieb wirkt also ein Eingeborener mit großer organisatorischer Verantwortung – er betreut auch noch andere Linien –, und der Kapitän sagt, daß er sehr tüchtig und im Umgang angenehm sei. Bei den Ferngesprächen, die er während unseres Besuchs führt, ist er unbefangen und in einem angelsächsischen Sinne leger. Auch die entsprechenden Höflichkeitsfloskeln und Heiterkeiten fehlen nicht. Dieser Typ einer jungen afrikanischen Generation gibt mir zu denken. Sicher existiert er zunächst in nicht allzu vielen Exemplaren.

Abends spät

Der jähe Wechsel der politischen Landschaft wirkt an diesem ersten Tage verwirrend. Obwohl ich theoretisch einiges von den innerafrikanischen Gegensätzen wußte, berührt einen alles unvergleichlich stärker, wenn man die unmittelbar Betroffenen reden hört und in die Nöte ihrer Problemstellungen hereingezogen wird. Einen ersten Eindruck des anderen politischen Klimas empfingen wir heute früh durch ein fast komödiantisches Vorspiel auf dem Schiff: Der Zoll entdeckte in der Kühlbox unserer Bar zwei Flaschen südafrikanischen Weines und machte deshalb eine Szene. Unmöglich, daß ein so verruchtes Gesöff aus diesem gehaßten Lande in Tansania getrunken wird. Die Flaschen wurden zwar nicht beschlagnahmt, aber bis zum Verlassen der Hoheitsgewässer versiegelt.

Ein aufwühlendes politisches Gespräch

Am Nachmittag gab der Botschafter uns in seiner Residenz einen Empfang, an dem zu unserer Freude auch der Kapitän teilnahm. Das bewegte, eindringende und lange Gespräch, das uns in Atem hielt, berührte viele neuralgische Punkte der ostafrikanischen Situation. Der Botschafter hatte dankenswerterweise Kenner der Landessituation aus den verschiedensten Bereichen eingeladen. Leider fehlten Vertreter der Entwicklungshilfe; sie waren schon in die Weihnachtsferien aufgebrochen. Die Delikatheit mancher der besprochenen Fragen läßt es mir geraten erscheinen, meine Gesprächspartner nicht individuell in Erscheinung treten zu lassen.
Die Diskussion entzündete sich wieder einmal – wie sollte es anders sein! – am Cabora-Bassa-Staudamm in Mozambique. Ich habe wohl noch nicht erwähnt, daß auch die Bundesrepublik Deutschland mit vielen Millionen von Entwicklungsgeldern an diesem größten Bauvorhaben Afrikas beteiligt ist. Deshalb steht der Botschafter mit seinen Mitarbeitern immer wieder im Kreuzfeuer und Zerrbereich von offiziellen, halb- und nichtoffiziellen Stellungnahmen, von mehr konservativ gerichteten Gruppen und zugleich von revolutionären Freiheitskämpfern, die aus widersprüchlichen Äußerungen deutscher Politiker nicht klug werden und von dem diplomatischen Vertreter unseres Landes nun Klarstellungen erwarten, die ihn natürlich überfordern. Auch die Anwesenheit eines DDR-Generalkonsulates macht die Lage der Botschaft nicht gerade einfacher.
Auf diesen Damm hat sich, wie ich schon schrieb, der politische Zorn Tansanias konzentriert. Man glaubt, daß damit eine Konsolidierung der portugiesischen Kolonialherrrschaft, eine Stärkung des weißen Elements à la Südafrika verbunden sei, und stachelt mit dem Stichwort »Antikolonialismus« die Freiheitskämpfer zu ihren militanten Aktionen an der Südgrenze auf. Aus diesen zum Sperr-

gebiet erklärten Zonen schwärmen die Partisanen in die nördlichen Gebiete von Mozambique aus, verüben Attentate und Überfälle und verbreiten Unruhe und Schrecken.
Einer aus der Runde erzählte mir von Gesprächen, die er mit revolutionären Politikern hatte.* Er sagt ihnen: »Ihr seid töricht, wenn ihr die Europäer dieses Milliardenprojekt nicht finanzieren laßt. Im Grunde bauen sie es doch für euch! Da der antikoloniale Trend unverkennbar und auch unaufhaltsam ist, werden die Afrikaner eines Tages sowieso unter sich sein, und dann fällt euch der Staudamm als Geschenk eurer Feinde in den Schoß. Ich kapiere nicht, warum ihr euch so über ihn aufregt und das viele euch überwiesene Geld, statt es in eure Schulen, Krankenhäuser und Wohnsiedlungen zu stecken, in militärische Operationen investiert, die bei eurer Schwäche ja doch nichts ausrichten können.« – Ein anderer fällt ein: »Die Leute überschätzen ihr militärisches Potential geradezu grotesk. Was wollen die schon mit ihren 3 Bataillonen! Eine einzige gut ausgebildete Kompanie könnte, wenn es ernst wird, von Südafrika bis Kairo marschieren, ohne praktisch auf Widerstand zu stoßen.«
Ich lasse diese Zwischenbemerkung auf sich beruhen und frage den Vorredner, was denn die Revolutionäre auf sein Plädoyer für den Dammbau erwidert hätten. »Das sei eine Milchmädchenrechnung, meinten sie. Ich sähe durch meine europäische Brille nicht, wie die Dinge wirklich lägen.«
»Und wie liegen sie wirklich, oder wie sollen sie angeblich liegen?« frage ich.
»Sie rechnen so: Die Masse der Mozambique-Leute ist politisch völlig indifferent, schon deshalb, weil es ihnen, an afrikanischen Verhältnissen gemessen, gar nicht so furchtbar schlecht geht. Man bringt sie nur sehr mühevoll und auch dann nur sehr partiell in eine gewisse Bewegung, wenn man *antikoloniale Affekte* an-

* Die Befreiungsbewegung für Mozambique, abgekürzt »Frelimo« (Frente de Libertaçao des Moçambique) unterhält zu dieser Zeit ein Institut in Daressalam.

heizt. Das ist ein Reizwort, auf das hin alle Afrikaner gewisse Reaktionen zeigen. Wenn nun der Damm zu einer gigantischen industriellen Aufrüstung führt – und das kann ja nicht ausbleiben –, werden sie durch die Hebung ihres Lebensstandards bald so saturiert sein, daß die letzten revolutionären Funken verglühen.«
Ich bemerke dann, daß sich hier der alte Konflikt wiederhole: Versucht man durch Entwicklungshilfe irgendwo den Lebensstandard zu heben, dann gibt es sofort Leute, die das als Dienst am Status quo denunzieren. So war es auch bei der Biafra-Hilfe: Jedes Kind, so sagte man, dessen Leben man durch Hilfssendungen vor dem Hungertode rettet, verlängert den aussichtslosen Widerstand und hält ein nicht wünschenswertes, sowieso zum Untergang verurteiltes System am Leben. Denkt man in dieser Richtung weiter, ist man genötigt, von allen humanitären Hilfsaktionen abzusehen, und kann nur noch im Rahmen bestimmter ideologischer Schemata handeln. Was uns Christen anbelangt, so glaube ich nach wie vor, daß die Urgestalt der Liebe das improvisierende Erbarmen ist, so wie der barmherzige Samariter es übte. Als solcher Samariter aber kann man sein Tun nicht davon abhängig machen, ob es sich um Freunde oder Feinde handelt. Man kann dann nicht nach Statuszugehörigkeiten oder Systemgebundenheiten fragen. In dieser unserer Welt, wo man stets in Fronten und überpersönlichen Eigengesetzlichkeiten denkt, ist es eine unaufgebbare Mahnung, diese Zeichen unmittelbarer Mitmenschlichkeit aufleuchten zu lassen.

Die Rolle der Kirche in der Freiheitsbewegung

An dieser Stelle des Gesprächs kann es nicht ausbleiben, daß ich – wie früher schon wiederholt – auf die Finanzhilfe angesprochen werde, die der Ökumenische Rat in Genf und nach ihm auch einzelne deutsche Landeskirchen den Freiheitskämpfern in Tansania gewähren. Sie werde doch damit begründet, daß man im Namen christlicher Ethik eben *nicht* immer nur die Samariter-Feuerwehr spielen und damit die bestehenden Herrschaftsverhältnisse stabilisieren solle, sondern daß man die Wurzel allen Übels, daß man Kolonialherrschaft und Rassismus bekämpfen müsse. Die Freiheitskämpfer von Tansania, die auf dieser Linie operierten, täten deshalb einen Dienst christlicher Liebe, auch wenn sie nicht selber Christen seien. Darum gebühre ihnen die Unterstützung der Kirche.

Der das sagt, ist wohl selbst nicht der Meinung, die er da referiert. Er will mich offensichtlich provozieren und hat auch Erfolg damit. Was sich der Ökumenische Rat da geleistet hat, bringt mich in der Tat in Rage. So vertrete ich entschieden meine Überzeugung, daß die Kirche als Institution sich nie mit einer bestimmten Gruppe solidarisieren dürfe, weder mit einem gegebenen politischen System noch mit einer revolutionären Bewegung. Ich begründe den Unterschied zwischen dem einzelnen Christen, der sich vor Gott in politischer Verantwortung engagiert und auch zu gewaltsamen Lösungen entschlossen sein kann – wie ich es selbst vermutlich wäre, wenn ich in Südamerika lebte –, und der Kirche als Institution, die unabhängig und für alle da sein muß. Als Amtsträger der Kirche bin ich auch meinem politischen Gegner seelsorgerlich verpflichtet. Ich bin ihm als dieser Seelsorger nicht schuldig, ihn von dem zu bekehren, was ich für seinen politischen Irrweg halte. Die Kirche kann ja nicht die Funktion einer politischen Partei haben. Meine Pflicht und Aufgabe kann es nur sein, die politisch Verantwortlichen unüberhörbar und klar auf das Unrecht anzureden, das sie nach meinem Urteil auf ihrer politischen Linie begehen; daß sie zum Beispiel unmenschliche Gegensätze von reich und arm zulassen – vielleicht durch das von ihnen vertretene politische System zulassen –, daß sie sich des Terrors und der Folter bedienen. . . und vieles andere.

Mein Nebenmann am Tisch, theologisch anscheinend besonders interessiert, wendet ein: »Die Kirche kann doch nur dann Glauben fordern, wenn sie selber glaubwürdig ist. Wird sie aber nicht unglaubwürdig, wenn sie gegen ein Unrechts-Regime – sei es gegen ein koloniales wie in Portugiesisch Ostafrika, sei es ein rassistisches wie im Süden, sei es gegen eine ausbeuterische Diktatur wie in Südamerika – nicht klar und eindeutig Stellung nimmt? Wie aber kann sie das *anders* tun als so, daß sie gleichzeitig die Sache der Opposition oder der revolutionären Auflehnung zu der ihren macht? Kann ein einfacher Mensch die von Ihnen gemachte subtile Unterscheidung zwischen der Kirche als Institution und dem einzelnen Christen überhaupt nachvollziehen? Kann er es aber nicht – und hierzulande sind die Menschen sogar *sehr* einfach! –, dann wird er in einer Kirche, die ein ausbeuterisches System nicht radikal und öffentlich verwirft, nur eine ideologische Stütze jenes Systems sehen. Ergo wird diese Kirche unglaubwürdig für ihn werden.«

Eine delikate theologische Frage

Damit ist die Frage, die hier zur Debatte steht, in ihrer grundsätzlichen Tiefe getroffen. Ich geniere mich etwas, in die professorale Untugend des Dozierens zu verfallen, wenn ich darauf antworten soll. Doch alle ermuntern mich und meinen, jetzt sei die Sache aufs Tapet gekommen, und nun müsse man auch bei der Stange bleiben. Ich befinde mich in der merkwürdigen Lage eines Mannes, der sich des langen und breiten in seinen Ethikbänden über diese Fragen verbreitet hat und der nun in einigen Minuten etwas sagen soll, was in all seiner Kompliziertheit lange Darlegungen erfordern würde. So fühle ich mich stark von dem Fragmentarischen meiner Antwort belastet, als ich in zwei Schritten eine Antwort zu geben versuche:

»Erstens kann die Kirche als Institution nie selbst der Träger von Revolutionen sein, und zwar ganz gleich, ob damit unblutige Machtwechsel oder gewaltsame Umstürze gemeint sind.«
»Warum denn eigentlich nicht?« fragt mein Nebenmann dazwischen.
»*Deshalb* nicht, weil nur diejenigen Gruppen oder Personen zu einer Revolution moralisch und politisch legitimiert sind, die bereits potentiell die neue ablösende Obrigkeit bilden können. Gibt es diese Auffanggröße nicht, dann ist die Alternative zu der gestürzten Herrschaft nicht ein neues und gerechteres Regime, sondern das Chaos. Deshalb hat bloßes Opponieren, Kritisieren und Mekkern gegenüber einem Staat noch nicht die Qualität revolutionären Handelns oder Redens. Es ist ganz einfach destruktiv. (Und da lasse ich mir auch nicht mit dem windigen Argument von der »Dialektik des Negativen« kommen.) Von dieser Seite steht eben keine Auffangmöglichkeit beim Zerbruch des Regimes zur Verfügung, dem man den Tod wünscht.«
»Alles schön und einleuchtend«, unterbricht mich mein Nebenmann wieder, »aber ich sehe noch nicht, was das für die Rolle der Kirche bedeutet.«
»Diese Bedeutung ergibt sich aus dem einfachen Umstand, daß die Kirche als Institution eben nicht eine auffangende und ablösende Größe im Sinne eines politischen Regimes oder einer neuen ›Obrigkeit‹ sein kann. Denn wäre sie so etwas, hieße das doch, daß sie imstande wäre und dann auch die Aufgabe haben könnte, einen Staat zu tragen. Wohin kämen wir aber, wenn sie sich einbildete, dazu legitimiert zu sein? Dann müßte das von der Kirche vertretene Christentum zur bloßen staatstragenden Ideologie entarten. Das Evangelium als politische Ideologie – das wäre doch wohl eine Entartung, oder nicht? Ich habe schon zu lange geredet. Sonst könnte ich noch einiges über die Trennung der ›beiden Reiche‹ – des Staates und des Evangeliums, der Welt und des Reiches Gottes – sagen, auf die Luther bekanntlich so großen Wert legte.«
Nach einer nicht sehr langen Zwischenphase, in der wir über das Für und Wider dieser Lehre Luthers diskutieren und ich Gelegenheit habe zu betonen, daß und warum ich diese Lehre nur kritisch

und abgewandelt vertrete, sagt einer: »Sie wollten doch noch einen *zweiten* Grund nennen, warum die Kirche sich nicht zum Träger des politischen Widerstandes und zum Anwalt einer Revolution machen dürfe.«

»Ich habe sehr genau gehört«, fahre ich fort, »was Sie über die drohende Unglaubwürdigkeit der Kirche gesagt haben. Glauben Sie mir bitte, daß mich diese Frage sehr umtreibt und auch schon im Dritten Reich umgetrieben hat. Damals hatten wir uns mit dieser Frage ja nicht nur theoretisch auseinanderzusetzen. Ich berufe mich gerade auf diese Erfahrungen, wenn ich sage: Die Kirche gewinnt ihre Glaubwürdigkeit keineswegs dadurch, daß sie global gegen ein bestimmtes politisches System protestiert. Die Bekennende Kirche und selbst ihre radikalsten Vertreter haben es im Dritten Reich nicht für ihre Aufgabe gehalten, gegen Hitler und den Nationalsozialismus insgesamt und pauschal zu protestieren. Für ihre Glaubwürdigkeit hat es, glaube ich, durchaus genügt, gegen sehr spezielle Sünden des Dritten Reiches öffentlich Einspruch zu erheben und die Gerichte Gottes auf sie herabzurufen: gegen Juden- und Geisteskrankenmorde zum Beispiel. Wer anders als die Kirche, oder genauer: wer anders als der katholische Bischof Graf Galen und der protestantische Bischof Wurm und einige andere aus dieser Ecke haben das denn damals getan und auf sich genommen? Glauben Sie nicht, daß auch die ›einfachsten‹ Leute, wenn das zu ihnen drang und sie nicht ideologisch völlig verbohrt waren, diesen Protest respektiert haben? Hier solidarisierte sich die Kirche – oder wenigstens ein Teil der Kirche – mit den Erniedrigten und Beleidigten und trat den Maßnahmen des Regimes entgegen. Aber sie tat es nicht in Gestalt revolutionärer Aktionen oder Parolen. Ich könnte Ihnen aus dem Umkreis der Verschwörung vom 20. Juli 44 noch einiges Illustrative erzählen über die Härte, mit der die Kirche damals um ihre politische Verantwortung, um das Recht und die Art ihres Mitmachens oder Nicht-mitmachens gerungen hat. In diese Dinge war ich selbst ein wenig mit verwickelt. Und was Südamerika anbelangt: Meinen Sie nicht, daß es der Glaubwürdigkeit der Kirche dienlicher wäre, das soziale Mißgefüge des Landes – möglichst an Hand konkreter und akuter Fälle – anzuprangern, und die Folterungen politischer Gegner ans Licht zu ziehen, als sich revolutionären Bewegungen einzugliedern und dann einer unter andern Ideologieträgern zu sein? Mein Kummer ist, daß man etwa die brasilianische Kirche, die es an diesem Wächteramt vielleicht allzusehr fehlen läßt, von seiten der modischen ›Theologen der Revolution‹ immer zu den falschen Konsequenzen auffordert.«

Daß ich auch diesmal nicht im triumphalen Gefühl nun endlich gewonnener Klarheit von dannen ging, brauche ich wohl kaum zu bemerken. Je näher man den Dingen kommt, um so komplizierter werden sie. Und ich darf von mir nicht einmal behaupten, daß ich ihnen besonders nahe gekommen sei.

Dem Botschafter bin ich jedenfalls sehr dankbar, daß er mir ermöglichte, diesem Spiel der Meinungen beizuwohnen und an den auftauchenden Thesen und Antithesen die Spannungsintensität des Kraftfeldes zu ermessen, in dem wir uns gerade bewegen. Afrika ist uns nah und doch sehr fern.

Während wir miteinander sprachen, sahen wir von der Terrasse der Residenz auf den Indischen Ozean. Beim Abschied pflückte der Botschafter für L. eine Orchidee.

Große Safari nach Arusha und in die Serengeti

Ngorongoro Wildlife-Lodge
17. Dezember

Wie gut, daß der Chief sich nicht entmutigen ließ! Er hat mühelos mit Hilfe eines Safari-Unternehmens Hotel-Zimmer, Fahrer und Auto bestellen können. Und so sind wir tatsächlich heute früh um 4 Uhr aufgebrochen. Das Abholboot, dessen Unzuverlässigkeit wir befürchten mußten, war tatsächlich da. Doch dann begannen die typisch ostafrikanischen Komplikationen gleich auf dem Flugplatz

Daressalam: Statt der Funkerin, die im letzten Augenblick verhindert war, kam Herr L., unser strahlend-jungenhafter Zweiter Offizier mit. Für seine Frau, die neben der Chief-Familie sowieso zu unserer kleinen Safari-Gesellschaft gehörte, war das eine große Freude. Auf dem etwas provinziell wirkenden kleinen Flughafen waren die afrikanischen Funktionäre sehr genau. Obwohl die Anzahl der Personen sich auf unserm Sammel-Flugschein nicht geändert hatte, war nun ein Mann statt einer Frau dabei. Unserm Chief, der die ganze Reise so ideenreich und tatkräftig organisiert hatte, gelang es nicht, die Herrschaften hinter dem Tresen von der Belanglosigkeit dieser Formalie zu überzeugen. Man schaltete auf Superkorrektheit, und wir mußten nun in erheblicher Zeitbedrängnis neue Flugscheine lösen – in der Hoffnung, den beträchtlichen Batzen Schillinge später reklamieren zu können. Dieses »Genau-nach-Vorschrift«, das in Europa ein betriebliches Lähmungsverfahren bei Streiks ist, hat hier natürlich eine andere Bedeutung. Es ist eine erste tastende Nachahmung europäischen Verwaltungsstils, der für diese Leute wohl den Inbegriff von Ordnung und Zivilisation repräsentiert. Daß sie dabei noch wenig souverän verfahren und sklavisch am Buchstaben kleben, gehört zu den Kinderkrankheiten der eben erst Frei-gewordenen. Sie sind noch im Stadium einer mehr mechanischen Kopie. Wenn die Situation auch ärgerlich war, mußte ich doch in mich hinein grinsen, weil mir ein ähnliches Beispiel dieses Verhaltens aus Durban einfiel: Als unser netter David uns durch das Hluhluwe-Reservat kutschierte, schaltete er mitten in der einsamsten Wildnis jedesmal den Blinker ein, wenn er rechts oder links abbog, sogar dann, wenn er nur eine größere Pfütze umfuhr.

Wir freuen uns, wieder in einer kleinen Propellermaschine zu fliegen. Sie gewährt ganz anderen Kontakt mit dem Wolkengelände, mit dem Land und dem Wasser unter uns als die Düsengiganten, die in abstrakte Höhen entführen. Es ist mehr eine Fahrt mit der Postkutsche. Auch das Holpern und Durchgerütteltwerden erinnert daran. Man kann sich einen Radbruch in der Zeit Goethes vorstellen. Wir fliegen durch Gewitter- und Regenfronten. Die Plastik der Wolkenbildung, wie stets hierzulande in Licht- und Schattenkonturen markant hervortretend, ist heute beim Blick aus unserer Höhenkutsche ins Gigantische gesteigert. Dunkle Nebelschluchten vor und unter uns, in den Sonnenglast sich türmende Wolkengebirge, immer neue Dimensionen einer imaginären Landschaft, die sich auf vielen Ebenen übereinander schichtet, haben den Reiz des märchenhaft Unwirklichen. Sie sind unwirklich schon deshalb, weil die gestaltende Kraft hier nicht – wie bei geologischen Formationen – von unten her aus der Erde wirkt, sondern weil sie von oben und unten und allen Seiten her ihre luftigen Gebilde erschafft. Mir fallen die Worte des 104. Psalms ein: »Du fährst auf den Wolken wie auf einem Wagen/ und kommst daher auf den Fittichen des Windes,/ der du machst Winde zu deinen Boten/ und Feuerflammen zu seinen Dienern; der du das Erdreich gegründet hast auf festen Boden,/ daß es bleibt immer und ewiglich.«

Nach der Zwischenlandung auf dem idyllischen Miniaturflugplatz Tanga erhebt sich bald in der Ferne, schneebedeckt und majestätisch – wie ein Sieg der Erde über alle konkurrierenden Wolkengebilde – das riesige Massiv des Kilimandscharo. In seiner mittleren Höhe hat er einen dichten Kranz von Wolkendomestiken um sich versammelt, die er herrschaftlich überragt. Von unten ist sein enthülltes Haupt selten zu sehen. Aber wir sehen es in seiner sonnenüberglänzten Herrlichkeit.

Nach einem längeren Flug über öde und verdorrte Steppen, die von oben wie eine Wüste wirken könnten, wenn nicht in weiten Abständen kümmerlicher Baumwuchs zu sehen wäre, landen wir in Arusha. Diese Stadt wirkt auf uns wie eine halbzivilisierte Insel inmitten des nun wirklich wilden Afrika, reizvoll und voller Gegensätze. Es gibt Ladenstraßen in europäischem Zuschnitt, wir sehen sogar ein Modegeschäft, das städtisch wirkt, geschmackvolle Schaufensterdekorationen hat und gänzlich ohne Kitsch ist. Die weiße Ladeninhaberin sieht uns erwartungsvoll und dann etwas enttäuscht vorübergehen. Dann wieder streifen wir durch Gassen, wie wir sie schon in kleinen Marktflecken sahen: Offene Boutiquen, Schneider und Schuster, die ihre Werkstätten auf der Straße haben. Und an allem diesem vorüber wandert ein unabsehbares

Völker- und Stammesgemisch: Inderinnen in ihren bunten Gewändern, Männer, deren Ohrlappen durch über talergroße Löcher ausgeweitet sind, in denen Holzpflöcke stecken oder lange Ohrgehänge befestigt sind, abgerissene, barfüßige Viehhirten, die aus der Steppe in die Stadt hineingeschneit sind, stolze Massai mit Halsschmuck, bemalten Gesichtern und Speer, die jammervollen Gestalten blinder Bettler – wer zählt die Völker, nennt die Namen! Und auf dem Rücken der Mütter, an ihren Händen geführt, hinter ihnen drein rennend und in Gruppen überall spielend, Kinder, Kinder. Vor einem Haus liegt ein großer Klumpen lebender Hühner, die an den Beinen zusammengebunden sind – was würde unser Tierschutz dazu sagen? Die Söhne und Töchter der Wildnis bleiben still und ernst vor den Schaufenstern stehen und betrachten die glitzernden Radiogeräte, die Photokameras, die Kühlschränke, die Kleidergeschäfte der Weißen. Ich möchte wohl wissen, was sie denken. Diese Welt mag ihnen ebenso fremd und vielleicht erschreckend erscheinen, wie uns der Blick in ihre primitiven Krals oder auf ihre abgerissenen Textilien anmutet...

Der Führer, der uns mit seinem oben zu öffnenden Safaribus für die Fünf-Tage-Fahrt zur Verfügung steht, heißt Rashidi und ist Moslem. Er wird uns auf dieser Fahrt zu einem guten und treu ergebenen Kameraden. Er ist nicht nur überaus rücksichtsvoll und auf unser Wohlergehen bedacht, sondern auch von echter Jagdleidenschaft und Wildnis-Neugier, alles andere jedenfalls als ein touristischer Routinier, der nur sein Soll erfüllt. Vor mir als dem »Professor« – diesen Titel gebraucht er gern und häufig – scheint er zunächst einen drolligen Respekt zu haben, der sich aber zunehmend in Verwunderung darüber auflöst, daß solche Leute gar nicht so allwissend sind, wie er offenbar geglaubt hat. Er meinte wohl zunächst, ich stellte mich nur dumm, auch wenn ich es tatsächlich war und über die einfachsten, ihm mehr als geläufigen Dinge nicht Bescheid wußte. Aber er bleibt dabei, mich mit besonderer Nachsicht zu behandeln, und jedesmal, wenn er durch ein Schlagloch gefahren ist, dreht er sich um und sagt: »Sorry, Professor!« Er hält einen Mann meines Berufes wohl für besonders gebrechlich.

Der Weg zu unserm ersten Reiseziel, dem im Wildpark gelegenen

Lake Manyara, führt durch weite Flächen der unendlich sich dehnenden Massai-Steppe. Die ragenden Kriegergestalten dieses stolzen Stammes begegnen uns unterwegs immer wieder mit ihren Herden. Sie würdigen uns nur selten eines Blickes. Im Wildpark selbst können wir diesmal dichter an die Elefanten heranfahren, sogar dann, wenn sie Junge haben. Rashidi ist besonders erfahren, er beobachtet die Windrichtung und sorgt so dafür, daß die Elefanten nicht durch unsere Witterung beunruhigt werden. Er sagt uns, daß man auch an die Flußpferde dicht herankönne, nur dürfe man sich nicht zwischen sie und das Wasser begeben. Sonst fühlten sie sich bedroht und würden aggressiv. Bei einer größeren Elefantenherde ist es rührend zu sehen, wie die alten Tiere bei unserer vorsichtigen Annäherung sofort einen schützenden Ring um ihre Jungen bilden. Doch bleiben sie ruhig und geben keine Trompetensignale. Trotz unseres früheren so aufregenden Erlebnisses mit Elefanten haben wir jetzt ein merkwürdiges Gefühl der Sicherheit. Rashidis Erfahrung und sein Gespür für die Stimmung der Tiere wirken beruhigend. Ich bemerkte, wie er bei seinen Fahrten, die oft weit abseits von allen Wegen über die Steppe und durch Gebüschlücken führen, gelegentlich den Motor abstellt, damit wir ruhig beobachten können, ihn aber manchmal in etwas riskanteren Situationen laufen läßt und dann auch stets eine Fluchtbahn im Auge hat. Auch sonst sehen wir Wild in reicher Fülle, und unser luftiger Beobachtungsort über dem Dach gibt die Möglichkeit, gut und genau auszuspähen. Doch trotz allen Suchens gelingt es Rashidi nicht, uns die in den Bäumen hockenden Löwen zu zeigen.
Am Strande des Manyara-Sees, wo eine frische Brise weht und einige Bäume bescheidenen Schatten gewähren, genießen wir unser Picknick und fahren am späten Nachmittag in unser Nachtquartier, die Ngorongoro Wildlife-Lodge. Sie liegt 2500 m hoch am Rande eines riesigen Kraters mit dem Durchmesser von 15 bis 19 km, etwa 600 m über dessen Grund. Hier oben ist es plötzlich sehr kühl, und der jähe Wechsel der Temperaturen ist kaum größer als dieser abrupte Übergang von der Wildnis in die Zivilisation. Kamin und Zentralheizung (während der heißen Tagesfahrt eine geradezu höllische Vorstellung!) steigern das Behagen.

Das Hotel ist mit Geschmack in die Landschaft gefügt. Schwere Balken und Granit sind die beherrschenden Elemente seiner Architektur. Ganze Scharen von Bediensteten erfüllen Empfangs-, Aufenthalts- und Speiseräume. Ich genieße meinen Hang zu umfriedeten kulturellen Inseln inmitten des wild Ursprünglichen, jenen Hang, der wesentlich auch meine Liebe zum Schiff bestimmt. Der Speisesaal hat ebenso wie die Gästezimmer Fensterwände, die den Blick über den Riesenkrater bis zu den Höhenzügen in der äußersten Ferne schweifen lassen.
Der Abend senkt sich bald hernieder und hüllt das fremde Leben tief unter und um uns in Dunkel.

Serengeti
Lobo Wildlife-Lodge
18. Dezember

Morgens vom Zimmerfenster aus sehen wir in der Tiefe die ersten Elefanten. An den Ufern des Sees auf dem Kratergrunde breiten sich weite rosa Flächen, deren Geheimnis sich erst beim Blick durch das Fernrohr lichtet: Es sind Zehntausende von Flamingos, deren Schnattern dem Gemurmel einer riesigen Volksversammlung ähnelt. Wir können es deutlich vom Balkon aus hören. Vor ihnen aalen sich, im Glas deutlich erkennbar, riesige Flußpferde. In ihrer schweren Plumpheit und in der beschwingten Eleganz der Flamingos scheint sich die ganze Spannweite der Schöpfung auszudrücken.
Doch um das alles genauer zu sehen, müssen wir uns 600 m tiefer auf den Kratergrund begeben. Das ist nur mit geländegängigen Land-Rovers oder den japanischen Land-Cruisers möglich. Diese etwas unbequemen, aber stabilen Vehikel sammeln sich in ziemlicher Zahl auf einem benachbarten Platz. Auch die Namen deutscher Reiseunternehmen lesen wir an einigen Wagentüren. Heute wird es uns nicht wie bisher vergönnt sein, allein oder fast allein bei den Tieren zu sein.
Über steile, schmale und kurvenreiche Wege, die oft mehr Geröll-

halden sind und uns gewaltig durchrütteln, kommen wir mit den zwei vorgeschriebenen schwarzen »Wildhütern« – sie sind ziemlich stupide und nur im Trinkgeld-Angeln clever – schließlich unten an und erleben in diesem trotz der Kratergröße doch bescheidenen Raum einen unvorstellbaren Wildreichtum. Der Beschreibung entnehmen wir, daß in diesem seit 2 000 000 Jahren erloschenen Vulkan sage und schreibe 30 000 Tiere – natürlich ohne das Riesenheer der Flamingos! – leben. Dabei sind sie nicht, wie das bei manchen andern Wildparks teilweise sein soll, von Menschenhand hier ausgesetzt worden, sondern original ansässig.

Am wichtigsten war für uns, daß wir zum ersten Male auf Löwen trafen. Sie »aufzuspüren« war aber wenig abenteuerlich. Fast wäre man durch die Vorstellung ernüchtert worden, sich in einem Zoo zu befinden, wenn wir nicht an das strenge Verbot des Aussteigens erinnert worden wären: Diese faul sich räkelnden Riesenkatzen, die aus Trägheit und Langeweile zu bestehen scheinen, können sich mit verblüffender Plötzlichkeit aufraffen, und unsere Begleiter wissen die üblichen Schauerstorys zu berichten, wie sie das dann auch getan haben.

Wir fanden die Löwen auf sehr einfältige Weise dadurch, daß wir auf eine Gruppe von Safariwagen zufuhren, von deren offenen Dächern aus wie wild photographiert wurde. Was würden Winnetou oder Old Shatterhand zu dieser unserer grobschlächtigen Kunst des Spurenlesens sagen! Da lagen die gelben Räuber denn in ganzen Gruppen, die vom hohen Steppengras eigentlich getarnt sein sollten, straften die glotzenden, blechbewehrten Wesen, die einem trotz ihres Photoschießens nie eins aufs Fell brennen, mit souveräner Nichtachtung und erhoben sich nur hin und wieder zu einem lässig geschmeidigen Trott. Es roch mehr nach Benzin als nach Löwen, und wieder rührte einen das Peinliche der entwilderten Wildnis an (um einen abenteuerlichen Gegenbegriff zu »Verwilderung« zu bilden).

Sehr viel reizvoller war es dann, auf einem menschenleeren Gelände eine größere Straußenfamilie zu beobachten. Vater und Mutter führten in würdigen Schritten ihre sieben Jungen aus, die unsere »Sprotte« zu immer neuen Koselauten des Entzückens hinrissen. Als wir schließlich etwas zu nahe heranfuhren, sah Vater Strauß seinen Familienfrieden bedroht und setzte mit gespreizten Flügeln und bedrohlich sich ringelndem und vorstoßendem Hals zu einem Angriff auf die lästigen Bedroher an. Das fand unser Fahrer so amüsant, daß er die Familie von verschiedenen Seiten umfuhr, um uns das Schauspiel einer immer größeren Straußenwut zu verschaffen. Ich selbst schämte mich aber nur vor dem tapferen und so schmählich getäuschten Vogel. Wir saßen oder standen in einer erbärmlich sicheren Blech-Etappe, und die »Kaltblütigkeit«, mit der wir den bitteren Ernst seiner Verteidigung an uns abprallen ließen und ihn eben nicht ernst nahmen, war doch sehr billig. Sie war eigentlich – schäbig. Eklige Hyänen suhlten sich vor uns im Schlamm. Sie sind ja ebenso wie die Schakale und die hoch über uns schwebenden Geier die Müllkutscher des Dschungels. Der Gedanke, daß sie im Haushalt der Natur eine sinnvolle und notwendige Funktion versehen, macht die Vorstellung erträglicher, wie ekelhaft ihr Aas-Geschäft ist und wie abstoßend sie aussehen. Dabei besitzen gerade die Hyänen auch liebenswerte Eigenschaften: Sie haben ein besonders fürsorgliches Verhältnis zu ihren Jungen und zu ihren alten, hilflos gewordenen Stammesgenossen, wenn diese nicht mehr imstande sind, selbst für ihr Futter zu sorgen. In dieser Hinsicht ist es wohl wie bei den Menschen: Auch wir lernen über einen andern Homo sapiens, der uns fremd und unsympathisch ist, nicht selten umzudenken, wenn wir ihn im Kreis der Seinen als fürsorglichen Pater familias erleben.

Die Hauptattraktion dieses Tages aber war für mich eine Massai-Siedlung, die an entlegenerer Stelle des Krater-Reservates lag. Wir kamen erst später dahinter, daß die 80 Schillinge, die wir für das Recht des Photographierens entrichten mußten, auf einer schlauen Abmachung unserer Wildhüter mit dem Stammesältesten beruhte. Auch das war ein kleiner Wermutstropfen für unsern Wunsch, unverfälschter Ursprünglichkeit zu begegnen. Er wurde noch durch einen zweiten vermehrt, als wir am welken Hals der alten, zerknitterten, im Staub hockenden Stammesmutter einen zierlichen Safeschlüssel baumeln sahen. Das Geschäft mit den Fremden schien auch hier zu blühen, und man war nicht ganz ohne die Hilfsmittel der Zivilisation. Doch muß ich gestehen, daß abgesehen davon die Echtheit dessen, was sich nun unserm erstaunten Auge darbot, feststand: Die aus Kuhdung bestehenden kleinen Rundkrale waren in einem größeren Kreise angeordnet und umschlossen eine Art Genossenschaft von etwa zehn Familien. Die Hütten konnten abends durch hölzerne Gitter und Geflechte miteinander verbunden werden, so daß der große matschige und zertrampelte Platz im Innern des Kreises gegen den Einbruch von Raubtieren gesichert war. Hierhin wurden dann bei Einbruch der Nacht die Herden getrieben.

Als wir die Massai besuchten, waren die lanzenbewehrten Männer mit ihren Herden gerade draußen, so daß wir außer dem Stammesältesten nur Frauen und Kinder antrafen. Die Frauen hockten in verschiedenen Gruppen, bunt und mit vielen Gehängen und Perlen geschmückt, im Steppengras oder auf der nackten Erde, flochten Matten, flickten oder hüteten ganz einfach die Scharen der Kinder, von denen der Stammesälteste eines geradezu grauenerregend verprügelte. Die Mutter schien keinen Widerstand dagegen zu wagen; jedenfalls sah sie ziemlich unbeteiligt zu. Die fast nackten Kinder konnten einen erbarmen, weil sie über und über mit Fliegen bedeckt waren; doch wenn sie nicht gerade in die Augen gerieten, störte sie das anscheinend nicht. Sogar in die Nasenlöcher ließen sie sie unbehindert hinein. Wir waren ihnen gewiß eine willkommene Abwechslung, nicht zuletzt wegen der Bonbons, nach denen sie unermüdlich ihre kleinen Hände ausstreckten. Die Alten beachteten uns kaum. Das berührte uns nach manchen touristik-gewohnten Routiniers unter den Eingeborenen – besonders in Südafrika – durchaus angenehm.

Als wir dann durch den Matsch hindurch in einen dieser Kuhdungkrals hineinkrochen, hatte unsere Neugierde Mühe, gegenüber dem Ekel das Übergewicht zu bewahren: In der Finsternis da drinnen stank es erbärmlich. In der Mitte waren geflochtene Gitter für die Kälber, denen offenbar der beste Platz reserviert blieb. Nur der verbleibende Raum ringsum war für die Menschen vorgesehen. Aus der Dunkelheit scholl die quäkende Stimme eines Säuglings. Diese Wohn- und Existenzform lag nun wirklich jenseits unseres

Einfühlungsvermögens. Einer sagte unwillkürlich: »Auch das nennt man Leben.« Dabei waren wir nur eine gute Stunde von unserm Komfort-Hotel entfernt, das wir auf der Höhe thronen sahen. Mir kam der Gedanke, wie es auf diese Frauen, die da von Fliegen umschwärmt auf dem Boden hockten, wohl wirken würde, wenn man sie da hindurchführte und ihnen etwa die Badezimmer zeigte.

Bei dieser Vorstellung fiel mir etwas ein, das mir bei meiner ersten Afrikareise erzählt wurde: Damals veranstaltete die Südafrikanische Union eine große Industrieausstellung, die international beschickt war und die Wunder moderner Technik auf ihrem Gelände versammelte. Es waren nun wohl einige Psychologen, die auf die Idee kamen, einmal zu testen, wie primitive Buschmänner reagieren würden, wenn man sie unvorbereitet mit diesem Instrumentarium der technischen Zivilisation konfrontieren würde. Man holte also zehn »Wilde« aus dem Busch, verfrachtete sie in einen Düsenklipper, führte sie dann durch die Ausstellung mit ihren landwirtschaftlichen und industriellen Großmaschinen, ihren Küchengeräten, ihren Fernseh- und Filmvorführungen und brachte sie sogar in einem modernen Hotel unter (was eine besondere Fülle von Anekdoten über ihr Benehmen zustande kommen ließ). Derweil wurden alle möglichen Wetten über die Frage abgeschlossen, was den Buschmännern inmitten dieser fremden Wunderwelt wohl den größten Eindruck machen würde. Die meisten tippten auf das Flugerlebnis mit dem Astro-Jet. Die Verwunderung war dann sehr groß, als die nachfolgende Exploration der Buschmänner ergab, daß sie dieses Erlebnis völlig übergingen und übereinstimmend versicherten, daß etwas ganz anderes sie überwältigt habe: »Diese Weißen brauchen nur eine Drehung mit der Hand zu machen, dann kommt Wasser aus den Wänden.« – Ich finde, daß diese Geschichte sehr lehrreich ist und ein Licht auf die Vorgänge des Verstehens wirft: Was uns allzu phantastisch-fremd ist, nehmen wir nicht wahr; es ist ins Unwirkliche entrückt, weil es ohne Beziehung zu dem uns vertrauten Leben ist. So lag der Düsenflug jenseits des Fassungsvermögens dieser Primitiven. Doch daß man Wasser aus der Wand holen konnte – jenen kostbaren Stoff, den sie so oft entbehrten und den sie mit großer Mühe aufspüren mußten –, das hatte Bezug auf ihr eigenes Leben und löste den Schock des Wunders in ihnen aus. Auch Wunder können, wenn sie verstanden werden sollen, nicht ohne diesen Bezug sein. Vielleicht rücken auch die biblischen Wunderberichte in ein neues Licht, wenn man das bedenkt.

Als sich später auf dem eng umgrenzten Picknick-Platz die verschiedenen Safarigruppen versammeln, ist man auf einmal wieder im Dunstkreis des Touristischen. Auch die Affen ringsum auf den Bäumen sind schon darauf eingestellt. Sie scheinen über die Sentimentalität dieser merkwürdigen Wesen genau Bescheid zu wissen. Jedenfalls kommt es mir so vor, wenn die Affenmütter uns ihre Jungen auf eine rührende Weise präsentieren und damit erreichen, daß ihnen trotz des strengen Verbotes allerhand zugesteckt wird. Die Gruppe der Fahrer, Wildhüter und begleitenden Polizisten hat sich gleich neben uns gelagert und hält das übliche lautstarke und schallend heitere Palaver. Und da geschieht es, daß die neben mir hockende Frau D., die Ehefrau unseres Chiefs, jäh hintereinander drei Schocks durchleiden muß: Während wir uns unterhalten und sie gerade in ein Wurstbrot beißt, stößt eine große indische Krähe im Sturzflug herab, schnappt nach dem Brot, hackt sie aber nur in den Finger und schlägt ihr einen Flügel um die Ohren. Kaum hat sie vor Schreck und Schmerz das Brot fallen lassen, springt von hinten blitzschnell ein Affe herzu, schnappt sich den Bissen und setzt dann über sie hinweg. Vor Schreck und Schmerz stößt sie einen kleinen Schrei aus, springt auf und erzählt in einem Wasserfall deutscher Sätze den neben uns lagernden Afrikanern von den dramatischen Sekunden. In ihrer Aufregung merkt sie nicht, daß die Leutchen gar kein Deutsch verstehen. Aber sie entnehmen ihren rasanten Sätzen, daß es etwas Tragisches und Aufregendes sein muß, was sie ihnen zu berichten hat, und sagen nur bedauernd: »O Mama!« Das war für die junge attraktive Dame der dritte Schock, der ihr in weniger als einer Minute widerfuhr.

Als wir nachmittags dann aufbrechen, um in die Serengeti zu fahren – nun wieder von unserm treuen Rashidi kutschiert –, geht es bei glühender Hitze durch endlose Steppen und Savannen, auf de-

nen wir riesigen, bis zum Horizont sich dehnenden Herden von Gnus, Topis, Impalas, Büffeln und Zebras begegnen. Der flachen Ebene entragen immer wieder, gleichsam ganz unmotiviert, kleine steile Felseninseln – die einzigen Zeichen der Landschaft, die das Einerlei der weiten Ebene unterbrechen.
Plötzlich reißt Rashidi, der unaufhörlich beobachtend nach rechts und links späht, den Wagen herum, rast über Steppe und kleines Gebüsch hinweg auf einen dieser Felsen zu. Und tatsächlich: Dahinter liegt in der späten Nachmittagssonne eine vierköpfige Löwenfamilie, Eltern und zwei Junge, die sich ihren Frieden nicht durch uns stören und es vergessen lassen, daß sie gefährliche Raubkatzen sind. Es ist unglaublich, was sich der Löwenvater von seinen Kindern gefallen, mit welcher Geduld er sich von ihnen nekken und zupfen läßt. Nur wenn es allzu arg wird, gibt er ihnen einen kleinen Klaps. Zwischendurch belecken sich die Alten. Es ist wie eine Liebkosung. Wir trennen uns nur schwer von diesem Idyll.
Kurz darauf sehen wir vor uns zwei Strauße, von denen der eine vor und der andere dann neben unserm Wagen herläuft. Uns reizt es festzustellen, ob sie wirklich so schnell sind, wie es in den zoologischen Büchern steht, und tatsächlich: Als das Tacho 60 und noch etwas mehr Stundenkilometer zeigt, halten sie es noch bequem durch, während unser Wagen auf dem holprigen, von Rinnen und Wurzeln durchzogenen Weg fast Mühe hat nachzukommen. Ich denke dabei an ein Wort über die Straußin, das ich eben erst bei Hiob las: »Gott hat ihr keinen Verstand zugeteilt. Doch wenn sie aufgescheucht wird, verlacht sie Roß und Reiter.« Auch zwei Geparde entdecken wir noch, jenes schnellste aller Tiere, das es bis auf 90-120 km/h bringen soll. Sie sind sehr scheu und nehmen vor uns Reißaus. Unsere immer wiederholten Versuche, sie zu umfahren und von neuem zu stellen, gelingen nicht.
Schließlich nach stundenlanger Fahrt durch die Serengeti – das Reservat ist fast so groß wie Nordirland! – erhebt sich vor uns ein Bergmassiv, dessen Kamm aus wildgezacktem Felsgestein besteht. Dort liegt auch unsere Lobo Wildlife-Lodge, in der wir für zwei Tage Quartier beziehen wollen. Doch ist es schwer, sie mit bloßem

Auge auszumachen, weil sie fast wie ein Teil dieses Felsgesteins wirkt und kaum von ihm zu unterscheiden ist. Es sieht so aus, als habe sich hier die Schöpfung von Menschenhand in die Natur einbilden und sich – ähnlich manchen Tieren – mit Schutzfarbe tarnen wollen.

Als wir schließlich ankommen, bietet sich uns tatsächlich ein Bauwerk von einzigartiger Architektur. Es ist in gewaltige Felsbrocken hineingebaut und schmiegt sich mit seinen einzelnen Trakts, mit seinen Gängen, Treppen, Unter- und Überführungen dem zerklüftet sich türmenden Gestein an. Kreuz und quer verlaufende Treppen führen auf ein kleines Plateau mit einem Schwimmbad, von dessen mit Tischen bestücktem Umlauf man weit über das grüne, baumbestandene Gelände sieht, bis der Ausblick an fernen Hügeln seine Grenze findet. Eine Bergquelle ergießt unablässig strömendes Wasser in das Bad, so daß es für afrikanische Verhältnisse erfrischend kühl ist. Als wir uns bald hineinstürzen, um Staub und Schweiß loszuwerden, merken wir, daß auch der Grund des Schwimmbades aus einem Felsen besteht, der in steiler Schräge abfällt und einen jäh aus dem Flachen ins Tiefe entführt. Selbst die weite Halle und der Speisesaal, beide durch Glaswände begrenzt, nehmen die Felsen in sich hinein. Sie bilden teils die Wand, teils ragen sie in bizarren Formen in den Raum hinein. Und wo der Felsen nicht mehr mittut, da ist schweres Gebälk und Granit. In die Reihe der hohen schlanken Holzpfeiler, die das Dachgebälk tragen, fügt sich hie und da ein lebender Baum, der mit seinem Wipfel oben ins Offene ragt. Ihre Stämme sind von gläsernen, innen erleuchteten Gehäusen umschlossen, die mit den lang herabhängenden Lampen zu den Lichtquellen des Raumes gehören. Auch Bäume und Sträucher, die sich aus Steingärten erheben und teilweise dicht an die Glaswände herankommen, sind angestrahlt und in den Saal einbezogen. Da die Räume nicht »a priori« in Freiheit gestaltet sind, sondern sich von den Gegebenheiten des Geländes leiten lassen, ergeben sich in den Sälen verschiedene Ebenen und lauschige, felsüberhangene Ecken, die durch anschmiegsame Beleuchtung noch zusätzlich voneinander abgehoben sind. Das alles steigert die Intimität der einzelnen Sitzgruppen, ohne sie aus dem Ganzen des

großen Raumes auszugliedern. So können wir von unserer Ecke aus das Hin- und Hereilen der vielen Kellner und auch das Kommen und Gehen der wenigen Gäste beobachten. Da das Hotel noch neu und nicht einmal offiziell eingeweiht ist, scheint man durch die Fremden noch nicht abgebrüht zu sein. Die schwarzen Jungen lassen sich gern in ein Gespräch verwickeln, sind freundlich und gut geschult und interessieren sich sehr für unser Woher und Wohin.
Nach dem höchst gepflegten Dinner und dem Genuß des eigenartig schmeckenden, ziemlich schweren Tansania-Weins ziehen wir uns an einen der beiden großen Kamine zurück, in denen der Boy immer neue Scheite auftürmt. Wir sind von der Überfülle der Eindrücke und vom Behagen des einzigartigen Raumes wie verzaubert und lassen den Tag in Gesprächen ausklingen, die in immer neuen Erinnerungen den Reichtum der durchlebten Stunden beschwören.
Als wir uns zur Nachtruhe zurückziehen, dringen die Geräusche der Wildnis durch die offenen Fliegengitter zu uns herein – ein Krächzen und Zirpen, das wir kaum noch hören, weil die Müdigkeit ihre Schleier schon über uns senkt und uns in tiefen traumlosen Schlaf fallen läßt. Nur hin und wieder werden wir kurz aufgeschreckt vom durchdringenden Geheul der Hyänen.

Lobo Wildlife-Lodge
19. Dezember

Heute morgen, während die andern wieder auf Safari sind, bin ich allein in der Lodge zurückgeblieben. Ich brauche eine Ruhepause, um die Eindrücke zu verdauen, Notizen zu machen und zu lesen. Als ich mit Papier und Schreibzeug ein stilles Fleckchen betrete, um möglichst in der Sonne zu sitzen – hier in 1 800 m Höhe ist das möglich und keineswegs drückend –, erraten die Boys sofort meine Absicht, schleppen mir unaufgefordert einen Stuhl herbei und richten einen bequemen Schreibtisch. Barkeeper und Kellner haben wache, intelligente Gesichter, reagieren präzise und schnell auf alle Bestellungen und leisten so einen neuen Beitrag zu meinen Überlegungen, was aus Afrikanern gemacht werden kann oder was sie aus sich selber machen können...

Zwischen dem Schreiben beobachte ich immer wieder mehrere Adama-Eidechsen, die gleich neben mir auf dem sonnengewärmten Steinblock umherhuschen. Manchmal meine ich, sie sähen mich an, um festzustellen, ob ich ein freundliches Wesen bin. Die Männchen sind strahlend bunt, blau und korallenrot, während die Weibchen unscheinbarer sind. Das scheint aber dem Verhältnis der Geschlechter nicht zu schaden.

Jeden Morgen nach dem Aufstehen lesen wir einige Verse von Weihnachtsliedern miteinander. Wir merken dabei wieder, wie sehr Weihnachten in unserer Phantasie mit der winterlichen Dunkelheit unserer Heimat verbunden ist. Es fällt schwer, in diesem Frühsommer das zu erwecken, was man »weihnachtliche Gefühle« nennt. Sie sind für uns nun einmal mit Schnee, Dämmerung, Tannen, Adventslicht und dem Duft des Weihnachtsgebäcks verbunden. An die Stelle aller begleitenden Gefühle und Stimmungen tritt hier die Botschaft des Weihnachtschorals in seiner Unmittelbarkeit. Er ruft zur »Sache« von Weihnachten auf und verschmäht alle emotionalen Stützen, die oft genug nicht tragen, sondern eher vernebeln. Jetzt aber, nur von Schriftwort und Choral gespeist, ersteht die Botschaft von der »herzlichen Barmherzigkeit« Gottes, die sich in unsere Tiefe neigt, in unverstellter Klarheit – ähnlich den Sternen, die in der Tropennacht über uns leuchten und die kein irdischer Dunst verblassen oder flackern läßt.

Lake Manyara-Lodge
20. Dezember

Als wir heute früh von der Lobo-Lodge nicht ganz leicht Abschied genommen hatten – wir waren dort förmlich festgewurzelt –, sahen wir bei der Fahrt durch die Serengeti bald Geier über uns Kreise ziehen und immer wieder in einer bestimmten Richtung niederstoßen. Rashidi biegt daraufhin vom Wege ab und fährt quer durchs Gelände. Da sehen wir in etwa 200 m Entfernung einen Leoparden mit einem großen Fleischbrocken sich verziehen, und dann gleich links: da zerrt eine Hyäne offenbar an einem Kadaver. Als wir auf sie zufahren, rennt sie weg, und wir sehen dann eine frisch gerissene kleine Antilope, ein Topi, am Boden liegen. Sie ist schon von hinten her schauerlich angefressen. Wenn man bedenkt, daß dieses zierliche elegante Tier noch vor kurzem springlebendig hier herumgesprungen ist... Doch das sind wohl Sentimentalitäten eines domestizierten Kulturmenschen, der die Inkonsequenz begeht, sich an gepflegter Tafel ein Wildbret munden zu lassen, und dann zusammenfährt, wenn er das blutige Verenden der Kreatur plötzlich in natura vor sich sieht. Der Leopard und die Hyäne sehen das alles natürlich ganz anders: Für sie ist die Antilope keine Kreatur, die sich am Leben freut, sondern nichts anderes als ein Leckerbissen. Tiger und Hyäne leben in der Eindeutigkeit ihrer Instinkte. Zwiespalt und Widerstreit der Gedanken entstehen erst beim Menschen. Er ist aus der Welt eindeutiger Instinkte ausgegliedert. Er hat den Freßtrieb in sich und befriedigt ihn, indem er tötet. Aber er hat auch das Vermögen – und ist zugleich dazu verurteilt –, die Kreatur zu sehen, die leidet. Er hat den Kampf- und Selbstbehauptungstrieb in sich, er vernichtet seinen Feind oder verfolgt ihn wenigstens mit Haß. Aber er hat auch das Vermögen – und ist zugleich dazu verurteilt –, das menschliche Antlitz im anderen wiederzuerkennen und seinen anklagenden Blick zu sehen. Dieser sein Zwiespalt ist zugleich die Chance der Humanität. In seinem Gebot der Feindesliebe hat Christus diesen Zwiespalt vertieft, hat verhindert, daß wir ihn vergessen, und hat damit das Allermenschlichste bewirkt. Er hat dem Menschen sein Geheimnis zur Buße und als Verheißung vor Augen gehalten. Merkwürdig, welche Gedanken die tote kleine Antilope, der Leopard und die Hyäne da in mir entstehen lassen, während der Wagen schon lange wieder durch die weite, weite Steppe rollt.

Mittag-Pause am Natron-See Lagaja. – Da sein Wasser ungenießbar ist und keine Quellen zur Verfügung stehen, muß Trink- und Waschwasser für das in Zelthütten untergebrachte Safari-Lager in Tankwagen herbeigeschafft werden. Beim Lunch gehen meine

Blicke immer wieder zum Chef dieses Lagers, einem Hemingway-Typ von imposantem Format mit riesigem, in einzelnen Strängen hochgezwirbeltem Schnurrbart. Er war früher von Beruf Großwildjäger. Was würde der erzählen können! Nun dröhnt immer wieder seine mächtige Lache zu uns herüber, während er im Kreis seiner Kumpane ein beschwingtes Gelage hält.
Als wir dann gegen Abend in der Manyara-Lodge eintreffen und von hoch oben noch einmal der Blick über den Ngorongoro-Krater schweift, rundet sich der Kreis dieser überreichen Safari-Tage. Zum ersten Male erleben wir ein Hotel, das gepreßt voll mit Gästen ist, und in der Tat etwas von der befürchteten Fülle zeigt, die dem Botschafter unsere Reise unmöglich erscheinen ließ. Viele Sprachen durchschwirren die Räume, kaum eine Hautfarbe, die nicht vertreten ist. Wir sind froh, noch die letzten stillen Tage erwischt und eine fast menschenleere Wildnis erlebt zu haben.

Daressalam
an Bord
21. Dezember

Heute morgen auf der Rückfahrt nach Arusha macht uns Rashidi auf einige einsam stehende Hütten der »Arusha-Leute« – noch sehr weit von der Stadt entfernt – aufmerksam. Sie sind im Unterschied zu den nomadischen Massai Ackerbauern, wohnen aber ähnlich primitiv. Ihre Krale haben ein einfaches Skelett aus Holz oder besser: aus Stöcken. Wir bitten ihn, uns bei den Leuten eine »Audienz« zu verschaffen und folgen ihm dann in gemessenem Abstand, damit er erst einmal vorfühlen kann. Er sagte uns gleich, daß diese Menschen sehr scheu seien. Touristen kommen ja nicht hierher. Außerdem ist den Leuten der Empfang dieser Spezies Mensch von der Regierung verboten worden – wohl in der Absicht, daß durch entsprechende Berichte und Bilder der Fortschrittswille dieses Landes nicht auf eine billige und karikierende Weise verhöhnt werde. Gerade *das* aber lockt uns, weil man hier die Erwartung hegen darf, etwas unverfälscht Ursprüngliches zu sehen.

Die Verhandlungen scheinen sich etwas schwierig zu gestalten, Rashidi redet lebhaft auf die Leute ein. Aber ihre Gesichter sind verschlossen. Als wir schließlich doch langsam auf die vor dem Kral versammelte Großfamilie zugehen und ich etwas vorschnell am Belichtungsmesser meiner Kamera hantiere, winkt Rashidi energisch ab, während der Familiensprecher mich böse anfunkelt und drohend mit einem schwertähnlichen Gebilde in der Luft herumfuchtelt. Mit diesem »Schwert« hatte er vorher, während Rashidi mit ihm sprach, ohne aufzublicken den Dreck von einem primitiven Pflug abgekratzt. Als unser Fahrer schließlich vorsichtig einen Zehn-Schilling-Schein aus der Tasche hervorlugen läßt, scheint man allmählich milder gestimmt und läßt uns herumgehen. Am Boden hockt eine uralte, kahlgeschorene Oma mit einem faltenzerknitterten Gesicht und hütet die zahlreichen Kleinkinder. Sie sind ebenfalls kahl rasiert und tragen zum Teil die schon oft gesehenen Holzpflöcke in den Ohrlappen, die durch große Löcher ausgeweitet sind. An der Seite stehen, umgeben von jungen Frauen und Halbwüchsigen, zwei ebenfalls verhutzelte alte Männer, von denen ich den Eindruck habe, daß sie die immer noch aufgeregte Familie zu beruhigen suchen. Mich beschleicht jetzt ein Gefühl des Unbehagens, daß wir hier einbrechen und den unberührten Frieden dieser Familie stören. Als sich die Blicke immer wieder mit Mißtrauen auf die Kameras richten, die noch nicht wieder im Etui sind, vergeht mir die Lust, sie damit zu quälen. Der Wortführer der Familie, ein energischer und durchaus abweisender Mann mittleren Alters, springt sogar unter den Dachüberhang und ruft uns höhnisch zu – Rashidi übersetzt es –, seine Beine könnten wir ruhig aufnehmen. (Auch später, als wir bei der Weiterfahrt eine malerische Gruppe von Frauen, die große Bananenkörbe auf dem Kopfe tragen, im Bilde festhalten möchten, wenden sie sich in panischem Schrecken ab und ergreifen die Flucht.) Diese Angst vor der Kamera hatte ich schon in Ostasien immer wieder erlebt; hier begegnet sie mir zum ersten Male. Es ist die Angst vor der magischen Gewalt, die das Bild umgibt. In archaischen Bereichen gibt es den Namenszauber: Wer den Namen weiß, hat Macht über den Träger des Namens. (Deshalb durfte der Jahwe-Name

Gottes bei den Israeliten nicht ausgesprochen werden. Man hätte sich damit blasphemische Macht über Gott angemaßt.) Genauso wie mit dem Namen ist es auch mit dem Bilde: Wer das Bild hat, verfügt über den so Abgebildeten und hat ihn in seinem Bann. Er kann das Bild durchbohren und damit auch dem Urbild den Tod antun. Der Analogiezauber, der Gestalt und Abbild miteinander verbindet, gehört zu den Mächten des magischen Banns. Gerade weil ich das weiß, wäre es eine unverzeihliche Roheit, diese beunruhigten »Wilden« noch weiter mit unserer Anwesenheit und der Bedrohung, die von uns auszugehen scheint, zu quälen. Wir machen uns bald aus dem Staube und winken ihnen freundlich zu, um sie ein wenig zu versöhnen.

In Arusha selbst, wo wir unser Safari-Büro aufsuchen, erwartet uns nun das dicke Ende unserer Fahrt: Für die sieben Personen unserer Gruppe stehen nur drei Flugplätze zur Verfügung. Auch mehrstündiges Telefonieren und Verhandeln ändert daran nichts. Es ist wirklich zum Verzweifeln: Unsere beiden Seemänner müssen unbedingt zurück auf das Schiff, Eisenbahnen und Omnibusse gibt es nicht. Ein Volkswagenbus als Taxe für eine Strecke von über neunhundert Kilometer wäre elend teuer. Man müßte ja auch die leere Rückfahrt bezahlen. Außerdem gibt es unterwegs keine Übernachtungs- oder auch nur Verpflegungsmöglichkeit. Für die drei Damen und das Kind wäre das nicht sehr einfach. In der vagen Hoffnung, vielleicht auf dem 30 km entfernten Moshi-Flugplatz noch mitzukommen, rasen wir mit Rashidi dorthin. Die Zeit ist äußerst knapp, und es ist ungewiß, ob wir das Flugzeug überhaupt erwischen. Ist es schon weg oder ebenfalls besetzt, sind wir in einer verteufelten Lage. Denn jetzt vor den Feiertagen ist für die halbe Woche schon alles ausgebucht.

Wir sind deshalb äußerst gespannt, ob wir Glück haben, und Rashidi drückt ohne Rücksicht auf Verluste den Gashebel nieder. In Ostafrika ist man wirklich sehr hilflos, wenn das einzig in Betracht kommende Verkehrsmittel ausfällt und man sich verloren und ausgesetzt vorkommt.

Als wir dann mit hängender Zunge noch rechtzeitig auf dem kleinen Flugplatz von Moshi ankommen, stellt uns der indische Manager bei der ersten noch zarten Andeutung eines Trinkgeldes zwei Plätze zur Verfügung, die wir dem Zweiten Offizier und seiner Frau zuerkennen. Er gibt uns eine gewisse Chance, noch zwei weitere Plätze zu bekommen. Klappt das, dann können meine Frau und ich auch mit, und Familie D. würde morgen auf den drei uns zustehenden Flugtickets die Reise nach Daressalam antreten. Klappt es nicht – wir wagen das nicht recht auszudenken... Der Manager läßt uns noch eine gute Weile zappeln, obwohl ich vermute, daß er bereit ist, die Dinge positiv zu deichseln. Warum er uns nur zappeln läßt? Ja, das ist nicht schwer zu erraten. Als wir mit dem »Trinkgeld« für seine Bemühungen wirklich herausrükken, eröffnet er uns strahlend, daß vier Zentner Fleisch ausgeladen würden und damit auch für das Ehepaar Thielicke noch zwei Plätze freigemacht werden könnten...

Nyerere ein Maoist?

Im Flugzeug begegnen wir dann überraschend Dr. Walther, dem Chefarzt des »Kilimanjaro Christian Medical Center« von Moshi. Seine Arbeit ist der von Albert Schweitzer in manchem verwandt und mir durch seine halbjährlich versendeten Rundbriefe ein wenig vertraut. Wir genießen diese unerwartete Begegnung sehr und lassen uns von seiner weitgespannten Arbeit erzählen. Von seinem Zentrum in Moshi, einer großen und modernen Klinik aus, versorgt er mit Hilfe eines kleinen Flugzeugs viele Außenstellen, die er errichtet und für die er einheimisches Pflegepersonal ausgebildet hat. Als er davon berichtet, wie schwer es sei, diese Ausbildungsarbeit bei den minimalen Schulvoraussetzungen zu betreiben, stelle ich auch diesem erfahrenen Mann die übliche Frage, wie er über die Entwicklungsmöglichkeit des afrikanischen Menschen

denke. Seine Antwort gleicht in vielem den Äußerungen Dr. Haapes, den er übrigens nicht kennt. Auch er führt die bisherige geschichtliche Unterlegenheit des Schwarzen nicht auf naturgegebene Eigenschaften seiner Konstitution zurück, sondern darauf, daß ihm natürliche und geschichtliche »Herausforderungen« gefehlt hätten und er demzufolge nicht über den Augenblick hinausdenke. »Sie haben bei Ihrer Fahrt nach Arusha«, sagt er, »sicher die eigentümlichen Maisklumpen gesehen, die die Leute in die Bäume gehängt haben. Das tun sie, weil ihnen bei jeder Bodenlagerung die Ratten drangehen. Auf den Bäumen aber machen sich die Vögel drüber her. Es gibt also kein wirksames Mittel der Konservierung. Folglich sagen sie sich in der Regel: Dann essen wir den Mais am besten gleich auf. Danach nehmen wir die Bananen. Irgend etwas gibt es ja immer. So lebt man von Augenblick zu Augenblick. Und dieser Lebensstil enthält natürlich kein Stimulans für Planung und Vorsorge.«
So verblüffend hier die Urteile von Männern, die ich für besonders kompetent halte, miteinander übereinstimmen, so sehr weichen einige politische Äußerungen Dr. Walthers von allem ab, was mir bisher über das Regime in Tansania gesagt wurde. Wieder einmal stehe ich unter dem Eindruck, wie verwirrend die Aspekte sind, unter denen man die gleichen Dinge hier sehen kann, und wie leicht man deshalb einer einseitigen Orientierung aufsitzt. Die abgewogene Art, in der Dr. Walther sich äußert, dazu seine persönliche Bekanntschaft mit vielen führenden Persönlichkeiten des Landes – sein großes Medical Center findet natürlich die Aufmerksamkeit der Regierung, und auch sein ärztlicher Rang führt zu vielen persönlichen Kontakten – lassen mich seine Mitteilungen für besonders maßgeblich halten.
Er kennt auch den Präsidenten Nyerere. Als ich davon spreche, daß er mir nach allem bisher Gehörten zwar als ein sehr begabter, aber auch sehr zwielichtiger und durch seine Demagogie gefärlicher Mann erschiene, widerspricht er mir entschieden: Er habe zwar gewisse demagogische Züge. Doch halte er das alles unter Kontrolle. Die Emotionen gingen nicht mit ihm durch, sie seien vielmehr in einem wirklichen Sendungsbewußtsein begründet. Im

übrigen sei er ein hochbegabter, kultivierter und vielseitig gebildeter Mann. Er habe auch eine abgeschlossene akademische Ausbildung. Europäische Universitäten seien ihm vertraut.
»Auf seinen Photos«, erwidere ich Dr. Walther, »die man ja in allen Hotel-Foyers, Amtsstuben und Läden antrifft, sieht er aber ziemlich fanatisch und verbissen aus. Mir ist sein stechender Blick aufgefallen.«
»Dieses Zweck- und Repräsentationsphoto gibt ihn nicht so wieder, wie er wirklich ist«, lautet die Antwort. »Im persönlichen Umgang wirkt er alles andere als fanatisch und verklemmt, er ist im Gegenteil gelassen und völlig entspannt. Keine Spur von der Hysterie Hitlers! Er ist auch völlig integer, persönlich bescheiden, herzlich und ohne jede Amtsgespreiztheit.«
Ich bitte Dr. Walther, uns noch mehr von ihm zu erzählen. »Was ich besonders beachtlich finde«, fährt er fort, »ist sein Lebensstil. Er vermeidet mit allen Mitteln seine Isolierung auf den obersten Sprossen der Staatshierarchie, sucht den Kontakt mit dem einfachen Volk und bringt die Hälfte seiner Zeit auf den Dörfern zu. Er trägt dabei Räuberzivil und benutzt einen Land-Rover. Im übrigen werden Sie in Europa sicher lange und vielleicht sogar vergeblich suchen, bis Sie einen Staatsmann von dieser Spannweite der Bildung finden. Er hat Shakespeare ins Suaheli übersetzt und macht große Anstrengungen, um es in den Rang einer Kultursprache zu erheben.« Außerdem habe er philologische Fachgremien ins Leben gerufen, die vor allem das technische und naturwissenschaftliche Vokabular durch Suaheli-Wörter nachbildeten und deren lexikalische Verarbeitung dann alljährlich publizierten. Während an Universität und Höheren Schulen jetzt noch Englisch die Hauptunterrichtssprache sei, arbeite Nyerere darauf hin, es auf die Dauer durch ein weiterentwickeltes Suaheli zu verdrängen. Es sei faszinierend zu erleben, welche Klangfülle dieser afrikanischen Sprache innewohne und zu welch erlesenem Schliff sie sich läutern lasse, wenn Nyerere sich ihrer in seinen großen Reden bedient.
»Und wie steht es mit seinen maoistischen Bindungen?«, frage ich. »Auf dem Schiff und zu Lande ist mir immer wieder gesagt worden, daß die Chinesen hier das eigentliche Regiment führten, auch

wenn sie sich im Hintergrunde hielten. Ich glaubte eine gewisse Bestätigung dessen zu sehen, wenn man die bevorzugt behandelten rotchinesischen Schiffe beobachtete.«

Auch da widerspricht mir Dr. Walther: »Es stimmt zwar, daß Nyerere von seinem Besuch in China stark beeindruckt war und daß er manches – keineswegs alles! – von dort übernimmt, wenn er es für geeignet und übertragbar hält. Das Gerücht, damit begebe er sich einfach ins Schlepptau der Chinesen, ist aber böswillig oder dumm. Nyerere will in der Tat den Sozialismus und hält zum Beispiel die Kolchose für die seinem Land gemäße Gesellschafts- und Produktionsform. Das ist immerhin ein sehr ernsthaftes Problem! Man darf doch ja nicht meinen, daß unsere europäischen Vorstellungen von Demokratie in jedem Entwicklungsstadium zu realisieren und überallhin zu übertragen seien.«

Ich stimme ihm zu: »Demokratie ist der institutionelle Ausdruck eines bestimmten politischen Reifegrades. Ist die Demokratie mit diesem Reifezustand nicht synchronisiert und wird sie zur Unzeit übergestülpt, bewirkt sie nur Chaos. Demokratie als abstrakte und ungeschichtlich gedachte Doktrin kann furchtbar sein.«

Andererseits frage ich Dr. Walther aber doch, ob er nicht zu optimistisch sei, wenn er so gar nichts von dem »chinesischen Schlepptau« wissen wolle. Ich erinnere ihn an das riesige Unternehmen des Eisenbahnbaus, für den die Chinesen Zehntausende von Arbeitern mitgebracht haben und auch das Material liefern. Ich erwähne ferner die industriellen Unternehmungen der Chinesen, denen ich im Lande begegnet bin.

»Gerade der Eisenbahnbau ist ein gutes Beispiel«, erwidert Dr. Walther. »Nyerere hat sich lange gegen die Invasion der chinesischen Arbeitermassen gewehrt und das Projekt deshalb zunächst überhaupt gestoppt. Erst als die Chinesen insistierten und nur unter dieser Bedingung zu dem Bahnbau bereit waren, als außerdem keine andere Macht diese Aufgabe zu übernehmen bereit war, gab Nyerere nach und ließ die Chinesen herein.«

»Und die revolutionären Freiheitskämpfer? Die Partisanen gegen den Cabora-Bassa-Damm? Das sieht mir denn doch ein bißchen nach maoistischen Praktiken aus.«

Dr. Walther winkt ab: »Das ist bei ihnen so was wie ein Dollpunkt, da drehen sie einfach durch.« Und dann wiederholt er genau das Argument, das ich schon im Gespräch bei dem Botschafter hörte. Ich erwähne es hier nur deshalb, weil er mit einem guten Beispiel aufwartete: »Laßt sie doch bauen«, so habe er einigen Vertretern der Freiheitskämpfer gesagt, »ihr kriegt den Damm am Ende ja doch. Als Mussolini sich Abessiniens bemächtigt hatte, baute er dort Straßen und Flugplätze. Und doch sind die Italiener dann nicht mehr in den Genuß alles dessen gekommen. Was die Abessinier heute an diesen Anlagen besitzen, verdanken sie ausschließlich den Italienern. Mit dem Staudamm wird es ähnlich gehen. Warum regt ihr euch eigentlich so auf? Aber wie gesagt, das ist nun einmal ein Dollpunkt.«

In Daressalam verabschieden wir uns von Dr. Walther, geben ihm gute Wünsche für seine Verhandlungen mit der Regierung mit und hoffen, daß er anderntags unserer Einladung zum Abendessen an Bord folgen kann.

Auf dem Schiff empfängt uns der Bootsmann an der Gangway mit der Nachricht, daß es hier mächtig geregnet habe und daß das Laden noch viel langsamer vonstatten gegangen sei, als man sowieso schon erwartet habe. »Vor dem 28. Dezember geht es sicher nicht weg, vielleicht feiern wir noch Silvester hier.«

Das ist ein kleiner Schlag. Kann ich so lange meiner Arbeit fernbleiben? Einer der Offiziere redet mir gut zu: »Wer nach Ostafrika geht, muß sich ein anderes Zeitgefühl zulegen, am besten gibt er es überhaupt an der Garderobe ab.« Je mehr ich darüber nachdenke, um so reizvoller erscheint es mir, dieses Exerzitium einmal durchzumachen. Ich hätte wohl wenig auf dieser Reise gelernt, wenn mir nicht auch die Wandlung dieses Zeitgefühls als Erfahrung zuteil geworden wäre. Ich käme mir als Ausbund eines »Touristen« vor, wenn ich auch hier noch ins Hetzen geriete und das Kalkül des heimischen Arbeitspensums über mich Herr werden ließe. Soll also das Freisemester ruhig draufgehen...

Daressalam
22. Dezember

Zu Mittag machte uns das Botschafter-Ehepaar seinen »Gegenbesuch«. Es gab Kasseler, Kochwurst und Grünkohl, aufs beste kontrastiert durch einen spritzigen Pfälzer. Dieses Gericht ist an sich mehr für einen eisklirrenden Winter und nicht für den Super-Sommer von Daressalam gedacht. Die Klimaanlage war dafür auch auf besonders kalt gestellt und unsere Gäste schienen beglückt, in diesen tropischen Breiten auf einmal Heimatliches aus Küche und Keller zu genießen. Jedenfalls erstieg die Heiterkeit unserer Tischgespräche hohe Grade, und diesmal ließ ich den also beschwingten Diplomaten auch mit meinen bohrenden Fragen in Ruhe. Beide brachen gleich danach zur Fahrt in ihre Weihnachtsferien auf.

Ärztliche Versorgung in Tansania: Hilfe zur Selbsthilfe

Mitternacht

Wie schön, daß Dr. Walther unserer Einladung zum Abendessen folgen konnte. Seine Besprechungen mit den Behörden dehnen sich länger aus; so ist er noch hier.
Als wir ihn nachher beim Mokka im Rauchsalon bitten, uns noch mehr von seiner Arbeit zu erzählen, kommt nebenbei vieles über die Rahmensituation hierzulande heraus. Es ist die alte Weisheit: Wenn man in einem begrenzten »Endlichen nach allen Seiten« geht, sieht man das Ganze oft deutlicher als bei den sogenannten großen Überblicken.
Seine Tätigkeit als Missionsarzt ist durch die immense Not an ärztlicher Versorgung bestimmt. Während bei uns ein Arzt auf 600

Menschen kommt, sind es hier (in Worten!) fünfundzwanzigtausend. Der Helferwille dieses Arztes betätigt sich nun nicht einfach so, daß er ein Hospital gründet, sich mit Assistenten, Schwestern und Pflegern umgibt und dann alle die ärztlich versorgt, die hilfeheischend zu ihm kommen. Das wäre sozusagen die »alte Form, in der früher allein christliche Liebe geübt wurde, gleichsam eine ärztliche Almosen-Liebe, die im gegebenen Notfall dem hilft, der ihr vor die Füße gelegt wird. Ich schrieb früher schon davon, daß sich für uns heute das Gleichnis vom barmherzigen Samariter noch in weiteren Dimensionen enthüllt: Wir sind auch zu einer systematisch planenden, einer vorsorgenden und wundenverhindernden Liebe aufgerufen. Für den Arzt – und gerade für den Leiter eines »Christian Hospital« – umschließt das zum Beispiel die Aufgabe, die Verhältnisse zu ändern, unter denen es in Tansania, aber wohl auch in den andern ostafrikanischen Staaten, zu der immensen Kindersterblichkeit kommt. Und hier stirbt bis zum 5. Lebensjahr die Hälfte aller Kinder, hauptsächlich übrigens infolge einseitiger Ernährung: Die Maniok- oder Kassavawurzel, unserm Kartoffelgeschmack nicht unähnlich, bildet das vorherrschende Volksnahrungsmittel und kann für Kinder, die ausschließlich darauf angewiesen sind, gefährlich werden. Das konkrete Ziel einer so vorsorgenden und verhindernden Liebe müßte eine Form der Hilfe sein, die zur Selbsthilfe befähigt und dadurch aus der Abhängigkeit vom Wohltäter befreit.

Genau auf dieser Linie liegt das, was Dr. Walther als Missionsarzt tut. So bildet er etwa einheimische medizinische Assistenten aus. Natürlich kann das nur eine Kurzausbildung sein, die ganz aufs Praktische ausgerichtete ist. »Einen Kaiserschnitt können sie aber machen, auch einen Blinddarm operieren«, sagt unser Besucher. »Es gibt noch andere kleine Eingriffe, die sie tadellos hinkriegen. Und bedenken Sie, was es in diesen Einöden heißt, wenn Leute da sind, die so was können. Übrigens«, fügt er noch hinzu, »Sie würden sich wundern, wie sicher sie oft in der Diagnose sind. Da kommt der spärlichen Ausbildung noch ein guter unverbildeter Instinkt zu Hilfe.«

In Zusammenarbeit mit diesen eingeborenen Hilfsärzten kann er in seinem Bezirk 6 Filialhospitäler unterhalten. Und da er schon über 250 von ihnen verfügt, hat er dazu beigetragen, daß nun auf 15 000 (und nicht mehr 25 000!) Einwohner ein Arzt oder Hilfsarzt kommt. Im übrigen käme man, sagt er, ohne diese eingeborenen Helfer schon deshalb nicht aus, weil es in Tansania 120 Stämme mit 140 Sprachen gibt. Dazu kommen noch die riesigen Entfernungen, die sich bei der Personalknappheit besonders verheerend auswirken.

Ich erwähne dann, es habe mir immer Eindruck gemacht, daß Albert Schweitzer in seinem Lambarene-Hospital auch die Angehörigen bei den Kranken ließ, teils um sie nicht ganz aus der vertrauten Atmosphäre zu lösen, teils auch deshalb, weil er die Angehörigen zur Pflege und sonstigen Dienstleistungen benötigte. Auf den Philippinen hätte ich das gleichfalls in einem entlegenen Landkrankenhaus beobachtet. Ob er wohl auch so verführe?

»O ja«, antwortet er, »so machen wir das auch. Diese Menschen haben noch eine so starke Familien- und Stammesgebundenheit, daß ihre Isolierung als Individuen sie in eine therapeutisch ungünstige Situation brächte. Wir würden außerdem unser zentrales Hospital mit seinen 320 Betten gar nicht versorgen können, wenn wir die Hilfe der Angehörigen nicht hätten.«

Ich frage weiter: »Nun wird es doch draußen auf dem Lande auch schwierige Fälle geben, denen Ihre Hilfsärzte rat- und hilflos gegenüberstehen. Was machen sie dann? Können sie Verbindung mit Ihnen aufnehmen?«

»Ja – und die Methode dabei ist gar nicht unähnlich der Art, wie man sich auf Schiffen hilft, wenn kein Arzt an Bord ist. Unsere Kleinfilialen draußen im Lande stehen in drahtloser Verbindung mit uns. Für die Anfragen unserer Hilfsärzte ist täglich eine bestimmte Stunde vorgesehen. Das ist für sie natürlich eine enorme psychologische Hilfe. In schwierigen Fällen wird für eine spätere Stunde ein neuer Anruf verabredet, für die dann der betreffende Spezialist zur Verfügung steht. In besonders komplizierten Situationen, die der Hilfsarzt nicht bewältigen kann, begibt sich unser vom Rotary-Club gestiftetes Flugzeug mit Ärzten und Schwestern an Ort und Stelle. Dem Piloten, einem englischen Studenten, der

sich 2 Jahre dafür zur Verfügung stellt, macht es besonderen Spaß, auf Wüsten- und Steppenpisten zu landen.«
Uns interessiert noch, wie Dr. Walther es finanziell schafft, dieses komplizierte und ausgedehnte Unternehmen zu unterhalten. Er berichtet uns, daß es insgesamt 4 kirchliche, 1 privates und 1 Staatshospital in seinem Bereich gibt. Im ganzen Lande wird die Hälfte aller Krankenhäuser von Kirchen und Missionen getragen. Die Regierung zahlt für sie nur 10% der Kosten. Alles andere muß durch Spenden aufgebracht werden. Das ist auch bei ihm so. In kirchlichen und Missions-Spitälern ist die Behandlung kostenlos, bei den staatlichen muß bezahlt werden.
»Erlauben Sie mir noch eine dumme Frage«, interviewe ich weiter, »Sie beschränken den Kreis Ihrer so gratis behandelten Patienten doch gewiß nicht nur auf die Angehörigen christlicher Gemeinden?« Dr. Walther hebt abwehrend die Hände: »Das sei ferne! Natürlich behandeln wir jeden, der kommt – ganz unabhängig davon, welche Religion er hat.«
»Oder ob er keine hat«, füge ich hinzu.
»Natürlich täten wir es auch dann. Aber das ist für Afrika eine ziemlich irreale Vorstellung. Atheismus gibt es nur bei einigen wenigen intellektuellen Afrikanern, die etwa in Peking oder in einem Ostblockstaat studiert haben. Damit haben wir praktisch nichts zu tun.«
Meine Frage nach einer etwa bevorzugten Behandlung der Christen veranlaßt ihn, sich ein wenig verbittert über den manchmal zu hörenden Vorwurf zu äußern, daß die missionsärztliche Hilfe ein schlau berechnetes Zweckunternehmen sei und nur dazu diene, Schäflein für das Christentum einzufangen. In Wirklichkeit geht es um einen Dienst selbstlosen Helfens (auch wenn Dr. Walther diese vielleicht etwas hochgestochene Formulierung nicht gebraucht). Auf jemanden, der sich derart einsetzt und sein Leben an dieses Werk hängt, muß es in der Tat sehr deprimierend wirken, wenn er seinen Dienst durch solche Unterstellungen verdächtigt sieht. Und es geht wirklich um Opfer (auch dieses Wort taucht in Dr. Walthers eigenen Formulierungen nicht auf). Er ist ein prominenter Arzt, der an einer deutschen Fakultät einen sehr viel weni-

ger belasteten und ganz gewiß ertragreicheren Weg hätte gehen können. Und er läßt seine ganze Familie an der Last seiner Aufgabe mittragen. Wie schwierig ist die Ausbildung der Kinder, wie früh müssen sie von zu Hause fort! Es rührt uns sehr an, wenn er sagt: »Daß meine Kinder das alles ohne Verbitterung und ohne Vorwurf gegen ihre Eltern durchgestanden haben, daß sie nie aufgehört haben, meine Arbeit zu bejahen, ist mir das größte Geschenk.«
Wir sind noch neugierig zu erfahren, wie ein modernes, mit allen Schikanen ausgerüstetes Krankenhaus auf primitive Menschen aus dem Busch, etwa auf einen Massai, wirken mag. »Die lassen sich sehr gern von uns behandeln«, Dr. Walther lächelt dabei, »aber es kommt manchmal zu ulkigen Reaktionen. Neulich sagte mir einer: ›Die letzte Spritze, die du mir gegeben hast, taugte nicht. Aber die davor, die war gut. Die spüre ich heute noch.‹ Auch müssen die Medikamente möglichst miserabel schmecken, damit sie sich etwas von ihnen versprechen.«

Ein interessantes gesundheitliches Rezept

Das Stichwort »Massai« läßt mich noch weiter fragen: »Diese Leute interessieren uns sehr. Es sind ja stolze und ragende Gestalten. Auch wenn man sie einsam bei ihren Herden in der Steppe trifft, verzichten sie nicht auf ihre ›männliche Kosmetik‹. Sie sind sorgfältig angemalt und ihr Haar ist mit Oker gepudert.«
Wieder lächelt Dr. Walther: »Das tun sie, um Läuse und anderes Getier von sich fernzuhalten. Mit einem ästhetisch gemeinten Make-up hat das nichts zu tun.« Das ist für unsere anhimmelnde Romantik recht ernüchternd. Unser Gegenüber stößt aber noch weiter nach: »Daß diese Leute solchen Eindruck auf Sie gemacht haben, ist typisch für Touristen (das hören wir gar nicht gern).

Diese Leute sind nun wirklich konstitutionell primitiv, und ich glaube nicht, daß sie entwicklungsfähig sind. Sie sind zwar durch ihre gereckte Haltung, ihre Größe, ihren Schmuck und ihre kriegerischen Speere für die Fremden recht attraktiv, unter den Afrikanern selbst aber – eben wegen ihrer Primitivität – ziemlich verachtet. Daß sie im übrigen so gesund aussehen und so herrliche Gebisse haben, liegt an ihrer gesunden Ernährungsweise, die sie von den anderen unterscheidet.«

Wir haben uns oft gefragt, wovon die Massai eigentlich leben, wenn wir sie weit von allen Siedlungen in der endlosen Steppe bei ihren Herden sahen. Was Dr. Walther dann darüber erzählt, läßt uns doch etwas schaudern: »Sie essen zwar das Fleisch ihrer Herden, manchmal auch Wild, das sie gejagt haben. Ihr Hauptnahrungsmittel aber ist eine verquirlte Mischung von Blut und Milch, die sie täglich literweise zu sich nehmen. Das Blut gewinnen sie dadurch, daß sie die Gefäße ihres Viehs anzapfen und die Wunde dann wieder zuklemmen. Die Mischung von Blut und Milch stellen sie sehr geschickt her: Sie höhlen eine Kalabasse-Frucht – eine Art Kürbis – aus, die sie dann mit Urin ausschwenken und so sterilisieren. Dieses Blut-Milch-Gemenge ist sehr gesund und vitaminreich. Es schmeckt übrigens gar nicht so übel«, fügt er schmunzelnd hinzu.

Wir bemühen uns, jede Grimasse des Abscheues zu unterdrücken (auf einen Arzt würde das keinen guten Eindruck machen!). Ich frage nur: »Wissen die Leute denn überhaupt etwas von Bakterien?« »Natürlich nicht. Aber die Erfahrung hat sie gelehrt, daß die Milch durch die Urinbehandlung gut angesäuert wird und nicht klumpt. So haben sie auf ihre Weise die bakteriozide Wirkung des Urins herausbekommen.«

Wir erkundigen uns noch, mit welchen Eingeborenenkrankheiten er es hauptsächlich zu tun hat. Unter denen, die er aufzählt, ist mir in Erinnerung geblieben, daß es in diesem Lande noch 150 000 Aussätzige gibt, also 1,5% leprakrank sind. Dagegen ist ihm in 15 Jahren unter den Afrikanern noch kein einziger Herzinfarkt begegnet. Am Cholesterin-Spiegel, den man vor allem in den populärmedizinischen Darstellungen der Presse für den Infarkt verant-

wortlich zu machen pflegt, könne es nicht liegen; der sei gerade bei Fleischernährung hoch.
Wir äußern daraufhin die Vermutung, daß diese Leute – zum Beispiel die Massai – wohl weniger Aufregungen hätten. Dr. Walther bestreitet das. »Eine Löwenjagd ist doch ziemlich aufregend, Stammes- und Sippenfehden sind ebenfalls nicht von Pappe. Ich sehe eine ganz andere Erklärung: Manager-Krankheiten wie der Herzinfarkt entstehen nicht durch bloße Aufregungen; sondern durch den Streß des Karriere-Ehrgeizes und unbewältigte Konflikte. Davon aber ist man hier mehr verschont als in Europa oder Amerika.« – Wenn man sich als Zivilisierter im Spiegel des sogenannten primitiven Lebens sieht, können sich ganz neue Formen der Selbsterkenntnis ergeben.
Aus der Fülle dessen, was an diesem Abend zur Sprache kommt, hat sich mir noch eingeprägt, was unser Besucher von der Armut dieses Landes zu berichten weiß: Unter den 12 Millionen Einwohnern Tansanias gibt es nur 400000 Gehaltsempfänger, also Leute, die in irgendeinem Anstellungsverhältnis stehen. Das ist 1/30 der Gesamtbevölkerung. 95% sind Bauern, die zumeist nichts verkaufen, sondern nur für den eigenen Bedarf arbeiten. Die wirtschaftlichen und sozialen Unterschiede sind bei der bäuerlichen Bevölkerung überaus kraß. Neben den ärmsten Schluckern, die mit vorsintflutlichem Gerät dem kargen Boden das Allernötigste abringen, gibt es die wohlhabenden Kaffeebauern, denen ihre Plantagen einen üppigen Lebensstil erlauben. Sie benutzen an Festtagen familienweise das Flugzeug, um ihre Verwandten zu besuchen.
Welche Gegensätze, welche Spannungen auch hier! Wie wenig läßt sich all dies, wie wenig lassen sich vor allem die politischen Versuche, diese strukturelle Zerrissenheit unter Kontrolle zu bringen und sie einer zielgerichteten Entwicklung zu unterwerfen, mit europäischen Maßstäben beurteilen... Je näher wir Afrika kommen, um so ferner rückt es uns.

Besuch der Universität Daressalam. Positive und negative Seiten der Entwicklungshilfe

Daressalam
23. Dezember

Wir sind sehr glücklich, einen großen Teil des heutigen Tages mit Pfarrer Jahnel verbracht und die Aussicht zu haben, auch in den folgenden Tagen noch durch seine Gesellschaft bereichert zu werden. Er lebt mit seiner jungen Familie seit mehreren Jahren in Daressalam, betreut den deutschen Sprengel und zahlreiche, weit verstreut liegende Eingeborenengemeinden. Er spricht perfekt Suaheli und hat sich neben und in Zusammenhang mit seinem geistlichen Amt intensiv mit der Psychologie der Eingeborenen, ihrer Kunst, ihren esoterischen Kulten und Praktiken sowie mit den politischen Problemen des Landes befaßt. Er ist ein unerhört vitaler, anregender Gesprächspartner, in dessen Gesellschaft wir mehr sehen als irgendwann sonst und zugleich die nötigen Kommentare dazu erhalten.
Ehe wir zur Universität fahren, die ich natürlich sehen möchte, besuchen wir wie immer den lärm- und gestankerfüllten, von Menschen überschäumenden Markt. In meine Erinnerung hat sich vor allem *ein* Stand fest eingegraben: Ein Mann hütete einen größeren Tisch, auf dem etwa 100 kleine Flaschen mit verschiedenfarbigen Flüssigkeiten standen. Er bildete für das marktbesuchende Volk eine nicht geringe Attraktion und war eifrig umlagert. Wir drängten uns nach vorne und fanden eine Tafel mit dem Verzeichnis der einzelnen Fläschchen und der Wirkungen, die ihren geheimnisvollen Säften entquellen sollen. Pfarrer J. übersetzt es uns: Da sind hilfreiche Arzneien für Augen, Ohren, Zähne, Herz und viele andere Organe, aber auch okkulte Mischungen wie etwa eine, die denen angeraten wird, die nach beruflichem Fortkommen streben und »die nächste Beförderungsstufe erspringen« wollen. Das müssen wir unbedingt Herrn M. erzählen, der ja das Buch »Wie werde ich erfolgreich?« studierte. Nur eine gewisse Geniertheit hielt mich zurück, dieses Fläschchen für ihn zu erstehen.

Sieht man dann über den weit sich dehnenden, von modernen Großbauten übersäten Universitäts-Campus, so kann einem der Atem stocken. Vom First eines dieser Hochhäuser aus suchen wir eine erste Orientierung zu gewinnen. Was wir da sehen, hält einem Vergleich mit den imponierenden Anlagen der eben errichteten Ruhr-Universität Bochum stand. Und das *hier* in einem der ärmsten Teile Afrikas, das *hier* in nächster Nähe zu armseligen Hütten und Katen! Neben den Instituten für Forschung und Lehre gibt es eine Anzahl großzügiger Studentenwohnheime. Obwohl wir sie nicht besichtigen können, glaube ich sicher, daß der Wohnkomfort kaum hinter dem üppigen Zuschnitt der Fassaden zurücksteht. Und wieder frage ich mich, ob Studenten, die einige Jahre in dieser Umgebung leben, nicht ihrem heimischen Milieu entfremdet werden. Werden sie etwa als Ärzte noch in die Kargheit des Buschs und der Krale zurückkehren wollen?
Als wir dann Gelände und Gebäude selbst durchstreifen, werden meine Empfindungen immer zwiespältiger: Auf der einen Seite freut man sich, an jedem Gebäude zu lesen, daß es seine Entstehung einer großzügigen Spende Amerikas oder eines der europäischen Länder verdankt. (Auch hier ist also die Entwicklungshilfe wieder einmal *nicht* in die Kriegskasse der militanten Revolution gewandert!) Andererseits bedrängt einen die Frage, warum denn alles gleich so luxuriös sein müsse. Hätte man es nicht einfacher und doch funktional ausreichend machen können? Wären mit demselben Geld nicht noch Schulen und Krankenhäuser zu finanzieren gewesen? Meint man den Afrikanern mit dieser neureichen Insel inmitten eines Ozeans von Armut und Primitivität wirklich einen Dienst zu tun? Hat man nicht nur ihrer Eitelkeit geschmeichelt und dem eigenen Prestige dienen wollen? Ich glaube nicht, daß diese meine und unsere Gedanken durch eine böswillige Kritik motiviert sind. Allzusehr drängt sich der Eindruck auf, daß man sich hier gegenseitig durch Prachtentfaltung und Üppigkeit habe übertrumpfen wollen. Dieser Eindruck wächst sich leider zur Gewißheit aus, als wir das Renommierstück des ganzen Geländes, die von der Bundesrepublik Deutschland für 8 Millionen DM gestiftete Aula in Augenschein nehmen. Ich dachte bisher immer, unser

neues Auditorium maximum in Hamburg gehöre zu den Gipfelerscheinungen moderner Saalbaukunst, und sehe nun, daß die Aula von Daressalam noch um einige Grade aufwendiger ist. Sie wird überwölbt von einem überaus kostspieligen Kupferdach, das die gewiß nicht kleinlichen Hanseaten sich für die sehr viel kleinere Kuppel des Universitäts-Hauptgebäudes nicht geleistet haben. Der Boden ist mit feinsten Parketthölzern ausgelegt, auf denen dann allerdings schäbige Plastikstühle stehen. Als wir uns über diese ästhetische Barbarei wundern, erklärt uns Pfarrer J., daß Plastik hierzulande ein Symbol fortschrittlicher Modernität sei. Darum habe man diese synthetischen Produkte der angemessenen Holzbestuhlung vorgezogen. Nun: das mag zu den ästhetischen Kinderkrankheiten erwachender Nationen gehören und ist insofern unwesentlich. Daß man aber Steuer- und Entwicklungsgelder von seiten der Bundesrepublik hier für bloße Repräsentation verschwendet, daß man nicht auf wirkliche Effektivität seiner Zuwendungen bedacht ist und vor allem eine sinnvolle Planungshilfe leistet – damit werden wir nicht fertig. Unser Unmut wächst noch, als wir erfahren, daß man tatsächlich mit andern Nationen in dem Recht gewetteifert hat, diesen Repräsentationsbau zugeschlagen zu bekommen. Schließlich wurde der mit ihm betraut, der ihn am üppigsten auszuführen bereit war. Das war unser Land.
Auf der Rückfahrt macht uns Pfarrer J. noch mit einer interessanten Statistik vertraut, die über den Anteil der Religionen im akademischen Bereich Aufschluß gibt: Im ganzen Land befinden sich 51% Animisten, 21% Mohammedaner und 28% Christen. Von den Studenten aber sind 84% Christen, 14% Mohammedaner und 2% religionslos, d.h. maoistische Atheisten, die an den betreffenden ausländischen Universitäten studiert haben. Der unverhältnismäßig hohe Anteil der Christen an der intellektuellen Oberschicht ist in den Missionsschulen begründet.

Die Schnitzkunst der Makonde

Unterwegs besuchen wir verschiedene Makonde-Schnitzwerkstätten, die sich dicht an der Straße niedergelassen haben. Wir sehen dem Meißeln, Hämmern, Feilen, Schnitzen und Polieren der vielen afrikanischen Künstler – sie sind es zum Teil wirklich! – gebannt zu. Pfarrer J., der eine große Sammlung dieser Plastiken besitzt, unterhält sich immer wieder mit den Schnitzern über das, was sie sich selbst dabei denken. Das ist gerade bei den vielen surrealistischen Plastiken interessant und aufschlußreich. Bisher hatte ich in ihnen, wenn ich sie ausgestellt sah, nur ein Spiel mit der Form gesehen und sie in diesem Sinne als reizvoll und meditativ empfunden. Es ist aber erstaunlich, was dabei herauskommt, wenn man an Hand einer solchen »abstrakten« Plastik die Unterhaltung mit dem Schnitzer mit anhört. In einer Weise, wie sie uns etwa von Picasso her vertraut ist, finden wir die menschliche Anatomie auseinandergerissen: Irgendwo taucht ein einsames stilisiertes Ohr oder ein übergroßes Auge auf. Es sind die Symbole dafür, daß man belauscht und überwacht wird. Die Wellen, die sich manchmal am Fuß der Plastik finden, bedeuten das Untergründige, aus dem Bedrohung steigt. Ein surrealistisches Gebilde, dessen Formenspiel mir besonders gefällt und das ich erwerbe, ist wie ein Vexierbild. Erst durch die Demonstration des Künstlers lernt man in der Verschlungenheit der Formen die Andeutungen menschlicher Organe sehen, deren Zusammenordnung durch bizarre und gleichsam ablenkende Rundungen, Höhlen und Stränge verdeckt bleibt. »Das ist der böse und unsichtbare Geist der Steppe«, erklärt uns der Mann. Er entzieht sich der Identifizierung, er ist überall und nirgendwo, man muß lange suchen, bis man ihn ausgemacht hat. Der Cantus firmus, der sich durch diese Kunst hindurchzieht, ist das Bekenntnis von Angst, ist der Ausdruck allseitiger Bedrohung. Hier blickt einen der Schrecken einer unerlösten Welt an.

Die gegenständlichen Gebilde, Tier- und Menschengestalten sind dagegen sehr viel weniger hintergründig und ohne Horror: So kehrt etwa eine Säule immer wieder, die mit den Reliefs von bis zu 80 Köpfen umgeben ist. Sie stellen Stammbaum und Generationsfolge dar: Unten sind die Uralten abgebildet, über denen sich dann die Eltern, die Kinder und Kindeskinder erheben. Es kommt mir so vor, als ob hier die Individualität des einzelnen aufgehoben sei und die Geborgenheit in Tradition und Sippe gepriesen werden solle, als ob der zeitliche und räumliche Zusammenhang aller sozusagen die *eigentliche* Individualität wäre, innerhalb deren wir nur den Rang von Gliedern haben. Hier ist der Mensch noch nicht zu dem erwacht, was Kierkegaard den »Einzelnen« nennt.

Kinderkrankheiten der Organisation

Am späteren Nachmittag sehe ich während des Tagebuchschreibens immer wieder einmal zu, wie die schweren Kupferbarren geladen werden. Völlig verrostete Schlepper führen das Material auf ebenfalls verwahrlosten Leichtern heran. Ich staune, wie geschickt man einen Geleitzug von mehreren dieser schweren Kähne an unsere Bordwand bugsiert. Aber das ist auch das einzige, was es hier zu bewundern gibt. Im Unterschied zu Süd- und Portugiesisch-Ost-Afrika sehe ich die vorausgesagte Mißorganisation tatsächlich bestätigt: Einmal ist das Material in mehreren Leichtern herangeführt, aber die Arbeiter sind nicht da; ein anderes Mal ist es umgekehrt. Außerdem fällt uns die Trägheit und Ungeschicklichkeit der Stauarbeiter auf (auch wenn man als Maßstab nicht gerade die Stauvirtuosen von Hamburg oder Antwerpen verwendet). Nur ein Viertel von ihnen arbeitet, und auch das noch mit minimalem Aufwand. Die übrigen Dreiviertel haben sich zum Schlaf ausgestreckt oder palavern oder geben den Arbeitenden gute Ratschläge. Bei dieser Rollenverteilung, die offenbar verabredet ist, klappt die Organisation gut! Dauernd geraten ihnen die aufeinandergeschichteten Barren durcheinander. Wenn man von oben zuschaut, kann man nervös werden: Man sieht, wie sie es falsch anpacken und was im nächsten Augenblick passieren muß. (Ob aber die Ratschläge, die ich zu geben hätte, besser wären als die der Palavernden da unten?) Es dauert endlos, bis sie das auseinanderstiebende »Paket« dann wieder zusammenhaben. Der Ladungsoffizier ist verzweifelt: »Sie können einfach nicht in Reih und Glied stauen!« Bald glaube ich auch wieder an die Mär, daß sie keinen Sinn für die Geometrie des rechten Winkels haben! Unsere Seeleute entladen ihre Wut kräftig. Der Sozialismus zeigt sich hier in der Tat nicht von seiner attraktivsten Seite. »Es fehlt eben die Konkurrenz«, meint ein Matrose. »Die privaten Firmen bringen ihre Leute anders auf Vordermann. Ein Interesse muß schon dabei sein, sonst wird alles lahm, besonders wenn dann noch die Organisation nicht klappt. Auch dahinter steht ja wieder kein Interesse.« Die freie Markt- und Konkurrenzwirtschaft hat bei allem Fragwürdigen und bei all ihren Entartungsmöglichkeiten jedenfalls das eine entscheidende Plus, daß sie wesentliche Triebkräfte der menschlichen Natur, nämlich Egoismus und Interesse, zu Motoren wirtschaftlicher Prozesse macht. Der Egoismus bedarf beim Menschen offenbar stets der Wandlung, wenn er nicht destruktiv, sondern schöpferisch werden soll: entweder der Sublimierung oder des Einsatzes als motorische Kraft. Im Rohzustand führt er zum Exzeß, zum Kampf aller gegen alle, oder aber zu Faulheit und Indolenz.

Auch über das Ausbleiben oder Zuspätkommen des Bootes, das uns vom Schiff ans Land bringen soll, ärgern wir uns immer wieder. Pfarrer J. sagt uns zur Erklärung, daß es im Suaheli überhaupt kein Wort für »Zuspätkommen« gibt, sondern nur die Passivform »Ich bin verspätet worden«. Ob man sich dabei als Opfer widriger Umstände oder böser Geister fühlt, bleibe offen. Auf jeden Fall aber sei man »Opfer« und bedürfe keiner Entschuldigung. In der Schule könne einen das verrückt machen. Es gebe eben Dinge, an die man sich als Europäer niemals gewöhne.

Das Trauma des schwarzen Menschen

Um Mitternacht

In der kultivierten kleinen Wohnung des Pfarrers, wo der Kapitän, der Erste Offizier und wir beide den Abend zubrachten und eine anheimelnde Gastfreundschaft genossen, stand schon der Weihnachtsbaum, ein mit einheimischen Früchten schön geschmückter Sisal-Strauch. Er stach wohltuend ab von dem weihnachtlichen Kitsch, der einen in Läden und Hotels so peinlich anspringt. Als wir die erlesene Sammlung der afrikanischen Plastiken betrachten, die J. und seine kunstverständige (Arbeit und Hobby mit ihm teilende) Frau zusammengetragen haben, kommt die Sprache noch einmal auf das immer wiederkehrende Angstmotiv. Tierische Symbole für die Mächte der Bedrohung sind neben der Schlange vor allem das Chamäleon. »Warum ausgerechnet das Chamäleon?« fragen wir. Darauf erzählt der Hausherr uns eine in Tansania verbreitete Legende, die uns sehr anrührt, fast erschüttert:

»Ursprünglich waren einmal alle Menschen schwarz. In dieser uralten Zeit verlieh Gott den einzelnen Erdteilen Wappentiere: Europa bekam die Gazelle, Indien den Elefanten und Afrika das Chamäleon. Eines Tages nun entbot Gott diese Wappentiere zu sich, um ihnen eine Botschaft für ihre Kontinente aufzutragen. Als sie sich vor seinem Thron versammelt hatten, eröffnete er ihnen seinen Auftrag: ›Eilt so schnell ihr könnt‹, so befahl er ihnen, ›zurück in eure Länder und richtet den Menschen dort aus, daß sie in einem See baden sollen. Wenn sie wieder aus dem Wasser steigen, werden sie nicht mehr schwarz, sondern weiß sein.‹ Die Wappentiere taten, wie ihnen befohlen war. Natürlich war die Gazelle am schnellsten und richtete ihre Botschaft zuerst aus. So badeten die Europäer denn als die ersten in dem See, und sofort wurde ihre Haut weiß. Der Elefant war sehr viel langsamer, kam aber immerhin als zweiter an. Als die Inder daraufhin in den See gingen, hatten die Europäer mit ihrer einst so schwarzen Haut so auf das Wasser abgefärbt, daß es verunreinigt und nicht mehr imstande war, die Inder völlig weiß zu waschen. So wurden sie braun und erdfarben. Das Chamäleon brauchte die längste Zeit, bis es wieder in Afrika eintraf. Und als die Neger so endlich und als letzte an den See kamen, war das Wasser verbraucht, ausgetrocknet und zu einer flachen Pfütze geworden. Es war nicht mehr möglich, dort unterzutauchen. Da legten die Neger in ihrer Verzweiflung wenigstens noch die Hände in die spärliche Pfütze. Und so kommt es, daß sie als einzige schwarz blieben und nur ihre Handflächen hell sind. Seitdem ist das Chamäleon das am meisten gehaßte Tier. Es ist zum Inbegriff böser Mächte geworden, denen man sein Unglück verdankt.«

Während wir auf der Pfarr-Terrasse am Indischen Ozean sitzen und die Windlichter leise in der Brise flackern, sprechen wir weiter über das Verhältnis von Weiß und Schwarz, wie es in jener Geschichte zum Ausdruck kommt. »Wir könnten nie mehr nach Südwest zurück«, sagen unsere Gastgeber spontan und wie aus einem Munde. »Es wäre uns unmöglich, unsern Dienst im Rahmen der Apartheid zu tun. Hier verkehren wir unbefangen und brüderlich miteinander. Hier braucht man mit seiner Botschaft nicht unglaubwürdig zu werden, weil die christliche Solidarität plötzlich an der Rassengrenze aufhört. Wir besuchen unsere afrikanischen Freunde und Gemeindeglieder in ihren Häusern, essen bei ihnen und werden herzlich und ohne jede Reserve aufgenommen.«

»Empfangen Sie sie auch hier bei sich? Sitzen Sie manchmal auch so behaglich mit ihnen auf Ihrer Terrasse wie heute abend mit uns?« »Natürlich«, erwidert Frau J., »ich habe den Eindruck, daß sie sich hier wohl fühlen und offen aus sich herausgehen. Nur mit den Frauen haben wir manchmal etwas Kummer. Sie sagen oft im letzten Augenblick ab. Kommen sie aber einmal mit, dann können sie eine gewisse Befangenheit in der Regel nicht überwinden. Das liegt sicher an der nachgeordneten Stellung der Frau hier. Es wird noch länger dauern, bis das überwunden ist.«

Wie zur Illustration dessen wird als Besuch ein Ehepaar gemeldet, dessen männlicher Teil schwarz ist. Die Frau ist Münchnerin. Auch er spricht ein astreines Münchnerisch. Sie haben sich dort

kennengelernt. Als sie unsere Anwesenheit bemerken, wollen sie sich sofort zurückziehen, werden aber als gute Freunde willkommen geheißen und zum Eintritt in unsere Runde genötigt. Er ist Journalist, vielseitig gebildet, welterfahren, charmant und souverän in der Unterhaltung. Es ist, wie wenn die Anmut des Münchnerischen durch das Weich-gutturale seiner Stimme noch eine Steigerung erführe. Trotz aller Sympathie, die man jedem der beiden unwillkürlich entgegenbringt, bleibt in mir ein Gefühl des Unbehagens und der Fremdheit gegenüber dieser Verbindung. Ob hier mein Instinkt spricht? Ob nur ein Vorurteil waltet? Vielleicht ist es doch nicht nur die Voreingenommenheit, die man seiner Erziehung verdankt: Der Pfarrer erzählt später noch, als er uns in den Hafen fährt, daß er gerade als Seelsorger mit solchen Mischehen weithin trübe Erfahrungen gemacht hat. Wenn die Zeit der erotischen Hochspannung vorüber ist, macht sich beim Älterwerden in der Regel eine Andersartigkeit bemerkbar, die quälend ist und entfremdet.
Am Hafen ist das bestellte Boot natürlich wieder nicht da. Schließlich gelingt es uns mit Mühe, noch ein Taxi-Boot zu unserm Schiff aufzutreiben.

Weihnachtsabend in der Kirche von Daressalam und an Bord

Daressalam
Heiliger Abend, 24. Dezember

An Deck, morgens 10 Uhr: Melancholische Stimmung auf dem Schiff. Beim Frühstück kam ein Gespräch kaum in Gang. Alle denken an zu Hause. Ein Telegramm hat Familie D. sehr beunruhigt. Die Unterbringung der Kinder muß anders geregelt werden. Die

Mutter soll nach Hause kommen. Wir raten und trösten. Ein Telefongespräch mit Hamburg muß erst einmal Klärung bringen. Die Hilflosigkeit in dieser Entfernung ist wirklich groß. Und das ausgerechnet an Weihnachten!
Heute nachmittag soll eine kleine Schiffsfeier mit der Besatzung sein. Der Kapitän ist einsilbig. Er brütet wohl über dem, was er sagen soll. Da wir alle nachher in die Christmette wollen, wo ich die Ansprache halte, kamen wir überein, daß er diesmal nicht wie sonst die Weihnachtsgeschichte verliest.
Ich sitze in flimmernder Hitze auf dem Bootsdeck an einer schattigen Stelle und denke über meine Ansprache nach. Wie soll ich besonders den jungen Seeleuten die Botschaft der Christnacht sagen, so daß ihnen der Frieden und die Freude dieser Nacht nahekommen? Es ist eine dicke Schicht wehmütiger, durch Jovialität und Sarkasmus mühsam verdeckter Gefühle, die dabei zu durchbrechen ist. Nur der Geist, der sich »aus Steinen Kinder erwecken« kann und der nichts zu tun hat mit unsern menschlichen, allzumenschlichen Einfällen, kann diese Wälle durchbrechen. Das schließt nicht aus, daß ich mich sehr anstrenge und besonders nach eingängigen Bildern suche. Ich schreibe alles auf und meditiere es gründlich.

Gegen Mitternacht

Nun liegt der erste Heilige Abend hinter uns, den wir auf einem Schiff verbrachten.
Die Kirche trug, wie im südlichen und östlichen Afrika üblich, einen beängstigend faschingshaften Schmuck: Girlanden von greller Buntheit, Papierglocken und ähnlichen Kitsch, der es nicht gerade leicht macht, dagegen anzureden. Pfarrer J. mit seiner ästhetischen Sensibilität hatte diese Verkitschung am letzten Weihnachtsfest einfach nicht mehr ertragen und mit seiner Frau zusammen die Kirche zwar festlich, aber in gedämpfter Würde ausgeschmückt. »Die Gemeinde reagierte ausgesprochen sauer«, erzählt er, als er mir etwas geniert die im Winde wehenden bunten

Papierschlangen zeigt. »Sie fühlte sich der vertrauten Festesfreuden beraubt und meuterte. Schließlich empfand ich meinen Reformeifer als ästhetischen Pharisäismus – so was gibt es doch, nicht wahr? – und dachte mir: auch im Bereich des Geschmacks gibt es ›schwache Brüder‹, die man nicht ärgern darf. Sollen sie also ihre Freude haben.« Diese Überlegung half dann auch mir über meinen Schauder hinweg.

Die Wände der großen, an einer belebten Straße gelegenen Kirche sind von lauter Luftlöchern und Schlitzen durchbrochen, um etwas Zugwind hereinzulassen. Trotzdem waren alle schweißgebadet. Die Offenheit der Kirche sorgte außerdem dafür, daß der Verkehrslärm voll hereinbrandete. Ich mußte alle Stimmregister ziehen, um durchzudringen. Diese phonetische Schwerarbeit in Verbindung mit den weißen liturgischen Gewändern hätte beinahe dafür gesorgt, daß eine kleine Lache auf dem Kanzelboden von mir übriggeblieben wäre. Das Schlimmste aber war, daß ich weder von meinem Aufschrieb noch von der Gemeinde auch nur das Geringste zu sehen vermochte. Die späte Nachmittagssonne schien mir durch das offene Portal direkt ins Gesicht. Sie heizte nicht nur zusätzlich, sondern sorgte auch für eine totale Blendung. Ich hatte eine kleine Schrecksekunde zu überwinden, bis ich mich von allem Präparierten löste und ins offene Meer treiben ließ. Ich mußte schon darauf vertrauen, daß an dem Wind, der meine Segel blähte, auch ein wenig vom Wehen des Heiligen Geistes beteiligt war. Jedenfalls kam es dann doch zur Freude des Verkündigens. Mochte ich auch die Gemeinde nicht sehen, so spürte ich doch die tragende Macht des gesammelten Hörens. Auch die Weihnachtslieder verkündigten kräftig mit, so daß wir doch gesättigt und froh in der ersten Linderung des hereinsinkenden Abends unser Boot bestiegen und aufs Schiff zurückfuhren.

Dort hatte übrigens vorher die geplante kurze Feier stattgefunden. Als der Kapitän »Stille Nacht, heilige Nacht« anstimmen ließ, wurden einige Augen feucht – die Gedanken der jungen Väter und Mütter hatten ihre wehmütigen Ziele –; andere wieder, besonders die jungen, genierten sich entsetzlich voreinander und suchten das durch ein verlegenes Grinsen zu überspielen.

Der Abend, an dem wir später in der Offiziersmesse mit der Mannschaft zusammensaßen, hat mich dann stark beeindruckt. Die jungen Offiziere hatten den Gedanken, die Matrosen, Heizer und Schiffsjungen nicht sich selbst und ihrer hilflosen Einsamkeit zu überlassen, sondern luden sie zu reicher Bewirtung in ihre Räume ein. Wenn auch die Mehrzahl an Land gegangen war, so versammelte sich doch eine erkleckliche Schar. Nach einigen Weihnachtsliedern wurde es bald lustig und laut, doch fiel niemand »aus der Rolle«. Einer sagte mir rührend: »Es kommt Ihnen sicher komisch vor, daß wir so laut Weihnachten feiern. Aber das machen wir nur, damit wir keinen Moralischen kriegen.« Das verstand ich gut. Es sind ja nicht allzu viele, die vom Kern der Weihnachtsbotschaft angerührt sind. Wer aber von der bloßen Weihnachts-»Stimmung« lebt – vom Tannenduft, von der Traulichkeit der häuslichen Stube, von der Nestwärme im Kreis der Seinen –, der fühlt sich hier in der Ferne der Tropen schon sehr preisgegeben. Und doch war trotz aller Geräuschkulissen und Beat-Klänge eine letzte Ausstrahlung der Weihnachtsbotschaft spürbar: Man merkte, daß die Vorgesetzten nicht nur Vorgesetzte waren, sondern helfen wollten, diesen Abend zu erfüllen – oder auch zu überwinden. Man würde nie auf die Idee kommen, das als Wirkung weihnachtlicher Liebe zu bezeichnen. Und auch ich habe bei meinen Gesprächen dieses Wort geflissentlich vermieden. Gleichwohl drängte es sich in meine Gedanken: Auch die härtesten, verschlossensten und auch scheuesten Männer kamen, wenn man sich an Deck begegnete, schon von weitem auf einen zu, drückten die Hand und wünschten »Fröhliche Weihnachten«. Es ist merkwürdig, was unter der Strahlkraft dieses Festes – selbst noch in großer Entfernung von der Lichtquelle – alles aufgetaut wird und zerschmilzt.

Später begaben wir uns noch mit dem Kapitän, unserm so geschätzten und fürsorglichen Steward und unserer kleinen Safarigruppe in den behaglichen Wohnraum unseres Chiefs D. Dort waren wir lange bei guten Gesprächen zusammen. Wie in der Messe und im Salon, so stand auch hier eine echte weihnachtliche Tanne, die man im Kühlraum sorgfältig aufbewahrt hatte. Wir waren plötzlich in eine heimatliche Weihnachtsstube versetzt. Da überdies die Technik für Kühle sorgte, war unsere Verzauberung vollkommen. Wenn wir später wieder in nördliche Gefilde zurückgekehrt sind, werden wir es kaum mehr nachvollziehen können, was uns die Überraschung durch dieses imaginäre Zu-Hause-Sein bedeutet hat.

Weihnachtliche Überlandfahrt. Begegnung mit der Mission

Daressalam
25. Dezember, abends

Ich sitze schreibend auf dem Bootsdeck. Die Lichter der Stadt und der umliegenden Schiffe spiegeln sich im Wasser. Der leichte Wind, der es kräuselt und bewegte Reflexe erzeugt, umfächelt einen mit wohltuender Kühle. Es ist sehr still, und ich denke an das Hiobwort von den »Lobgesängen in der Nacht«.

An diesem ersten Weihnachtstag begleiteten wir Pfarrer J. auf eines seiner Filialdörfer zum Christtagsgottesdienst. Als wir den Wagen bestiegen, strömte eine unabsehbare, festlich gekleidete Menge in die katholische Kathedrale nahe dem Hafen-Ufer. Pfarrer J. ist jeden Sonntag zu mehreren seiner Filialdörfer unterwegs, um Gottesdienste zu halten, zu taufen (monatlich etwa vierzig bis fünfzig Kinder!) und mit seelsorgerlicher Beratung zur Verfügung zu stehen. Seine Diözese, die über 20 Gemeinden umfaßt, ist halb so groß wie Bayern. An den 3 diesjährigen Weihnachtstagen hat er etwa 800 km zurückzulegen. Da die Gottesdienste 2-3 Stunden dauern und noch viele Besuche gemacht werden müssen, ist das bei den langen, heißen, staubigen und holperigen Wegen, die er am Steuer bewältigen muß, eine fast unvorstellbare Anstrengung. Daß er das heiter, gelassen und scheinbar unermüdet übersteht,

liegt gewiß nicht nur an seiner robusten Konstitution, sondern auch an der Freude, die seinen Dienst beflügelt.
Wir kamen auf diese Weise in die völlig abgelegene Eingeborenensiedlung Kisarawe. Da kaum jemals Fremde sich hierher verirren, erregte unser Erscheinen – ausgerechnet am Weihnachtsmorgen – nicht geringes Aufsehen. Schon die Anfahrt über einsame Buschwege und durch weit sich dehnende Palmenwälder war abenteuerlich und kam der Gymnastik eines Morgenrittes nahe.
Da wir reichlich früh dran waren, machten wir Rast auf einem kleinen verwilderten Friedhof, der 11 Gräber der frühen Missionare und ihrer Familien umfaßt. Hier ruht auch der erste und bedeutende Missionar Greiner (1842 - 1905), der fast zwanzig Jahre in der Umgebung Daressalams wirkte. Während wir zwischen den Gräbern in dieser großen Einsamkeit standen, wußte Pfarrer J. so lebendig vom Leben der hier Ruhenden zu erzählen, daß sie leibhaftig vor uns zu stehen schienen. Diese ersten Missionare haben Opfer gebracht, die unsere verwöhnte Generation kaum noch ermessen kann. Viele wurden von der Malaria und vom Schwarzwasserfieber dahingerafft, so daß Bodelschwingh damals seine Leute zurückzog. Er gewann nicht ohne Grund den Eindruck, daß beim damaligen Stande der Tropenmedizin ein Europäer hier nicht existieren könne und daß das Massensterben seiner Missionare und ihrer Familien nicht zu verantworten sei. Diese seine Entscheidung führte zu einem Zerwürfnis mit Greiner, der allem zum Trotz seine Arbeit durchhalten und die jung erstandenen Gemeinden nicht im Stich lassen wollte. Da er nun auf sich allein gestellt war, gründete er für seinen Lebensunterhalt einen landwirtschaftlichen Betrieb, der ihn zu großen Erfolgen führte – er war ein schlechthin tüchtiger und unverwüstlicher Mann. Der Hirsesamen, den er aus Deutschland bezog, gedieh hier so unwahrscheinlich, daß ein benachbarter Stamm ihn bat, ihm nun auch »einen andern Samen« zu bringen, der das Leben erzeuge, von dem er in seiner Botschaft rede.
Es gab kaum einen Missionar, in dessen Familie die Tropenkrankheiten *keine* tödliche Ernte hielten. Einer von ihnen mußte seine Frau nach Europa zurückschicken, weil sie das Klima nicht ertrug,

und blieb zehn Jahre von ihr getrennt. Überhaupt wurden die Familien auseinandergerissen: Die Kinder wurden in Deutschland ausgebildet und kehrten später oft selbst wieder aufs Missionsfeld zurück, um die Arbeit der Väter fortzusetzen. In diesen heißen und malariaverseuchten Gegenden hielten sie aus – ohne Auto, ohne Klimaanlagen, die ersten ohne Behausung – sie mußte ja erst einmal errichtet werden –, ohne Sprachkenntnisse, einsam und abgeschnitten in einer fremden Welt. Ich erinnerte mich, als all dies auf dem kleinen Friedhof vor uns erstand, an die Biographie von Traugott Hahn, dessen Vater 18 Jahre getrennt von seinen Kindern im Busch zubrachte, bis er den ersten Menschen zur Taufe führen konnte – 18 Jahre!

Steht man an diesen Gräbern, kommt es einem albern und sogar verrucht vor, wenn gewisse Leute sagen, die Missionare hätten sich zu Bütteln und Vorkämpfern des Kolonialismus gemacht. Für solche Ziele pflegen Einsätze dieses Ausmaßes nicht geleistet zu werden. Und wenn man an die Begleitumstände und Nebenprodukte der Missionierung denkt, so sollte sich als erste Gedankenassoziation weniger der Kolonialismus einstellen als die Befreiung aus entsetzlichen magischen Bindungen – nur etwas einfältige, kenntnis- und phantasielose Salonromantiker können dem nachtrauern! –, man sollte an Schul- und Bildungsaufbau, an helfende Ärzte und Schwestern, an Humanisierung und Kultur denken, die das Werk jener Pioniere mit sich brachte. Die heutige Missionswissenschaft arbeitet mit unvergleichlich subtileren religionskundlichen Methoden – ich erwähnte es schon –, sie bedient sich der Hilfswissenschaften der Soziologie, Psychologie und Völkerkunde; sie sieht auch zu Recht manches tolpatschige und kurzschlüssige Zugreifen der großen Wegbereiter. Und doch überkommt uns auf diesem Friedhof ein Gefühl des Respektes vor dem Engagement und dem Opfer der Vätergeneration. Es wird sich noch zeigen müssen, ob wir mit all unserer Gescheitheit auch nur ein Quentchen dieses Einsatzes von einst aufbringen.

Die Sprache kam dann noch auf schwarze und weiße Magie, die nicht nur in animistischen Bereichen, sondern auch hier noch unter der Decke des Christlichen geistert. Die schwarze Magie ist zer-

störerisch und bringt Verderben über Menschen und Vieh. Die weiße ist aufbauend und heilend. Gegen jede Form der Verhexung und Destruktion gibt es Gegenmittel, so daß die Harmonie aller Lebenskräfte wiederhergestellt werden kann. Pfarrer J. berichtete uns einige geradezu schaurige Vorgänge – gerade aus dieser Gemeinde –, die wir kaum glauben würden, wenn er nicht selbst als Augenzeuge in sie verwickelt gewesen wäre und sich in schweren Kämpfen damit hätte auseinandersetzen müssen.
Das Kirchspiel selbst, in das wir dann einfuhren, heißt auf deutsch »Hoffnungshöhe«. Greiner hat hier befreite Sklaven angesiedelt, die niemand haben wollte. Schwierig war es, wenn nun ein ehemaliges Sklavenmädchen heiraten wollte. Eheschließungen fanden ja zwischen Sippen statt. Die Sippe des Mannes hatte einen Brautpreis zu erlegen, der unangetastet blieb, um der Frau zur Verfügung zu stehen, wenn der Mann verstarb oder sie verstieß. Die freigelassenen Mädchen aber hatten keine Sippe, die für sie einstehen konnte. Greiner jedoch wußte sich zu helfen: Er adoptierte sie einfach, und es ist höchst amüsant zu hören, daß hier noch verschiedene alte Negerfrauen und -männer wohnen, die den Namen Greiner tragen. Es hat natürlich nicht an bösen Zungen gefehlt, deren Träger sich diese Namenszusammenhänge anders erklärten. Aber das war wirklich eine Verleumdung.

Weihnachtsgottesdienst in der Eingeborenensiedlung Kisarawe

Zum ersten Mal bei unseren afrikanischen Exkursionen haben wir den Eindruck, in einem Ort zu sein, den man ein »schmuckes Dörfchen« nennen könnte. Die kleinen Häuser sind unter Palmen verstreut, blitzsauber und gepflegt, in diesen Zonen ein wahrhaft ungewöhnlicher Anblick. Neben der kleinen Kirche ist an einigen Balken die Glocke aufgehängt. Als die Kinder sie mit großem Vergnügen und um den Glockenstrang kämpfend läuten, strömt die Gemeinde von allen Seiten herbei, und bald ist die Kirche brechend voll. Wir sitzen dicht eingekeilt und schwitzen, während wir auf Suaheli – man kann es auch als Unkundiger leicht aussprechen – das Weihnachtslied »Es ist ein Ros' entsprungen« mitsingen. Nicht ohne ein heimliches Vergnügen muß ich mir sagen: Jetzt ist die Zeile dran: ». . . mitten im kalten Winter, wohl zu der halben Nacht«.

Der Gottesdienst dauert mit Abendmahl und Taufe geschlagene zwei Stunden und ist unsertwegen sogar noch verkürzt worden. Je länger er dauert, um so kräftiger, heftiger und vielstimmiger wird der weihnachtliche Gesang. Besonders leidenschaftlich ist die Beteiligung bei den bewegteren Rhythmen der Lieder, die angelsächsischen Ursprungs sind. Einheimisches originales Liedgut scheint es noch nicht zu geben. Während der Predigt, die wir natürlich nicht verstehen, gehe ich das Choralbuch durch und muß mit Mühe ein Grinsen unterdrücken, als ich auf Melodien stoße wie »Ich hab' mich ergeben« und »Es braust ein Ruf wie Donnerhall«. Doch das, was einem liturgisch fragwürdig erscheinen mag, ist wie weggewischt, wenn man dieses Beteiligtsein, diese gesammelte Andacht und das bewegte weihnachtliche Singen hört. Wenn es schon einen ästhetischen Pharisäismus gibt, dann ganz gewiß auch einen liturgischen!

Der kleine reizende Täufling schreit erbärmlich, als der Pfarrer ihn mit Wasser besprengt. Die gewaltige Mammi nestelt dann während der Schlußphase von »Agende I« mit Hilfe eines Hintermannes geschickt den Reißverschluß ihres städtischen, offenbar frisch erstandenen Kleides auf und bringt das Kind an ihrem mütterlichen Busen zur Ruhe. Bald ist es satt und schläft, während die Mammi sich nun den anderen Kleinen um sich herum zuwendet und sie wiegt und herzt.

Wir nehmen alle miteinander Brot und Wein und ziehen dann unter dem Gesang von »O du fröhliche« vor die Kirche, wo uns das

Sonnenlicht umbrandet und der Pfarrer die Feier beendet. Dann geht ein herzliches Händeschütteln los. Ich hatte im Gottesdienst ein Grußwort gesagt, und nun wissen sie, daß die fremden Leute wie sie ihre Knie vor dem Kind in der Krippe beugen.
Ganz am Schluß gibt es für die Kinder noch eine Überraschung. Viele in Zeitungspapier gewickelte Paketchen mit Kleidern werden an sie verteilt. Der Pfarrer hat sie als abgelegte Sachen in der deutschen Gemeinde Daressalam gesammelt. Als ich die strahlenden Augen der Kinder sehe, denke ich an die vielen übervollen Weihnachtsteller auf dem Schiff, die unsere Seeleute als verachtete Süßigkeiten großenteils unangerührt stehenließen. Ich mache mir Vorwürfe, nicht daran gedacht zu haben, daß wir sie den Kindern hätten mitbringen sollen. Die Brocken der Übersättigten hätten bei ihnen einen Jubelsturm ausgelöst. – Ich denke auch nicht ohne Zorn an den Aufwand, den wir bei Neubauten unserer heimischen Kirchen treiben. Wenn wir es doch einfacher machten! Wir würden nicht nur zu Hause glaubwürdiger wirken, sondern könnten das Geld hier draußen für die »Sache« des Evangeliums verwenden, statt es in Repräsentation und Allotria zu vertun. Hier weiß der Pfarrer nicht einmal, wie er Fahrräder für seine Evangelisten und Katecheten auftreiben soll, und ohne sie werden sie mit den Entfernungen nicht fertig. In einer noch viel ärmeren Nachbargemeinde kann immer nur *ein* Familienmitglied zum Gottesdienst kommen, weil die angemessenen Textilien nicht zur Verfügung stehen und vom einen zum anderen wandern müssen.
Als wir schließlich erschöpft und ausgepumpt wieder in Daressalam ankommen, stürzen wir uns in die Fluten, um wieder frisch zu werden. Der Pfarrer aber hat dazu keine Zeit. Er nimmt zu Hause schnell einen Happen zu sich und bricht dann gleich wieder zu seinem nächsten Weihnachtsgottesdienst in ein noch viel weiter abgelegenes Dorf auf. Und morgen gibt es wieder zwei solche Reisen, auf denen ihn wie auch sonst niemand begleitet. Und übermorgen noch einmal. Überall muß er frisch und präsent sein. Alle erwarten ihn sehnsüchtig, wenn er alle 11 Wochen so zu ihnen kommt. Es ist kaum zu fassen, wie er das schafft und daß seine Herzlichkeit echt und ohne Routine bleibt.

Exkursion nach Bagamayo, der Stadt der Sklaven

Daressalam
26. Dezember

Heute sind wir mit dem Kapitän nach Bagamayo gegenüber der Insel Sansibar gefahren. Der Weg führte weithin durch Sand, in dem das Auto schlingerte und schwamm, und der zwischen den Fahrspuren den Wagenboden rieb. Diese Exkursion sollte ein Ausflug in die Geschichte sein. Wir wollten die älteste Stadt Ostafrikas sehen. Hier kamen früher die Sklavenschiffe aus dem Kongo an. Ihre traurige Last wurde in einem großen Hof zusammengetrieben und an die zusammengeströmten Interessenten verkauft. In dieser Schicksalsstadt gab es keine Fluchtmöglichkeit mehr; das Elend war endgültig. Daran erinnert der Name Bagamayo, denn er bedeutet wörtlich: »Laß dein Herz fallen. . . ! Crush your heart – for all is lost now.« Heute ist es ein Drecknest. Kümmerliche halbverfallene Häuser mit den üblichen Handwerksbetrieben auf der Straße. Zwischen Ruinen und Slums finden sich dann unvermittelt Spuren längst verlorener Größe: einige herrlich geschnitzte Balken etwa oder kunstvolle schwere Türen. Oft sind sie auf Hinterhöfen verborgen, zu denen wir uns immer wieder durchschlagen – nicht nur wegen jener Rudimente des Einst, sondern auch wegen der reizvollen Szenen, die sich uns da oft bieten: spielende Kinder, palavernde Mütter, Brunnen, an denen man nicht nur Wasser schöpft, sondern auch seinen Spaß hat. Wir verschaffen uns Eintritt in diese Gefilde, indem wir die Kinder durch Bonbons gewinnen und damit auch die Mütter auf unsere Seite bekommen. So ziehen wir denn wie der Rattenfänger von Hameln einen ganzen Schwanz von Kindern hinter uns her. Da ich sehr gut Fratzen schneiden kann und sie gern lachen, sind wir bald gute Freunde und bringen auch die etwas verschlossenen und manchmal direkt finster blickenden Männer dazu, uns einzulassen.

Ausgesprochene Moslem-Siedlungen wie diese sind häufig sehr zurückgeblieben und verwahrlost. »Mohammedanismus heißt

Fortschrittfeindlichkeit«, sagte mir neulich ein guter Kenner des Landes. »Achten Sie nur einmal darauf: Sie können am Zustand von Straßen und Häusern erkennen, welche Religion hier herrscht.« Das mochte sehr zugespitzt formuliert sein und eine Regel andeuten, die viele Ausnahmen kennt. In Bagamayo aber ist man geneigt, dieses Urteil bestätigt zu finden.

Am Rande einer Nebengasse wird im Freien eine Koranschule abgehalten: Vorne sitzt, ein riesengroßes Buch vor sich, ein würdig aussehender alter Lehrer. Vor ihm hockt auf dem Boden, tadellos aufgereiht, eine größere Schar von Männern; in erheblichem Abstand dahinter Frauen und Mädchen. Als wir uns möglichst unauffällig vorbeischleichen wollen, sehen sie nur flüchtig auf.

Gleich am Strand türmt sich ein burgartiges Palais, die frühere Residenz des deutschen Gouverneurs. Jetzt dient es dem Distriktkommisar als Wohnsitz und Verwaltungsgebäude. An den umschließenden Außenmauern des Parks sind Bronzetafeln mit den Namen von Gefallenen der deutschen Schutztruppe eingelassen. Es mutet uns sehr eigenartig an, in dieser Entlegenheit Spuren deutscher Geschichte zu finden – einer Geschichte, die mich an meine früheste Jugend erinnert, als mir ein Onkel, der »dabei« war, oft von seiner Schutztruppenzeit erzählte. Von den heutigen Bewohnern ist gerade niemand da. Doch ein riesengroßer, ungemein gravitätisch einherschreitender, aber sehr freundlicher Polizist führt uns gleich in die offen daliegenden Privaträume. Auch sie verraten durch ihre Großzügigkeit und einiges verbliebene Mobiliar noch die Spuren einstiger Größe. Wie alle Verwaltungs- und Repräsentationsbauten aus der deutschen Zeit, so hat auch diese Residenz dickes, solide gefügtes Mauerwerk, das die Hitze abhält und die Zeiten überdauert. Von der großen Terrasse blickt man über den Park hinweg auf die Weite des Meeres. Ich kann es mir nicht versagen, einen diskreten Blick auf das Bücherbord zu werfen. Neben vielen Bänden Marx und Lenin sehe ich da auch eine Reihe mit neueren deutschen Taschenbüchern. Auch sprachlich scheint die frühere Zeit noch nachzuwirken... Mit dem Polizisten, der englisch kann, sprechen wir dann über die Jahre, als das Land eine deutsche Kolonie war. Hört man hier etwas Gutes über die Schutztruppenzeit, dann könnten jemandem, dessen Land von permanenten Selbstbezichtigungen widerhallt und in dem es fast zum guten Ton gehört, seine Vergangenheit zu diffamieren, fast die Tränen kommen!

Im Hof des Palais drehen zwei Männer unausgesetzt die großen Räder eines Brunnens; elektrischen Strom gibt es hier nicht. Gleich in der Nähe am Strand ragt ein riesiger Baum, an dessen ausladenden Zweigen zum Tode Verurteilte aufgeknüpft wurden. Jetzt spielen in seinem Schatten die Kinder. Weiter außerhalb betreten wir auch den von Häusern und Mauern umschlossenen Hof, in dem die angekommenen Sklaven zusammengetrieben wurden und den Tiefpunkt ihres Schicksals durchlitten. Nun sprießt auf dem Mauerwerk Grün; auch hier toben die Kinder, und die Stätte früherer Hoffnungslosigkeit wird zum Aufhänger idyllischer Gefühle, deren schmähliche Romantik wir abschütteln möchten. Die Geschichte begräbt auch das Schlimmste und Größte in den bodenlosen Schlünden der Vergangenheit und läßt es fast nicht mehr wahr sein. Plötzlich wurden mir an diesem düsteren und nun von Heiterkeit übersponnenen Ort Meditationen lebendig, die mich angesichts frischer Trümmer und Ruinen während des Bombenkrieges beschäftigten: Noch wehte einen der aufgewirbelte Staub aus ihnen an, noch dachte man, daß sie gestern erst Heimstätten waren und daß die jetzt darunter Begrabenen eben noch darin schliefen und abends um die Lampe saßen, noch roch man den Hauch frischer Zerstörung, wie er von verbranntem Holz und von der stickigen Mischung aus Asche und Löschwasser ausgeströmt wurde. Bald aber, so sagte ich mir damals, werden neue Häuser an dieser Stelle stehen, oder die Schutthügel werden begrünt sein, und niemand wird mehr begreifen können, wie erschüttert wir jetzt inmitten der Ruinen stehen und welche Ängste nach uns greifen.

Beim Bummeln durch Nebengassen entdecken wir die überaus schlichte Werkstatt eines Silberschmiedes und sehen ihm zu. Mit seinen ungemein zarten, feinnervigen Händen fingert er an einer Filigranarbeit, für deren Würdigung unsereins die Lupe braucht. Er lötet winzige Silberdrähte zu seinen feinen arabischen Gespin-

sten zusammen und tut das mit Hilfe einer Art von Sauerstoffgebläse, das er aus einer winzigen Tranfunzel gewinnt, indem er die Flamme heftig blasend durch ein gebogenes Rohr auf die Silberdrähtchen lenkt. Als wir ihm etwas abkaufen wollen, können wir uns erst verständigen, als ein Nachbar zu Hilfe gerufen ist, der sein Arabisch ins Englische übersetzt. Er kann nicht einmal Ziffern schreiben und lesen, als ich ihm Zettel und Kugelschreiber hinhalte. Und doch machte dieser Mann, dessen Züge nicht ungeistig und von eigenartigem melancholischem Reiz waren, silberne Gebilde von unbeschreiblicher Zartheit und Präzision.
Ehe wir die Heimfahrt antreten, besuchen wir die am Rande der Stadt gelegene katholische Missionsstation. Der gewaltige und gut gepflegte Gebäudekomplex wird von einer neuromanischen, gleichwohl sehr würdigen Kathedrale beherrscht und hebt sich kraß von dem kläglichen Bild der verfallenen Stadt ab. Das Ganze wirkt auf uns wie eine Felsenburg inmitten der Brandung des Mohammedanismus. Der einsame Pater, der hier seines Amtes waltet, ist ein fröhlicher Holländer. Man merkt ihm nicht an, was es für ihn bedeuten muß, von dieser fremden und oft feindlichen Umwelt umschlossen zu sein. Seine etwa 1 000 Gemeindeglieder wohnen weit verstreut. Auch sie stehen in mühsamer Selbstbehauptung. Die Welt der Moslems scheint aller Missionstätigkeit seit langem beharrlich zu widerstehen. An den Wänden des kleinen, zur Station gehörigen Museums machen mir den größten Eindruck die zahlreichen Freilassungsbriefe der Sklaven, die in deutscher Sprache ausgefertigt und von deutschen Behörden unterzeichnet sind. Als wir schließlich heimwärts fahren, liegt abendlicher Friede über den Wohnflecken, die wir berühren. In einsamen Hütten sehen wir kleine Lichter. Auf Holzkohlenfeuern wird das abendliche Essen gewärmt. Hin und wieder dringt Lautsprechermusik an unser Ohr. Es sind heute abend meist Weihnachtslieder.

Baden am Strand von Mjimwema. Fütterung einer Pythonschlange

Daressalam
Sonntag, 27. Dezember

Heute waren der Kapitän, die Chief-Familie, unser kleiner Messesteward Ernst und wir von dem deutschen Chefarzt der hiesigen Frauenklinik, Dr. Schuppler, zum Baden an einen entlegenen Strand eingeladen worden. Wir holten ihn in seinem schönen Haus, das auch noch aus der »deutschen Zeit« stammt, ab. Er hat jene vitale Tatkraft und Frische, wie man sie häufig bei Chirurgen und Gynäkologen findet. Mit Vergnügen erzählt er uns, daß er am 1. Weihnachtstag in seiner Klinik 53 Babys ans Licht der Welt geholt hat und daß es im Jahr etwa 15 000 sind. Die Frauen kommen abends und fahren am andern Morgen mit dem Omnibus wieder weg, oder sie erscheinen morgens und verlassen die Klinik am gleichen Abend. »Nur dadurch können wir diese großen Zahlen bewältigen«, sagt er. »Embolien und vieles andere, wovon die zivilisierten Frauen in Europa bedroht sind, kennt man hier kaum. Daß unsere Frauen hier gleich aufstehen und sich bewegen, ist gesund und schützt gegen vieles.« Als wir uns wundern, daß beim Verlassen des Hauses alles offen bleibt, und ihn fragen, ob er keine Spitzbuben fürchtet – wir hörten von dieser Landplage –, erzählt er uns lachend, daß ihm so was noch nie widerfahren sei. »Ich verdanke das einem Trick, der mir eingefallen ist. Ich habe nämlich das Gerücht verbreitet, daß aus einer dunklen Ecke der großen Terrasse allnächtlich ein Geist aufsteigt, der sich aus nebelhaften Dämpfen zu einer Gestalt verdichtet. Zur Bekräftigung dieses Gerüchtes habe ich meinen Leuten eine Photomontage gezeigt, auf der dieses Gespenst zu sehen ist. Dieses Gerücht, das sich in Windeseile verbreitete, schützt mein Haus besser als Hunde, Schlangen und eine Hyäne, die ich mir außerdem noch gehalten habe.«

An dem herrlichen, unendlich sich erstreckenden und fast menschenleeren Strand von Mjimwema – wenn man so etwas doch bei

uns hätte! – beziehen wir ein paar Schilfhütten und geben uns den ganzen Tag über kreatürlichem Behagen hin. Frau Sch. versorgt uns ebenso mit Leckerbissen wie der Kapitän, den unser Steward gleichfalls reich damit eingedeckt hat.
Bei der Heimkehr möchte Dr. Sch. unbedingt noch seine Pythonschlange besuchen, die lange als Haustier bei ihm lebte. Sie war ihm dann doch etwas zu groß geworden. Nun ist sie sozusagen in der Pubertät und mißt schon 4 m, soll sich aber im Mannesalter noch zu doppelter Länge auswachsen. Sie »weilt als Gast« auf einer katholischen Missionsstation, bleibt aber trotz aller lockend-vertrauten Töne, die ihr Herr durch den Maschendraht säuselt, ungerührt in sich zusammengerollt. Jeden Monat frißt sie ein Huhn, und da es gerade mal wieder an der Zeit ist, will der Wärter uns zu Augenzeugen dieser Fütterung machen. Als er sich ein Huhn fängt, protestieren die Damen und beklagen das arme unschuldige Opfertier. »Aber die Schlange will doch auch leben!«, sagt der Wärter und spielt damit – wohl unbewußt – darauf an, welche Konflikte auch im Naturbereich walten. »Im übrigen«, fährt er fort, »brauchen Sie sich um das Huhn nicht zu sorgen. Es geht so schnell, daß das nichts merkt.« Und als einer von uns seine Kamera zückt, wehrt er ab: »Das hat noch bei niemandem geklappt! Da müßten Sie schon ein Zeitlupengerät haben, um diesen blitzhaften Vorgang einzufangen.« Er läßt das Huhn dann in das Schlangengehege flattern. Das Wort vom Blitz war wirklich präzise: Wir sahen nicht einmal, wie die Schlange auffuhr. Wir sahen nur, daß das Huhn im nächsten Augenblick von der Schlange umringelt und erdrückt war und nur noch leichte Nervenzuckungen von sich gab.
»Der Tod tritt dadurch ein«, sagt Dr. Sch., »daß durch die blitzschnelle Kontraktion der Schlange alles Blut ins Gehirn des Huhns gepreßt wird und dadurch die Gefäße platzen. So ist das Huhn sofort betäubt. Trotz dieser erstickenden Umschlingung bricht die Python dem Huhn keinen einzigen Knochen.« Wir sehen nun gebannt zu, was weiter passiert. Erst nach etwa 20 Minuten, in denen gar nichts geschieht, beginnt die Schlange mit dem Kopf vorsichtig umherzutasten und sucht alle Winkel ringsum sorgfältig ab. Ihr liegt offenbar an äußerster Sicherung. Denn wenn sie das Huhn

herunterwürgt, ist sie für eine Stunde völlig wehrlos. Mit übervollem und gedehntem Maul ist sie jedem Feind ausgeliefert. Dann beginnt sie von hinten her das Huhn mit allen seinen Federn in sich hineinzuschlingen. Zuerst ist es uns unfaßlich, wie der kleine Kopf mit dem großen Huhn, das seinen Umfang um ein mehrfaches übertrifft, fertig werden soll. Doch die Kiefer sind durch elastische Bänder miteinander verbunden und schaffen schließlich das Unwahrscheinliche. »Was macht sie denn mit all den Federn und Knochen?«, fragt die kleine Sprotte; »das kann sie doch nicht verdauen!« – »O doch, das kann sie sehr wohl«, sagt der Wärter. »Von alledem bleibt nichts übrig. Nur ein paar Federkiele scheidet sie wieder aus. Und die verkaufen wir dann für die Mission«, fügt er lächelnd hinzu.

Am Abend kommt die Bade- und Schlangengesellschaft noch einmal zum Essen und zum anschließenden Klönen zu uns an Bord. Auch das Ehepaar J. stößt dazu. Wir feiern zugleich Abschied von Daressalam, denn morgen soll es endlich losgehen.

Fragwürdige kirchliche Entwicklungshilfe

Pfarrer J. ist nach dem Übersoll an Diensten, die er in den letzten drei Tagen absolviert hat, anscheinend kaum erschöpft. Als ich zu erkennen glaube, daß er ein wenig bedrückt ist, und ihn darauf anspreche, sagt er, mit Ermüdung habe das nichts zu tun, ihm sei nur wieder einmal das Elend der kirchlichen Entwicklungshilfe auf die Seele gefallen. »Seh'n Sie, wir brauchten in. . . (der Name ist mir entfallen) ein kleines bescheidenes Gemeindezentrum, um die verstreuten Christen zu sammeln, sie zu unterrichten und ihnen auch einige hygienische, landwirtschaftliche und sonstige Tips zu geben.

Aber dafür kriegen und kriegen wir nichts. An der ›geistlichen Front‹ sind wir total verlassen. Wenn wir um ein Krankenhaus oder um eine Schule bitten, beginnen die Geldquellen sofort zu sprudeln. Aber für eine Kirche oder ein Gemeindezentrum kann man sich die Finger wundschreiben und den Rachen heiser betteln. Da gibt es nur hin und wieder ein ganz dünnes Rinnsal.«
Dr. Sch., zu dem er dabei einen kurzen Blick hinübersendet, lächelt ihm zu: »Ich verstehe Sie sehr gut. Ich weiß ja, daß Sie nichts gegen Krankenhäuser und Schulen haben!«
»Wie sollte ich auch!« Pfarrer J. lächelt ebenfalls, fährt aber dann ernst fort: »Kein Mensch bezweifelt ja, wie nötig ärztliche Hilfe ist, daß man das Analphabetentum bekämpfen muß, und was es bedeutet, für künstliche Düngung zu sorgen und der Unterernährung aufzuhelfen. Aber ist das nicht die Aufgabe der *staatlichen* Entwicklungshilfe? Wenn wir als Kirche dabei nur der kleinere Doppelgänger des Staates sind und unsern besonderen Auftrag vergessen, sind wir verraten und verkauft.«
»Und worin würden Sie diesen besonderen Auftrag sehen?«, fragt Frau Sch.
»Darin vor allem«, fährt der Pfarrer fort, »daß wir das geistliche Fundament hüten, das uns anvertraut ist. Wir haben zu verkündigen und den Menschen zu zeigen, wie sie von den schauerlichen Bindungen erlöst werden, in die sie verstrickt sind. Unsereins sieht und erlebt das täglich. Und es ist ein Unterschied, ob man so was als Religionswissenschaftler aus der Distanz registriert oder ob man als Seelsorger in Angst, Verwünschung, Haß und magische Schrecken hineingezogen wird. Wir haben die verlorenen Seelen zu suchen und ihnen jene Befreiung zu bringen, von der wir selber leben. Das eine ist ohne das andere nicht zu haben. Wer nur verkündigt und an den Seelen arbeitet, ohne an den Jammer der unterernährten Leiber zu denken, macht sich ebenso schuldig wie jemand, der meint: Wenn man für Essen, Trinken, Kleidung und Wohnen sorgt, habe man alles getan, was zum Leben nötig ist.«
Pfarrer J. sieht mich an. Sein Blick scheint zu fragen, ob ich ihm recht gebe.
»Ich kann alles, was Sie gesagt haben, nur unterschreiben«, ant-

worte ich ihm. »In der Aufklärungszeit meinten die Theologen schon einmal, das Evangelium als Botschaft von einer Gnade, die den Menschen frei macht, sei überflüssig. Und so löste man es in dem auf, was man heute ›Sozialethik‹ nennt: Man hielt von den Kanzeln moralische Philippiken über hygienische Fragen, guten Stalldung, reine Schlafzimmerluft, Ordnung in Haus und Garten und über friedliches Familienleben. Man hatte dabei wohl ganz richtig gesehen, daß das Evangelium auch in *diese* Bereiche ausstrahlt und das Leben verändert – einfach deshalb, weil es dort, wo es wirklich vernommen wurde, schlechthin alles revolutioniert. Aber man vergaß eben das, was Sie vorhin die ›geistlichen Fundamente‹ genannt haben. Man ließ das Evangelium zur bloßen Symptomtherapie degenerieren und übersah, daß es an den *Wurzeln* unserer Existenz eingreifen, daß es zuerst einmal neue *Menschen* aus uns machen will. An die Stelle des ›Einen, was not ist‹ setzte man das Viele, was nützlich sein kann. Und wir haben ja gesehen, daß diese ganze Richtung den Tod im Topf hatte, daß man die Menschen geistlich verhungern ließ und statt mit dem Brot des Lebens mit den Steinen des Moralismus abspeiste. Wenn man heute den Glauben in bloße Mitmenschlichkeit und die Theologie in Soziologie verwandeln möchte, dann sehe ich darin genau dieselbe Form der Degeneration und des geistlichen Todes. Die Kirche versagt dann in ihrem eigentlichen Auftrag und gibt den Menschen nichts anderes, als was ihnen der Wohlfahrts- und Sozialstaat auch gibt – und obendrein *besser* gibt. Nach einiger Zeit werden sich die Menschen sagen: ›Wenn ich das, was die Kirche anpreist, genausogut *ohne* christliches Etikett von der säkularen Gesellschaft haben kann, dann pfeife ich auf das christliche Etikett. Es ist mir ja sowieso fremd geworden (zumal die Kirche selbst kein Interesse mehr daran zu haben scheint, mir seine Relevanz zu erklären).‹ Wenn die Kirche nicht mehr ihr Eigenstes gibt, das sich von allem unterscheidet, was Menschen zu geben vermögen, dann ist sie verraten und verkauft. Das kurze Zwischenstadium, in dem ihr die sogenannten Progressiven zujubeln und ihr schmeichelnd bestätigen, daß sie mit der Zeit geht und endlich ein ›praktisches‹ Christentum pflege –, das wird schnell zu Ende sein.«

Was heißt »christliche« Nächstenliebe?

»Meinen Sie denn«, wendet Dr. Sch. fragend ein, »daß die Kirche sich überhaupt von allen Hilfsaktionen wie praktischer Lebenshilfe in Gesundheitswesen, Ackerbau und Viehzucht lossagen und sich nur der Pflege der Seelen widmen solle?«
»Mitnichten«, erwidere ich. »Das hat auch Pfarrer J. nicht gemeint. Es kommt nur auf die Dringlichkeitsstufen an, wie sie mit dem Auftrag der Kirche gegeben sind...«
»Und das kann doch nur heißen«, fällt Pfarrer J. ein, »daß die geistlichen Fundamente in unserm Auftrag den Primat haben. Wir können uns nicht mit den Zweigen beschäftigen und die Wurzeln vergessen.«
Ich ergänze ihn noch und freue mich unserer Zusammenstimmung: »Wenn man die christliche Liebe nicht nur als privates Almosen und barmherziges Wundenverbinden versteht, wenn man sich vielmehr darüber klar ist, daß man auch Wunden verhindern muß und daß das nur durch Veränderung des sozialen Gefüges zu erreichen ist, dann wird uns als christlicher Gemeinde natürlich dies alles *mit* aufgetragen. Aber wie sollen wir diesen Auftrag erfüllen? Wir können und sollen das gar nicht unmittelbar. Sondern *hier* haben wir den Staat anzurufen, *unsern* Staat vor allem, und ihm seine Pflicht zur Hilfe vor Augen zu halten. Es gehört sozusagen zum Wächteramt der Kirche, auch in der Öffentlichkeit zu wirken, die Wohlstandsvöllerei bei uns anzuprangern und zur Hilfe für die unterentwickelten Völker aufzurufen.«
»Haben Sie damit aber nicht das Urteil über unsere Missionshospitäler gesprochen?« fragt Dr. Sch. wieder. »Die werden doch von den christlichen Gemeinden getragen, obwohl sie nach Ihrer Konzeption in die Zuständigkeit *staatlicher* Hilfe fallen müßten – oder habe ich Sie falsch verstanden?«
»So war es wohl kaum gemeint«, antwortet Pfarrer J. statt meiner, »im Dienst an den Kranken greifen ärztlicher Dienst und Seel-

sorge doch besonders eng ineinander. Deshalb gibt es ja auch bei uns zu Hause ›konfessionelle‹ Krankenhäuser. Aber auch in den anderen gehört der Seelsorger in der Regel dazu.«

Mir fällt noch ein weiteres Argument ein: »Ganz abgesehen von dieser Verbindung zwischen ärztlicher Hilfe und ›Dienst am inneren Menschen‹ möchte ich den Sinn eines Missionshospitals hier in Tansania auch dann für gerechtfertigt halten, wenn es einfach nur helfen und – wie Dr. Walther das macht – zur ärztlichen Selbsthilfe anleiten will. Natürlich könnte man fragen, wie Dr. Sch. soeben andeutete, ob diese Aufgabe nicht in die Zuständigkeit des *staatlichen* Gesundheitswesens falle. Vielleicht tut sie das tatsächlich. Wie aber, wenn der Staat sie *nicht* oder *noch* nicht wahrnimmt? Es handelt sich ja schließlich um ein Entwicklungsland, das sich erst die Augen zu reiben und zu erwachen beginnt! Ich glaube, daß es dann so etwas wie eine Notstellvertretung der Kirche auch im Bereich staatlicher Kompetenzen gibt. Hier wird von Christen, die in fortgeschritteneren Stadien der Geschichte leben, ein Dienst der Menschlichkeit entdeckt, der getan werden muß und den die anderen noch nicht tun können, vielleicht nicht einmal sehen. Dann ist die christliche Gemeinde im Namen der Liebe gehalten, einzuspringen. Dr. Walther wäre sicher froh, wenn er die Ausbildung seiner Hilfsärzte als einen Schrittmacherdienst auffassen dürfte, der dann von der staatlichen Gesundheitspolitik aufgenommen und im großen fortgeführt würde. Ganz ähnlich haben es ja auch die Missionare gemacht, wenn sie nicht nur verkündigten, sondern die Frauen in Nähen und Säuglingspflege, die Männer in Lesen, Schreiben und landwirtschaftlicher Praxis unterwiesen. Auch das war und ist eine Notstellvertretung, wie sie mit der Botschaft der Liebe verknüpft ist. Und sie kann nicht so gemeint sein, daß die Mission für alle Zeiten ein Monopol für landwirtschaftliche und sonstige Schulen beanspruchte.«

Nach dieser etwas anstrengenden Grundsatzdebatte geht das Gespräch in ein leichteres Geplänkel und heiteres Plaudern über. Die Anwesenheit eines so erfahrenen und landeskundigen Arztes verführt mich zwischendurch aber noch einmal, ihn nach diesem oder jenem zu fragen, das mir unklar geblieben ist. So interessiert es mich, was er zu meinem Eindruck sagt, daß die Afrikaner hier im Hafen so besonders faul seien. Ich schildere ihm sehr drastisch, was ich bei den Ladearbeiten an organisierter Faulenzerei gesehen habe, so daß die anderen lachen. »Aber ich traue immer noch nicht ganz der üblichen auf unserm Schiff verbreiteten Meinung, daß dieser gerade gegenüber Mozambique auffallende Trägheitsrekord nur im Unterschied der politischen Systeme – hier sozialistisch-dirigistisch, dort kapitalistisch und konkurrierend – begründet sei.« »Dieses Mißtrauen ist durchaus berechtigt«, antwortet Dr. Sch., »jedenfalls ist das sicher nicht der einzige Grund. Die Leute sind alle leicht unterernährt und vor allem einseitig ernährt. Dabei wird man nicht besonders agil, und ganz sicher nicht in dieser feuchten Hitze. Man muß sich klarmachen, daß die Hafenarbeiter durchschnittlich im Monat 150 Schillinge, also umgerechnet 75 DM verdienen und damit womöglich noch zwei Frauen und ihre Kinder ernähren müssen. Sie können sich denken, wie dann die Ernährung aussieht.« Natürlich könnte man nun fragen, ob dieser minimale Verdienst nicht seinerseits wieder mit dem System zusammenhänge. Aber wie dem auch sei: ich bin froh, daß ich gefragt habe. Die Dinge sehen wieder einmal etwas anders aus, als ich bisher dachte – als wir alle dachten. Und morgen und übermorgen oder im nächsten Jahre, wenn ich noch hier wäre, würden sie sich abermals anders präsentieren. Wo liegt also die Wahrheit und wie kann man hinter sie kommen? Afrika ist voller Rätsel.

Auf See
unterwegs nach Tanga
28. Dezember

Soeben sind wir aus Daressalam abgefahren. Am äußersten Hafenausgang steht Dr. Sch. mit seiner Frau, die ein so belebendes Element bei den Freuden des Badens und der Geselligkeit war. Sie winken mit großen weißen Tüchern und unser Nebelhorn grüßt dreimal dröhnend zurück. Und schon entschwinden sie unsern Blicken.

In Tanga

Tanga
29. Dezember

Ich glaube, ich habe mir am Strand von Mjimwema einen kleinen Sonnenstich geholt. Jedenfalls habe ich erhöhte Temperatur, etwas Schüttelfrost und fühle mich benommen. Aber die Fünfzig-Kilometer-Fahrt nach Pangani, zu der wir zusammen mit dem Kapitän eingeladen wurden, mochte ich doch nicht versäumen. Freilich sah ich alles nur wie durch einen dünnen Schleier.

Wir liegen weit draußen vor Anker und schon die Bootsfahrt durch die malerische Bucht zum Land war sehr schön, erst recht der Weg durch die gepflegte Stadt mit ihren breiten Mangoalleen, denen die nicht protzigen, aber geschmackvollen und soliden Bauten immer noch ein deutsches Gepräge geben und an das Werk Hermann von Wissmanns erinnern. Auf nicht asphaltierten, aber ordentlichen Straßen fahren wir durch das größte Sisal-Anbaugebiet der Welt. Richard Hindorf hat in den neunziger Jahren des vorigen Jahrhunderts die Sisalwurzel aus Mexiko hierhergebracht und damit den Grund für ein Exportgeschäft gelegt, dem durch die Kunstfaserindustrie nun ein gefährlicher Konkurrent erwachsen ist.

Kenia

In Mombasa – Gespräche am Indischen Ozean

Mombasa
Silvester
31. Dezember

Seit gestern fest im Bett, die Temperatur ist erheblich gestiegen, mir ist abwechselnd kalt und heiß, wie wenn der innere Thermostat defekt wäre. Soweit ich aus dem Arzt schlau geworden bin, ist es ein Zwischending zwischen Grippe und Sonnenstich. Letzte Nacht vor irrsinnigem Durst durch das ganze Schiff gerannt und etwas zu trinken gesucht. Schließlich im offenen Fach der Offiziersmesse eine Flasche Bier gefunden. In den Fiebergedanken und -bildern geisterte wieder die Universität, deren tiefe und unabsehbare Krise mich verfolgt. Idee: Wenn überall Gleichheit und Nivellierung herrschen, werden die Chancen der Stärkeren und Klügeren gemindert, weil sie sich mit allen kleinen Geistern herumschlagen müssen und von ihrer Stimmenzahl abhängen. Es kann ihnen nicht gelingen, einen Boden zu gewinnen, von dem aus sie gesichert wirken können. – Ich glaube, das war ein Nachklang der Lektüre von Churchills »Marlborough«, wo er die entsprechend anderen Verhältnisse im 18. Jahrhundert schildert. Aber auch sie waren nicht das Paradies!

Mombasa
2. Januar

Nach fiebrig verschleierten Tagen heute zum ersten Male fast ohne Temperatur und merklich frischer. Trotz meines dummen Zustandes holte uns Herr B., der Generalagent unserer Linie für Ost-

afrika, für die Zeit des Mombasa-Aufenthaltes in die weiße Traumvilla von Frau von Rantzau, weit vor der Stadt, draußen am Meer. »Dort pflegen wir Sie gesund.«
Die Formulierung »weiße Traumvilla« erinnert mich zwar unangenehm an den Jasmin- und Regenbogenstil. Aber mir fällt kein anderes Wort ein. Sie ist wirklich weiß und ist wirklich eine große Villa mit breiten Terrassen und mächtigen Säulen. Und davor ist ein parkartiger Garten mit einem Schwimmbad. Und dieser Garten läuft aus in den Strand, so daß ich hoffe, bald ebenfalls das zu tun, was die andern machen: in der Frühe vom Bett aus ins Meer laufen und dann im Schwimmbad das Salzwasser wieder abwaschen. Fünf dienstbare Geister umsorgen uns, dazu ein Koch mit mächtiger Mütze, der jedesmal nach dem Essen wie ein Dirigent vor sein Publikum tritt, um den Applaus entgegenzunehmen. Herr B. ist noch unverheiratet, ein junger, strahlender, energiegeladener Mann, mit dem man sofort Kontakt hat. Allein mit der schwarzen Dienerschar in diesem großen Hause zu sein, ist ihm trotz des märchenhaften Milieus manchmal eine Last. Darum ist er froh, daß wir ihn besuchen – und nicht nur wir: Der deutsche Botschafter in Kenia hat mir einen sehr netten Brief geschrieben und zwei junge Theologen »zur Unterhaltung« von Nairobi geschickt: Pater Sp. von den »Weißen Vätern« und den evangelischen Pfarrer H. Beide sind eng miteinander befreundet, tun zusammen ihre Arbeit und geben sogar gemeinsam ein Blatt heraus, dessen Niveau mir imponiert. Sie sind ebenso enttäuscht wie wir selber, daß meine blöde Erkrankung uns hindert, die verlockenden Pläne zu realisieren, die sie für uns ausgedacht haben: Da der Pater zugleich Pilot, also ein »fliegender Pater« ist, wollten sie uns in einem kleinen Charterflugzeug durch Kenia fliegen, vor allem in die Wüste zu einsamen Karawanen, mit denen der Pater Verbindung hat. Da sitze ich nun in einer schönen Villa fest, bin in Kenia, das meine Phantasie nach der Lektüre des Uhuru-Buches von Ruark so mächtig erfüllt hat, habe die Möglichkeit zu einem Abenteuer vor meiner Nase – und muß die klägliche Rolle eines Halbpatienten spielen.
Silvester konnte ich noch nicht mitfeiern, obwohl der Abend auf

der Terrasse am Meer gewiß sehr schön war. Aber seit gestern reden wir den ganzen Tag mit unsern beiden Besuchern und suchen soviel wie möglich von ihrer Arbeit und von Kenia überhaupt zu erfahren.

Führt Mission zur Selbstentfremdung des Afrikaners?

Pater Sp. sieht die afrikanische Mission ebenfalls in einer Krise. Er spricht vom Ende der bisherigen Konzeption und betrachtet das Neue, das sich in Umrissen schon ankündigt, mit großer Nüchternheit. Er meint: »Die politische und kirchliche Verselbständigung Afrikas erlaubt keine Missionsorden mehr, die ihre Mitarbeiter auf Lebenszeit an die Arbeit in Afrika binden. Eine ähnliche Regelung, wie sie sich im staatlichen und wirtschaftlichen Bereich herausgebildet hat, wird sich auch bei unserer Arbeit durchsetzen: Wir müssen für eine begrenzte Frist, sagen wir für 6 Jahre, Berater stellen. Das kann dann fruchtbar und förderlich für beide Seiten sein. Im andern Falle nabeln wir die Afrikaner nie ab, wir verhindern eigenständige Entwicklungen und lassen das Christentum eine im Grunde fremde Importware bleiben.«
Auf meine Frage, wie sich sein Verhältnis zu den afrikanischen Amtsbrüdern gestalte, antwortet er mit jener Aufrichtigkeit, die aus allen seinen Äußerungen spricht und die mir sofort Vertrauen einflößt: »Es bleibt zwischen uns und unsern schwarzen Brüdern eine Schranke. Sie nicht wahrhaben zu wollen, wäre Selbstbetrug und führte nur zur Heuchelei. Gerade weil ich ihr Anders-sein anerkenne, bin ich zu der Überzeugung gekommen, daß wir mehr in den Hintergrund treten und uns auf die Rolle bloßer Berater zu-

rückziehen müßten. Wenn die Schranke zwischen uns völlig fällt – das kommt manchmal vor –, ist das in der Regel gerade *kein* gutes Zeichen. Dann hat sich der Afrikaner einen europäischen Lebensstil angeeignet und ist sich und seinen Stammesbrüdern entfremdet. Und ebendies können wir doch *nicht* wollen.«

Ich will ihn ein wenig provozieren und frage: »Könnte diese Entfremdung nicht überhaupt Folge der Mission sein?«

»Nur dann, wenn sie ›gesetzlich‹ betrieben wird«, antwortet er, »wenn man den Afrikanern zum Beispiel unsere Lieder, unsere Zeremonien und Institutionen einfach oktroyiert. Das führt dann wirklich zu Vergewaltigung und Verfremdung. Außerdem ist es auch ein Mangel an Vertrauen: Man traut der schöpferischen Kraft des Glaubens nicht zu, daß unsere afrikanischen Brüdern ihren eigenen Weg und auch ihren eigenen Stil in der Nachfolge finden.«

Ich weiß nicht recht, ob es ein Einwand oder nur eine Ergänzung ist, wenn ich dem Pater sage, daß ich noch weitergehen würde: »Ich halte es meinerseits auch für ›gesetzlich‹, wenn wir bestimmte *ethische* Vorstellungen, die sich in unserer christlichen Tradition herausgebildet haben, einfach als wesenhaft christlich ausgeben und die gleiche Verbindlichkeit dafür beanspruchen wie etwa für den Satz, daß Christus der Herr sei.«

»Denken Sie dabei an etwas Bestimmtes?« fragt der Pater.

»In der Tat: Bei uns gilt zum Beispiel die Monogamie als *die* christliche Gestalt der Ehe. Das hat übrigens seine guten Gründe, so daß ich gar nicht dagegen polemisieren will. Die Einehe hängt mit der veränderten Stellung der Frau zusammen, die das Christentum mit sich gebracht hat, und ich glaube deshalb, daß sie sich überall in seinem Kraftfeld durchsetzen wird. Ich halte es aber für ›gesetzlich‹ und darum für tötend, wenn bestimmte Missionen sagen: Gott verlangt von euch die Einehe. Ehe ihr getauft werden könnt, müßt ihr alle Frauen außer einer entlassen. Das empfinde ich als äußerst unchristlich: Hier hat man nicht die Geduld, eine bestimmte Lebensform als Frucht des Evangeliums *wachsen* zu lassen, sondern man ordnet ihm diese Lebensform vor und macht sie zur Vorbedingung für seine Annahme. Das ist der präzise Modellfall der Gesetzlichkeit. Außerdem empfinde ich dieses Verfahren auch deshalb als unchristlich, weil es höchst lieblos, ja grausam ist: Man verlangt doch nichts Geringeres, als daß etwa ein Häuptling das Treueverhältnis zu einer oder zu mehreren seiner Frauen löst und sie – bei den hiesigen Verhältnissen! – ins Nichts oder in die Prostitution verstößt. Wahrscheinlich wird er sogar die jüngste und knusprigste (Verzeihung!) behalten, und gerade die Älteren können dann sehen, wo sie bleiben. Auch da traut man, wie Sie ganz richtig gesagt haben, der schöpferischen Kraft des Glaubens nichts zu: daß er nämlich im Maße seiner Ausstrahlung – vielleicht in der nächsten Generation – von selbst zur Lebensgestalt der Monogamie durchfinden wird.«

Der Pater geht darauf nicht ein, vielleicht weil das Thema bei seiner kirchlichen Bindung delikat ist. Ich halte es aber nicht für ausgeschlossen, daß er mir zustimmt. Statt dessen greift er noch einmal das Thema einer falschen Europäisierung des Afrikaners auf, wie sie durch eine ›gesetzliche‹ Ausrichtung der Mission zustande kommen kann. Er berichtet von einem kürzlich erlebten Fall, der ihn sehr erschüttert habe: »Der Rektor einer theologischen Lehranstalt in Nairobi fragte einen der afrikanischen Studenten: ›Was schwebt dir als Ziel deiner Arbeit vor, wenn du in den Busch zurückgehst?‹ – Antwort: ›Wer wird denn wieder in den Busch gehen!‹« Etwas verbittert fügt der Pater noch hinzu: »Der junge Mann dachte eben: Das tun doch die Weißen! Die sind für den Busch gut genug. – Ähnlich war es vor einiger Zeit bei einer Fronleichnamsprozession. So etwas kommt der afrikanischen Neigung zum Theatralischen entgegen und findet deshalb im Volke großen Anklang. Die Studenten aber weigerten sich mitzugehen. Nachdem sie erst Examens- und andere Gründe vorgeschoben hatten, kamen sie schließlich mit dem eigentlichen Grund heraus: ›Es ist zu heiß, wir können nicht so lange in der Sonne stehen.‹ Wirklich und wahrhaftig, das sagten sie: ›Wir können nicht so lange in der Sonne stehen.‹« Er schüttelt den Kopf. »Da haben Sie die ganze Entfremdung, die unsere falsche Erziehung mit sich bringt«, fährt er etwas erregt fort. »Der Status des Klerikers, wie er nach unserm amerikanischen oder europäischen Modell geprägt wird, bringt in der afrikanischen Situation einen unerhörten sozialen Prestigegewinn mit sich, der ihn von der alten Umgebung distanziert. Sie sollten einmal hören und sehen, was alles dieser ›Kleriker‹ nun nicht mehr tun darf und was er seinem Stande schuldig ist! Das ist aber nicht die Folge des Evangeliums, sondern die Folge seiner Veruntreuung. Man hat statt seiner ein europäisches Christentum importiert und wundert sich dann, daß es bei aller äußeren Annahme fremd bleibt und zusätzlich noch zu menschlicher Ent- und Verfremdung führt.«

Pfarrer H. ergänzt das durch eine Skandalgeschichte, die ich schon vorher gehört hatte: Ein evangelischer Bischof, Afrikaner – er hat übrigens sogar bei mir in Hamburg studiert – hat sich trotz der Armut seiner Kirche einen schweren Repräsentationswagen zugelegt, der hier etwa doppelt soviel wie in Deutschland kostet, und auch sonst einen Aufwand getrieben, der seine arme Kirche buchstäblich zum Bankrott führte. Er mußte kürzlich seinen Abschied nehmen. (Fast in jedem Hafen sprach man mich darauf an.) »Der Bischof fühlte sich aber in aller Ehrlichkeit nicht als Betrüger, obwohl er genau wußte, daß die Sache schief gehen mußte«, fügt Pfarrer H. hinzu, der ihn kennt. »Er meinte in aller Naivität, ein Kirchenhäuptling wie er sei das seinem Stande schuldig, zumal er selber auch noch der Sohn eines Häuptlings ist. Hier mischt sich afrikanisches Prestigedenken verhängnisvoll mit übersteigerten Vorstellungen, die man sich von europäischen Würdenträgern macht.«

Heute begann auch ich endlich den Tag mit der frühen Erfrischung in Salz- und Süßwasser. Nach dem Frühstück begaben wir uns in den Garten und setzten unter Palmen die Gespräche von gestern fort. Ich erzählte, daß Pfarrer J. sich über die kirchliche Entwicklungshilfe beklagt habe und erkundigte mich, ob im katholischen Bereich Ähnliches zu beklagen sei. Pater Sp. bestätigt, daß man auch in seiner Kirche schlechthin alles für konkrete Entwicklungsprojekte bekomme, daß aber für ein Existenzminimum der Missionare selbst – also für die Arbeit an den »geistlichen Fundamenten« – kaum das Nötigste herausgerückt werde. Durch Verträge mit den

einheimischen Bischöfen sei der Tagessatz für einen Missionar auf 3 bis höchstens 5 Schilling (also auf 1,50 bis 2,50 DM) festgesetzt. Davon könne auch bei bescheidensten Ansprüchen natürlich niemand leben. Also müsse man von seinen Angehörigen unterstützt werden. Überhaupt sei das Verhältnis zum einheimischen Episkopat nicht ohne Spannungen. Man sei hyperkonservativ und widersetze sich den Ideen der Jüngeren, von denen wir gestern gesprochen hatten. Der Regierungsstil sei vielfach der von Häuptlingen. Sie litten als jüngere alle darunter, daß freie Meinungsäußerungen kaum möglich seien.
Schreibt man das, was im Zuge einer langen Unterhaltung sich allmählich enthüllte, in Gestalt eines solchen Konzentrates auf, könnte es fast so aussehen, als ob der Pater ins Querulieren gekommen sei. So war es aber keineswegs, und so ist er vor allem selber nicht. Er ist von der Freude an seinem Dienst erfüllt, und alle Kritik – alle vielleicht revolutionär anmutenden Anwandlungen – können die Begeisterung nicht ersticken, mit der er ihm hingegeben ist. Sie können auch nicht seine nüchterne, aber tiefe Frömmigkeit verdunkeln. Was mich freut, ist seine Aufrichtigkeit, die ihn nicht auf die Idee kommen läßt, dem Vertreter einer anderen Konfession retuschierte Bilder vorzusetzen. Daß er sich so rückhaltlos aufschließt, wird wahrscheinlich durch die Verbundenheit mit seinem Pfarrerfreund erleichtert. In ihm hat er einen guten Kameraden, der ähnliche Bürden trägt und nicht nur die gleichen Aufgaben *sieht,* sondern mit ihm zusammen auch um ihre *Erfüllung* ringt.

Der Zölibat bei afrikanischen Priestern

Als ich ihn ein wenig als klerikalen Revoluzzer necke – unser Gespräch vollzog sich ja keineswegs nur, und gerade in diesem Märchenmilieu nicht, in tierischem Ernst! –, erwähne ich meine katholischen Freunde in Holland, die seit dem Konzil gerade in der Zölibatsfrage besonders aufsässig sind und auf radikale Reformen drängen. Ich könnte mir denken, daß dieses Problem hierzulande besonders heikel ist. Ein unverheirateter Afrikaner – das ist nahezu undenkbar, das erscheint fast als irreale Abstraktion. Macht die »sexuelle Struktur« des Afrikaners überhaupt eine zölibatäre Existenz möglich? Ich stelle diese Frage so vor mich hin, als hätte ich sie nur in einem Selbstgespräch geäußert. Ich möchte dem Pater die Chance lassen, nicht darauf einzugehen, falls die Frage, die er nur mit eigenen Erfahrungen beantworten könnte, ihm zu indiskret erscheinen sollte. Aber auch hier geht er in seiner offenen Art sofort auf das Thema ein:

»Die Zölibatsfrage macht uns bei den jungen afrikanischen Theologen in der Tat die größte Not. Von den etwa 80 Studenten eines ostafrikanischen Priesterseminars sind im letzten Jahr 30 zurückgetreten, weil sie diesem Gelöbnis nicht gewachsen seien. Ich habe mit ihnen allen gesprochen und mußte ihre Motive ehren. Es waren gerade die besten. Sie lehnten eine gewisse ›italienische Lösung‹ ab, daß man nämlich den Zölibat als Institution zwar unangetastet läßt, sich aber dann mit ›privaten Lösungen‹ hilft. Man möchte auch die institutionelle Ehrlichkeit. Die aber ist im Augenblick für sie noch nicht zu haben.«

»Kommt hier nicht vielleicht die weitere Schwierigkeit hinzu«, so frage ich ihn nun etwas direkt, »daß der Zölibat für den schwarzen Mann unter Umständen eine *noch* größere Last bedeutet als für den weißen?«

Der Pater bestätigt das und weist darauf hin, daß der Sexualtrieb des Afrikaners auf Grund physiologischer Bedingungen im

Schnitt zweifellos stärker sei als der des »Europäers«. Der Pater fügt noch eine Bemerkung hinzu, die verblüffend mit gewissen Meinungen übereinstimmt, die ich in Diskussionen mit meinen Studenten wiederholt vertreten habe. Er sagt nämlich: »In Europa ist der Sexus durch die Enttabuisierung zermürbt. Die ständige Konfrontation mit ihm in Illustrierten, Filmen und dem sonst noch reichen pornographischen Angebot, das ständige öffentliche Gerede darüber, die permanente Entstauung läßt ihn aus unzähligen zur Verfügung gestellten Ventilen verpuffen und schwächt ihn in seiner elementaren Kraft. Hier in Afrika aber herrscht er noch in ungebrochener Vehemenz. Das in Verbindung mit der physiologischen Struktur des Afrikaners und der traditionellen Lebensrolle des Sexus macht einen ›allgemeinen‹ Zölibat hierzulande nahezu unmöglich.«
Ich glaube zu erkennen, daß der Pater an ein katholisches Priestertum denkt, das auch ohne Zölibat vollgültig atmen kann. Nun werde ich etwas keck: Ich spiele den advocatus diaboli und breche als Protestant eine Lanze für den Zölibat. Wie der Pater wohl darauf reagieren wird? Ich sage ihm also: »Daß der Vatikan die größten Hemmungen hat, an das zölibatäre Gefüge rühren zu lassen, verstehe ich sehr gut. Ich glaube, daß dieses Gefüge entscheidend an dem beteiligt ist, was man als die Stärke und die Kampfkraft der Römischen Kirche empfindet. Hitler hat seinerzeit lange gezögert, eine Auseinandersetzung mit der katholischen Kirche zu wagen, und zwar mit der Begründung: Diese ›Männergesellschaft‹ ist unüberwindlich; sie ist nicht an Weib und Kind, sondern nur an ihre Gelübde gebunden. Ich denke auch daran, wieviel schwerer es etwa in den ideologischen Herrschaftszonen des Ostens ein Pfarrer mit Familie hat. Neben der Verantwortung für seine Gemeinde trägt er schwer an der Verantwortung für seine Kinder, die er etwa vor dem Zugriff eines ideologischen Atheismus schützen und die er in Freiheit erzogen sehen möchte. Dieser Widerstreit der Verantwortungen bringt ihn in Konflikte – oft in *schwächende* Konflikte! –, von denen der römische Priester jedenfalls verschont bleibt und die seinen Dienst also nicht hemmen. Meinen Sie nicht auch, daß man dieses Potential an Kampfkraft nur sehr schwer aufgeben sollte?«

Der Pater gibt das zu, auch wenn er sich wundert – ich wollte ihn ja nur aus seinem Gehäuse locken! –, daß gerade *ich* das sage. Denn ich müsse doch wissen, daß ein verheirateter Pfarrer auch wieder *positive* Voraussetzungen für den Dienst mitbringe. Man brauche ja doch nur an die Rolle des Pfarrhauses in der deutschen Kulturgeschichte zu denken. Das kann und will ich meinerseits natürlich nicht bestreiten. Aber ich warte darauf, was der Pater trotz des entscheidenden und von ihm akzeptierten Argumentes nun an kritisch Weiterführendem in puncto Zölibat zu sagen hat. Auch er ist nicht für revolutionäre Radikallösungen. Er ist, wie gesagt, sogar bereit, meinen Gesichtspunkt gelten zu lassen, daß der Zölibat für die Kampfkraft seiner Kirche ein enormes Potential bedeutet. Doch will er das nur unter *einer* Bedingung zugeben: daß man den *pragmatischen* Charakter dieses Gesichtspunktes aufrichtig zugibt und den Zölibat nicht mehr – wie man es aber tue! – mit fragwürdigen, windigen und an den Haaren herbeigezogenen Argumenten aus dem Magazin von Dogma und Bibel begründet. Das dürfe man im Namen der Wahrheit nicht dulden. Und weil der Zölibat eben *keinen* »dogmatischen« Rang habe, könne er auch nicht allgemein verbindlich gemacht werden. Täte man das doch, versündige man sich nicht nur an der Wahrheit, sondern man lege unzähligen auch ein Joch auf, dem sie nicht gewachsen seien, das sie vielmehr zur Heuchelei zwänge und mit schlechtem Gewissen herumlaufen ließe. Daher plädiere er für den *freiwilligen* Zölibat. Es dürfe deshalb nie dahin kommen, daß man – wie im Protestantismus – vom Priester die Ehe *erwarte*, sie müsse nur neben dem Zölibat *möglich* sein.
Mich berührt es sehr eigentümlich, daß die gleichen Probleme, die uns in Europa in Atem halten, auch hier »am Ende der Welt« die Atmosphäre aufladen. Es macht mir Eindruck, sie nicht von einem theologischen Betrachter des Zeitgeschehens vorgetragen zu hören, sondern von einem Manne, der im Kampfe steht, der hingegeben für seine Sendung lebt und der trotz aller kritischen Nüchternheit voll Zuversicht in eine Zukunft sieht, die zwar seinem und unserm Blick verborgen ist, aber von einem anderen Blick gelenkt wird.

Dieser Gesprächsvormittag klingt aus in einem gemeinsamen Mittagessen, das wir auf der Terrasse des englischen Clubs, gleich neben dem »Fort Jesus«, einnehmen. Dann brechen die beiden Freunde nach Nairobi auf. »Wir wollen vor Dunkelheit dasein«, sagen sie. »Es ist unangenehm, wenn uns ein Zebra vor die Scheinwerfer springt oder ein Elefant im Dunkeln den Weg vertritt.«
Von Kenia habe ich nun durch mein dummes Fieber nahezu nichts gesehen, und nachmittägliche Streifzüge durch Mombasa sind dafür kein Ersatz. Aber meine beiden Gäste haben mich durch Erzählen und Diskutieren doch reichlich entschädigt. Wenn ich allerdings daran denke, daß ich beinahe mit ihnen in die Wüste zu den Karawanen geflogen wäre und die Nächte abenteuerlich in einem Zelt zugebracht hätte...

Ein fast hochstaplerischer Fischfang

Mombasa
letzter Tag in Ost-Afrika
3. Januar

Heute abend fahren wir ab. Doch ehe wir aufs Schiff zurückkehren, machen wir auf einem Charterboot und unter Anleitung von zwei eingeborenen Fischern noch eine Ausfahrt zum Fischefangen. Herr B. hat uns dazu eingeladen.
Wir brachen früh auf, das kleine Boot schaukelte in dem bewegten Seegang während der fünfstündigen Fahrt ganz beachtlich. Wir schleppten vier raffiniert ausgelegte lange Angelschnüre mit Ködern hinter uns her. Es machte uns Spaß, den geschickten Händen der lustigen Afrikaner zuzusehen, die die Köderfische so befestigten, daß sie bei der Fahrt wie lebende Tiere durch das Wasser zu flitzen schienen (nur etwas ungewöhnlich geradeaus und zielbewußt!). Wir waren sicher schon 3 Stunden unterwegs, kein Mee-

reswesen dachte daran anzubeißen, und schließlich schlief ich auf meinem Drehstuhl ein. Plötzlich wurde ich von lautem Geschrei in deutsch, kikuyu und englisch geweckt. »Angebissen, wir haben einen!«, und schon drückte man mir, der ich vor lauter Schreck erhöhten Puls bekam, die erfolgreiche Angel in die Hand, damit ich durch Nachlassen und Anziehen der Rute sowie durch gleichzeitiges Aufrollen der Schnur unseren Fang an das Boot heranbrächte. Das war eine schweißtreibende und langwierige Arbeit: der Fisch mußte wirklich ein ordentlicher Brocken sein. Endlich, endlich holten ihn die Fischer – nicht ich! – mit einem geschickten Schwung an Deck: ein großer herrlich silbriger Thunfisch, der zum Erbarmen zappelte, was mir etwas naheging. Nun gratulierten sie mir überschwenglich und taten geradeso, als hätte ich durch findiges Aufspüren einer fündigen Zone, durch geschicktes Manipulieren und durch eine Aufmerksamkeit, der nichts entgeht, diesen genialen Fang getan. In Wahrheit aber hatte ich doch gedöst, und man hatte mir noch im Halbschlaf die fertig präparierte Angel mit dem Fisch in die Hand gedrückt. Als ich diese Anstellerei sah, konnte ich ein Gelächter der Selbstironie nicht unterdrücken (was die guten Leute wohl als Freudengeheul über »meinen« Erfolg auffaßten). Ich kam mir vor wie weiland Serenissimus auf der Jagd, wenn man dem dusseligen alten Herrn das Wild so vor die Nase trieb, daß außer ihm niemand imstande gewesen wäre, es noch zu verfehlen, und wenn der begleitende Förster sein Schießeisen dann derart gut synchronisiert losgehen ließ, daß Serenissimus sich selbst für den erfolgreichen Jäger hielt. Als nun noch an seitlich ausgelegter Angel die übliche Flagge gehißt wurde, die den glücklichen Fang für jedermann anzeigte, und wir unter den neugierigen Blicken von Zuschauern anlegten, war ich selber fast so weit, mich für ein Glückskind zu halten, auf dessen Haupt sich Petri Heil mit vollem Recht herabgesenkt habe.

Um uns die Beine zu vertreten, bummelten wir noch ein wenig durch die Stadt, in der trotz des Sonntags die Läden offen waren und ein endloser Menschenstrom durch die Straßen zog. Von Verödung der City kann hier keine Rede sein! Ein großer funkelnagelneuer Gebäudekomplex war mit Fahnen übersät. Es war das neue Hauptpostamt, das morgen durch den Präsidenten eingeweiht werden soll. Mombasa macht als Hafen- und Handelsstadt einen sehr viel wohlhabenderen und großstädtischeren Eindruck als die andern Städte Ostafrikas, die wir sahen. Auch der Hafenbetrieb ist sehr viel besser organisiert. Wie uns gesagt wurde, hat Präsident Kenyatta, dessen landesväterlich lächelndes Gesicht einen von unzähligen Bildern anblickt, in vielen Schlüsselstellungen weiße Berater belassen. Tatsächlich begegnet man auch im Hafen immer wieder Europäern, die besondere Verantwortung wahrnehmen. Obwohl Kenia mit Tansania durch gemeinsame Währung und auch sonst vielfach verbunden ist, kann von chinesischem Einfluß oder von sozialistischen Tendenzen hier keine Rede sein. Eine Mao-Bibel ist niemandem von uns hier in die Hände gekommen. Das Land scheint die labile Unsicherheit der Mau-Mau- und Uhuru-Zeit überwunden zu haben und sich zu konsolidieren. Es vermehrt seine Finanzkraft nicht zuletzt dadurch, daß es sich als Ferien- und Safariparadies propagiert und ganze Touristenströme auf sich lenkt. Auch die Urlauber, die aus Amerika oder Europa kommen, um dann zur Safari nach Tansania weiterzureisen, pflegen zunächst einmal in Nairobi zu landen.

Noch einmal sitzen wir später zu einem letzten Tee auf der Terrasse. Noch einmal genießen wir das weiträumige, behagliche Haus und lassen uns die lautlose Aufmerksamkeit der Boys gefallen. Noch einmal geht der Blick an den Palmen vorbei auf das Meer, das blau leuchtet. Und doch ist irgendwo im Innern ein leise tickender Ton vernehmbar, der die Unbefangenheit genüßlicher Hingabe stört. Er gewinnt schließlich Wortgestalt in der Frage – sie fällt etwas schwer in die so nett dahinplätschernde Teekonversation –, ob wir heute dies alles noch unbelastet genießen können. Ist hier nicht etwas aus einer Zeit übriggeblieben, die eigentlich schon vorüber ist und im Sturmschritt auch das mit sich nehmen wird, was uns in diesen Tagen so lieb wurde und Behagen schenkte? Müssen wir uns nicht zur Ordnung rufen, wenn wir uns solche anachronistischen Wonnen eines vergangenen oder vergehenden Lebensstils zu Gemüte führen? Lassen wir die schwarzen Menschen, die uns so dienstfertig umgeben, wirklich das sein, was sie sein sollen? Spielen wir hier nicht doch wieder den »weißen Master«, der wir im Grunde schon gar nicht mehr sind?

Diese Abschiedsstunde ist nicht mehr dazu angetan, durch eine schwerblütige Grundsatzdebatte belastet zu werden. Deshalb lassen wir's uns diesmal gerne gefallen, wenn der junge Hausherr die heranschleichenden Gedankengespenster mit leichter Hand zu verscheuchen sucht: »Glauben Sie mir«, so betont er sehr überzeugt, »diese Leute fühlen sich denkbar wohl hier im Hause. Augenzwinkernd geben sie mir manchmal zu verstehen, daß sie von Natur aus bequem seien. Deshalb freuen sie sich, daß sie diesen wenig anstrengenden Job haben, daß sie sich recht gut dabei stehen und im übrigen Zeit genug haben, sich miteinander zu unterhalten. Der Koch freut sich, wenn Gäste kommen und wenn er zeigen kann, welche Künste er versteht. Sie haben ja selbst gesehen, mit welch strahlender Zufriedenheit er nachher immer den Beifall der Abgefütterten entgegennimmt.« Obwohl er durchaus streng zu ihnen ist, scheinen sie ihn zu lieben, weil ihnen nicht verborgen bleibt, daß er ein Herz für sie hat und sich auch um ihre und der Ihren Nöte bekümmert. Sie sind vergnügt und lachen viel. In unserm Erinnerungsbild gesellen sie sich den jungen Burschen zu, die in munteren Gruppen an den Straßenecken Mombasas herumstehen, oder den vielen, die aus Fenstern und von Balkonen herab das ewig alte und immer neue Treiben auf der Straße beobachten. Sie kennen Europas späte Melancholien noch nicht.

Als wir abends auf dem Schiff ankamen, wurden wir wie lange verreist gewesene Familienglieder begrüßt. Der große Thunfisch, den ich anschleppte und dem Koch für unsere Tafelfreuden übergab, erregte natürlich großes Hallo. Nun war ich wirklich überzeugt, daß ich ihn selbst gefangen hatte, und ließ mich ohne zu erröten feiern!

Zwei englische Familien sind neu an Bord gekommen. Die Hektik, die das Schiff vor der Abreise zu erfüllen pflegt und es einem Bienenkorb gleichen läßt, ist diesmal besonders hochgradig. Denn nun geht es – außer einer kurzen Unterbrechung in Kapstadt – bis

Neapel auf eine Fahrt von sechsundzwanzig See-Tagen. Wir werden nur hin und wieder einen Streifen Land in der Ferne sehen, manchmal ein Schiff und sonst nur Himmel und Wasser. Was wir in den vergangenen Wochen erlebten, ist wie ein verwirrender Film mit einer Überfülle an Bildern und langen Dialogen. Ich freue mich auf die Stille der Verarbeitung, auf Lesen und Schreiben, Träumen und Nachdenken – aber auch auf einige Feste, die geplant sind und als Zäsuren die gleichmäßig rinnenden Tage gliedern werden.
Als das letzte Tau gelöst wird, das uns mit Afrika verbindet, und das Schiff langsam in den Abend hinausgleitet, stehen wir noch lange an Deck. Nun rückt in die Ferne, was uns so nahe war und was bei aller Nähe doch so ferne blieb.

Bei der Anfahrt auf Kapstadt
12. Januar

Mit Spannung sehen L. und ich der erneuten Begegnung mit Kapstadt entgegen. Seit der Kapitän uns dort avisiert hatte – ursprünglich war diese Unterbrechung gar nicht vorgesehen –, bekam ich von der Funkerei mehrere Fernschreiben des deutschen Botschafters und meiner dort gewonnenen Freunde, die mir eine aufregende Mitteilung machten: Dr. X, von dem ich schon bei der Herreise wiederholt gehört hatte, möchte mich zusammen mit einem englischen Pfarrer gerne auf dem Schiff besuchen und kennenlernen. Dieser Begegnung fieberte ich geradezu entgegen. Denn diesem Typus eines Schwarz-Afrikaners war ich bisher noch nicht begegnet. Er war einer der hochangesehenen Führer der schwarzen Widerstandsbewegung. Auch der deutsche Botschafter hatte unserm Kapitän gegenüber früher einmal von dem großen Respekt gesprochen, den er gegenüber diesem untadeligen und hochgebildeten Manne hege. Seine entschiedene Opposition hatte ihm zehn Jahre Straflager auf der Kapstadt – genauer: dem kleinen Fischerdorf Bloubergstrand – vorgelagerten Robben-Insel eingebracht. Er hatte in Deutschland über Hölderlin promoviert und sei ein Gesprächspartner von außergewöhnlichem Format. Bisher hatte ich immer nur Reportagen »über« die rassischen Auseinandersetzungen in Südafrika empfangen, wenn auch wohl von verläßlichen Berichterstattern. Nun aber würde ich einem originalen schwarzafrikanischen Widerstandsführer gegenüberstehn. Diese Farbe hatte mir auf meiner Palette noch gefehlt. Daher meine Spannung.

Kapstadt
14. Januar, abends

Nun liegt dieser ereignisreiche Tag hinter mir und ich versuche wenigstens ein paar Schwerpunkte dieses bewegenden, ja aufwühlenden Gesprächs zu fixieren.

Die beiden Herren kamen heute nachmittag zur Teestunde auf das Schiff. Der junge Pfarrer arbeitet mit seiner deutschen Frau zusammen – sie hatte bei mir studiert und mir immer wieder von ihrem Wunsche nach dieser Begegnung geschrieben – in einer ausschließlich schwarzafrikanischen Gemeinde. So erlitten sie alle Nöte und Bedrängnisse, die sich im Gefolge der Apartheid einstellten, in unmittelbarer und elementarer Beteiligung. Weil der englische Pfarrer keinen Hehl aus seiner kritischen Einstellung machte und sich mit seinen schwarzen Gemeindegliedern solidarisierte, stellte er sich mit unter die Last der Rassentrennung und wurde so etwas wie eine persona non grata für das Regime.

Dr. X selbst wirkt ganz anders, als ich mir einen fanatischen und revolutionären Mann der militanten Résistance vorgestellt habe: ein eher zierlicher Mann mit durchgeistigten Zügen, lebhaft, aber eigentümlich entspannt, jedenfalls ganz unfanatisch. Ich spürte sofort, daß man mit ihm reden kann, und daß ein solches Gespräch nicht an der Oberfläche hängen bleiben würde.

Der Steward hatte einen einladenden Teetisch für uns gedeckt. Ich hoffte, daß der Gast da mit Freuden zulangen werde. Doch ich habe mich getäuscht: Dr. X nimmt nur jenes Minimum, das gerade ausreicht, um den Verdacht nicht aufkommen zu lassen, er wolle den weißen Gastgeber boykottieren. Der Takt gebietet, daß ich ihn mit diesem »Anstandshappen« sich begnügen lasse und ihn nicht weiter bedränge. Ich signalisiere ihm ohne Worte, daß ich ihn verstanden habe. Wenn ich mich nicht sehr täusche, honorierte er das durch eine wachsende Aufgeschlossenheit und Unbefangenheit im Gespräch. Was mir am meisten auffällt und mich für ihn einnimmt, ist die Objektivität, mit der er die Apartheidssituation behandelt. Sie steht in krassem Widerspruch zu dem von mir vermuteten Ressentiment, das von seiner zehnjährigen, sicher doch schikanenreichen Gefangenschaft stammen mochte. Er wußte seinen Äußerungen einen entspannten Konversationston zu geben. Trotzdem ließ er keinen Zweifel daran, daß die Apartheidspolitik des Regimes einer Zerreißprobe zustrebe, die in apokalyptischen Schrecken enden werde, falls die weiße Regierung nicht noch im letzten Augenblick das Steuer herumwerfe.

Auf meine Frage, was für ihn das Ärgerlichste an der Apartheid sei, antwortet er mit den drei Worten: »Die menschliche Entwürdigung«, und belegt das durch Zahlen, die dem auswärtigen Besucher nicht so ins Auge fallen wie die plakativen Äußerungen der Rassentrennung: Zum Beispiel betrüge die Kinderzulage, die schwarze Eltern erhalten, weniger als ein Zehntel dessen, was weiße erhalten. Bei der Jugend der schwarzen Bevölkerung wüchse das Bewußtsein dieser verordneten Inferiorität ungleich rapider als bei der älteren Generation. Ich hätte doch gewiß von den mehr und mehr sich steigernden Schulstreiks der Jungen gelesen. Diese hätten inzwischen gemerkt (und dann die Konsequenzen daraus gezogen!), daß ihre schwarzen Lehrer ungleich schlechter ausgebildet und bezahlt seien als ihre weißen Kollegen, und daß dementsprechend die Qualität der ihnen zuteil werdenden Schulbildung völlig unzureichend sei. Die ältere Generation sei da immer noch zum Kompromiß bereit und halte den Nachwuchs dazu an, doch wenigstens die schmalen Bildungshappen anzunehmen, die man ihnen immerhin noch zubillige. Die Jungen aber seien mit ihrer Toleranzbereitschaft am Ende und verlangten radikale Lösungen. Darum boykottierten sie einfach den Schulbesuch.

Ich bitte dann Dr. X, mir zu erlauben, daß ich einfach einmal den advocatus diaboli spiele, um die Argumente aus ihm herauszulok-

ken, die mich am meisten interessierten und für die späteren Gespräche darüber auch am besten verwendbar seien. So wende ich denn ein, daß doch die Begründung der schwarzen »Homelands« vielleicht ein erster Schritt dazu sei, die diffamierenden Tendenzen der Apartheid in ein mehr geographisches »Schiedlich-Friedlich« zu verwandeln. Dr. X bezeichnet diese meine Unterstellung als Illusion. Diese Art der Rassentrennung sei ein Schlag ins Wasser. Ganz abgesehen von der demütigenden Scheinselbständigkeit dieser Reservate – die weiße Herrschaft betätige sich hier mehr indirekt, aber nicht weniger nachdrücklich –, wären die Homelands von schweren wirtschaftlichen Hypotheken belastet: Die Bodenschätze lägen brach und die Nicht-Integration der Schwarzen in den Produktionsprozeß führe zu einem unerträglichen Maß an Arbeitslosigkeit. Auch der innere Friede werde sich in ihnen zunehmend als bedroht erweisen: Die Amtswalter der Homelands, Transkei z.B. – von den Ministern bis herunter zum kleinen Polizeibeamten –, seien in den Augen der Bevölkerung mit dem Stigma von »Collaborateuren« belastet. Sie würden zunehmend verfolgt und zum Opfer von Mafia-Rächungen werden. Das wiederum müsse zu den entsprechenden Strafmaßnahmen des Regimes und zu einer daraus wieder sich ergebenden Eskalation des Volkszorns führen. Er könne dieser von Emotionen stark angeheizten Entwicklung nur mit äußerster Besorgnis entgegensehen.
Ich frage ihn dann, wie er über wirtschaftliche Boykottmaßnahmen denkt, für die der Weltrat der Kirchen, aber auch manche Pfarrer in Deutschland lautstark aufrufen. Ob er meine, daß damit seine Anti-Apartheid-Bewegung wirkungsvoll unterstützt werden könne? Es ist für mich erstaunlich, mit welcher Verve er solche Formen des Boykotts ablehnt. Er fügt allerdings hinzu: »Für den Augenblick und die übersehbare Zukunft wäre das der falsche Weg.« Seine Leute würden es nicht verstehen, wenn er sich dafür einsetze, da von dieser Waffe »genau die Falschen« getroffen und verwundet würden: nämlich die wirtschaftlich Schwachen. Die dazu Aufrufenden seien wohl von Sachkenntnis über die Interna der Südafrikanischen Republik wenig getrübt.
Von den vielen und überraschenden Wendungen, die das Gespräch

nahm, möchte ich noch *eine* Phase erwähnen, weil sie mich besonders beeindruckte:
Als advocatus diaboli wende ich zugunsten der Apartheid noch ein, daß in allen afrikanischen Ländern, aus denen sich die weißen Kolonialherren zurückgezogen hätten, doch heillose Machtkämpfe feindlicher afrikanischer Stämme eingesetzt hätten, so daß das Wort von einem »Chaos«, das um sich gegriffen habe, kaum eine Übertreibung bedeute. Ob ähnliches nicht auch in Südafrika die Folge sein könne, wenn die harte Hand der Weißen in ihrem Druck nachgäbe und die schwarze Bevölkerung sich selbst überließe?
An seiner Antwort merkte man, daß er in Europa studiert und gelebt hatte, so daß er entsprechende Analogien aus *diesem* Bereich zitieren konnte. Er stritt nämlich solche chaotischen Folgeerscheinungen als Möglichkeit nicht ab, wies aber darauf hin, welche jahrhundertelangen Auseinandersetzungen die europäischen Völker gegeneinander getrieben hätten, Frankreich und Deutschland zum Beispiel, bis man endlich das Ziel einer europäischen Einheit anzusteuern beginne. Ob die Geschichte Südafrikas nicht ähnlich verlaufen könne? Was die spätere Rolle der Weißen anbelange, so stelle sich bei ihm die Assoziation ein, daß es bei ihnen zu einem ähnlichen Rollenwandel kommen könne wie bei dem europäischen Adel. Der habe seine einstigen Privilegien ja ebenfalls verloren und sei »integriert« worden. Selbstverständlich sei das nicht durch einen Federstrich zu erreichen, sondern bedürfe langfristiger Umbauten mit vielerlei Teilstadien.
Obwohl ich bereit war, seine Schau der Dinge einfach einmal auf mich wirken zu lassen und lange über sie nachzudenken, muß ich gestehen, daß sein letztes Argument über die künftige Rolle der weißen Bevölkerung mich weniger überzeugte als alles andere, was er vorgetragen hatte. Ich dachte vor allem an die enorme Disparatheit der Bevölkerungszahlen von Schwarzen und Weißen und konnte mir kaum vorstellen, daß es in einer demokratischen, auf Mehrheiten gegründeten Ordnung zu einer »angemessenen« Integration der weißen Bevölkerung – ohne schwerste Konflikte und Reibungsverluste – kommen könne. Wie wenn Dr. X diese meine ernsten Bedenken erraten hätte, fügte er, bevor er sich verabschie-

dete, noch hinzu: »Wenn die gegenwärtigen Rassen-Spannungen von der Regierung nicht sehr bald abgebaut sondern statt dessen weiter geschürt würden, müßte meine Zukunftsvision sehr viel trüber aussehen. Es kann dann ein Grad von Haß auf der einen und von Panik auf der andern Seite entstehen, die die auf friedliche Lösungen bedachten Führer des schwarzen Widerstandes einfach aussschaltet und die Nacht der langen Messer freigibt. Dann werden sich die aufgestauten Emotionen in einer blutigen Katastrophe entladen. Das dem südafrikanischen Regime klarzumachen, könnte die Aufgabe der Europäer sein. Wenn das hierzulande eine Umkehr bewirken würde – es müßte aber, wie gesagt, sehr bald sein –, dann würde ich einer positiven Entwicklung des Verhältnisses von Schwarz und Weiß noch Chancen einräumen.«
Ich war von der Persönlichkeit meines Gastes und dem meisten, was er gesagt hatte, tief beeindruckt. Um so unverständlicher war es mir, daß die südafrikanische Regierung auch solchen Widerstandsführern gegenüber ihr Ohr verschloß. Sie waren alles andere als Aufmüpfige mit bloßen Tagesparolen. Sie hatten eine auf Ausgewogenheit gegründete und weit vorausschauende Konzeption. Ob es sie noch lange geben wird?

Kurs Neapel

Auf See
22. Januar

Afrika liegt schon weit weg, aber unsere Gedanken haben sich noch nicht gelöst. Mir kommt Jacob Burckhardt in den Sinn, der vor dem großen Zerstörungswerk des hereinbrechenden cäsarischen und technischen Zeitalters noch einmal nach Italien wollte, um »ein Auge voll Schönheit zu nehmen«, ehe diese Welt unterging. Auch wir haben hin und wieder das echte ursprüngliche Afrika gesehen, ein Auge voll nur, aber immerhin. Auch hier brechen andere Zeiten herein, die alles verwandeln werden. Wo jetzt Wildnis ist oder einsame Hütten stehen, werden sich Ferienparadiese dehnen, in die Menschenscharen aus allen Himmelsrichtungen eingeflogen werden, um sich das alte ursprüngliche Leben als sorgsam konservierte Folklore vorführen zu lassen. Wo sich jetzt Steppen dehnen, werden Bergwerke und Industrien die Landschaft jenem Bilde ähneln lassen, das uns im alten Europa allzu vertraut ist. Die unverfälschten Elemente werden zur Mangelware werden. Doch wäre es unerlaubt pessimistisch und vor allem sentimental, in diesem Kommenden bloß Ende und Niederbruch zu sehen. Nur eines ist gewiß: die Zweideutigkeit alles Menschlichen wird auch dem anhaften, was sich als Fortschritt begeben und aus vielen düsteren Gefilden des Elends und der Armut herausführen wird. Was sich aber auch begeben und an Wandlungen vollziehen mag: die Vision eines Afrika, wie es schon bald nicht mehr sein wird, hat sich unverlierbar eingeprägt. »Was gewesen, kehrt nicht wieder. . .« Was wir als endgültige Zukunft erwarten, ist anderen Dimensionen zugeordnet.